genron

2024 April

16

ゲンロン

編集長—東浩紀

16 genron

2024 April

ロン

genron

ゲン

16 gen

2024 April

コラム

上田洋子「ロシア語で旅する世界」、「ネコ・デウス」は今号は休載です。

表紙（表）：Марія Примаченко

表紙（裏）：Віктор Кочетов, Сергій Кочетов

デザイン：川名潤

表紙はウクライナの素朴派の画家マリア・プリマチェンコ（1908-97年）のグアッシュで描かれた絵画作品《第4記憶建屋 Четвертий блок пам’ять》（1989年）。プリマチェンコはチョルノービリ（チェルノブイリ）立入制限区域の近くにあるイワンキウ村に暮らした。農村の生活や鳥や動物の精などを鮮やかな色彩で想像力豊かに描き、そのユニークな作品はウクライナで広く親しまれている。原発事故や核をテーマとした作品も制作しており、本作はそのひとつである。2022年にロシア軍がチョルノービリからキーウ北部へと侵攻した際に、彼女の作品を所蔵していたイワンキウ郷土史博物館が全焼し、20以上の作品が失われている。

裏表紙はハルキウ派の写真家、ヴィクトルとセルゲイのコチェトフ親子による《美しい雲 Красиві хмари》（1995年）。ゼラチンシルバープリントに彩色が施されている。1960年代、ウクライナ東部の産業都市ハルキウでは、ソ連ではタブーだった芸術写真を志す若者たちが写真クラブに集まった。その後現在に至るまで、「写真ハルキウ派」は新しい世代を生み続けている。2022年2月24日以降、ハルキウは断続的にロシア軍の爆撃を受けている。あたかもおとぎ話のように美しく彩色されたコチェトフ親子の写真は、平和でのどかな風景がいかに尊いかを問いかけてくる。（上田洋子）

Prymachenko
family foundation

genron

16

2024
April

石田英敬
イ・テックァン
大井昌和
大澤聡
加藤文元
川上量生
菊間晴子
さやわか
新川帆立
須藤輝彦
田中功起
辻田真佐憲
夏目房之介
福冨渉
イリヤ・フルジャノフスキー
ユク・ホイ
山森みか
東浩紀
上田洋子

2023年の11月、編集部はウクライナに行った。取材の記録を小特集として掲載する。

報告はできれば掲載順で読んでもらいたい。

冒頭に置かれているのは編集長・東浩紀の論考である。ウクライナに出現した「戦時下の社会」を、土産物や博物館の変化に注目して表象文化論的な視点で分析している。小特集全体の導入にもなっている。

続く上田洋子の論考は、戦時下における芸術の役割を主題としている。取り上げるのは、ウクライナの作家であるボリス・ミハイロフと彼を中心とするハルキウ派の写真家たち。旧ソ連の記憶を引き継ぐ作家が、翼賛対反戦の単純な構図を避けながらどのように「抵抗」しているのか。日本ではほとんど紹介されていない話なので、広く読んでもらいたい。

3番目はエヴヘン・マイダンスキーとカテリーナ・マイダンスカ夫妻への短いインタビュー。突然の侵攻に出会ったキーウ在住の若い夫妻の経験が、生々しく語られている。

そして最後に掲載するのは、キーウで虐殺記

見たウクライナ

念公園の芸術部門を担当していたものの、ロシア国籍を理由に辞任した映画監督、イリヤ・フルジャノフスキーへの長いインタビュー。記念碑や博物館の設計はナショナリズムの核をなす。ウクライナでその仕事を担っていたロシア人が、いまなにを考えているのか。複雑な現実が垣間見えるだろう。

戦争の語りにはひとつの「型」がある。破壊された街、空襲警報に怯える市民、泣き叫ぶ子ども、力強く演説する政治家や軍人、そして戦車やドローン。しかし今回の取材では、政治学者でもジャーナリストでもない東と上田の背景を活かし、「銃後」のリアリティを独自の視点で捉えようと試みた。警報下でも平気でカフェでお茶を飲み続ける市民の姿や愛国グッズに満ちた土産物屋の光景への注目は、本誌が追求してきた「観光客の哲学」の実践のひとつでもある。

取材から出版まで5ヶ月が経過した。出口はいまだ見えない。イスラエルでは別の戦争がますます過酷になり、ジェノサイドにも近づいている。一刻も早い平和の回復を祈る。

（編集部）

小特集

ゲンロンが

ウクライナと新しい戦時下

東浩紀 Hiroki Azuma

（論考）

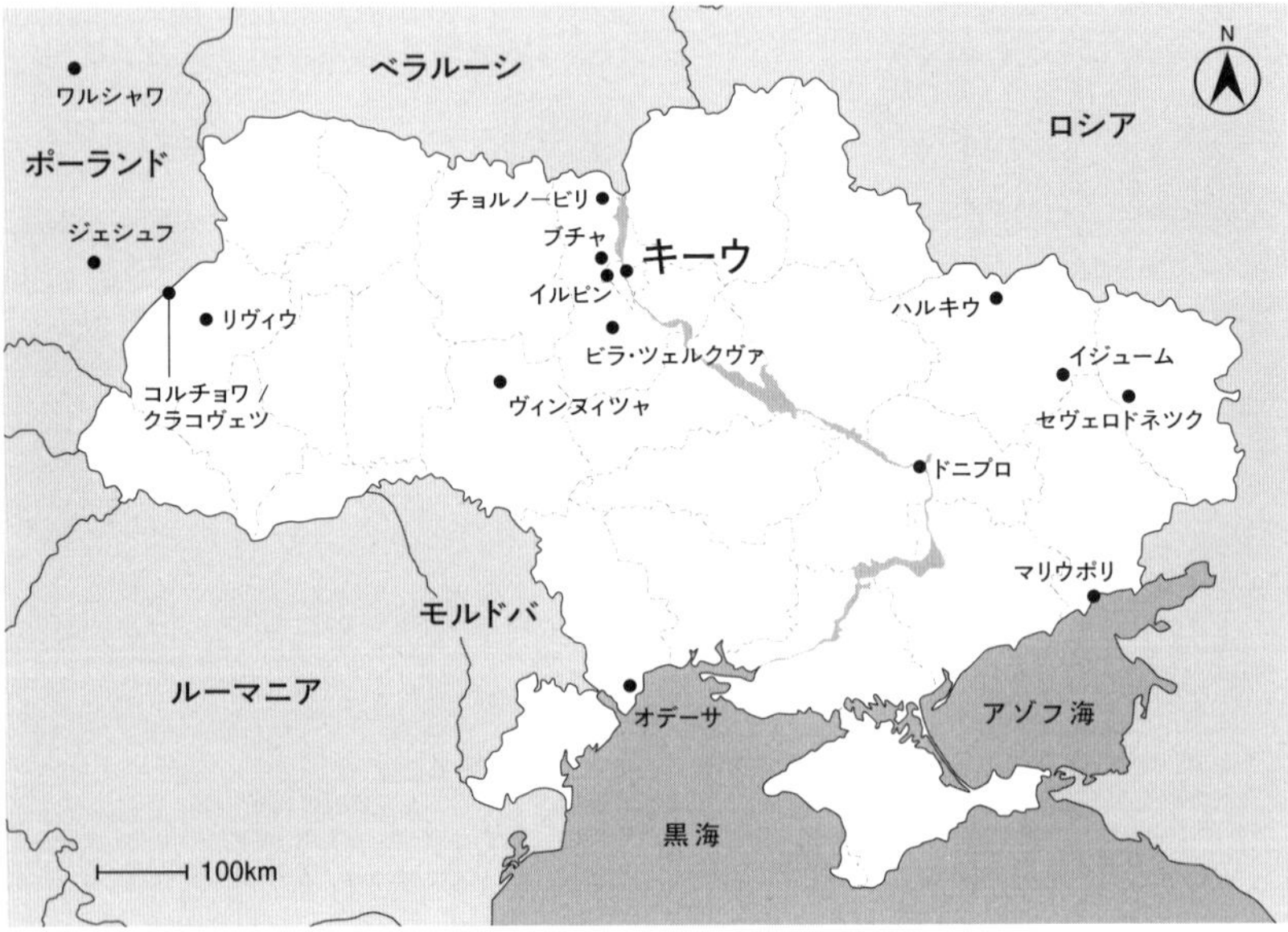

都市名は本特集に登場するもの

二〇二三年の秋、ウクライナに一週間ほど滞在した。訪問は秘密にした。ウクライナはロシアと戦争中で、外務省から全面的な退避勧告が出ている。専門家でもジャーナリストでもないぼくのような人間が行くと公言すると、どう批判されるかわからないと思ったからだ。

けれども帰国して感じたのは、そんな心配は杞憂だったということだ。ただしそれは取材が歓迎されたという意味ではない。

むしろ逆で、ウクライナがまだ戦争をしているということ、それじたいが忘れられているように思われた。SNSで記しても反応が薄い。取材報告の放送をしても視聴数が伸びない。むろん、ぼくもあるていどは「ウクライナ疲れ」を予想していた。ロシアによるウクライナへの全面侵攻から二年近くが経過し、日本での報道は目に見えて減っていたし、イスラエルでは新たな戦争も起きていた［★1］。けれどもここまで関心が低下しているとは思わなかった。

戦争はまだ続いている。終わる見込みもない。にもかかわらず、ぼくのまわりですらウクライナ

★1　イスラエルはパレスチナを長いあいだ抑圧してきた。パレスチナはまともな国家として機能していない。そもそもガザ侵攻は民間人の一方的な虐殺である。それゆえ現在起きていることを、対等な主権国家同士の衝突を想像させる「戦争」という言葉で呼ぶべきではない。それはイスラエルの暴力の正当化を意味するからだ――そのような意見がある。論理は理解できるが、ぼくはここでは一般的な意味で「戦争」という言葉を用いている。他方、ロシアとウクライナの戦争についても、そもそも戦争は（国際社会が無視していただけで）二〇二二年以前から始まっていたのであり、開戦は二〇一四年のクリミア併合とドンバス紛争まで遡らせるべきだとの意見がある。こちらも正当な問題提起だが、ここではとりあえずはいま一般に日本で流通している見かたにしたがい、現在の戦争は二〇二二年二月に始まったものだとして記述する。なにを戦争と呼ぶか、どう名付けるかは、それじたいきわめて政治的な問題だが、本稿はそこまで立ち入らない。

の話題は古びている。

それでいいのだろうか。ぼくはもともと、ここにはよくある体裁の訪問記を記すつもりでいた。何日に入国し、入国審査はどんなもので、街はどんな感じでといった日記風の文章だ。実際、書きたいことがたくさんある。ウクライナへの入国で、バスの車内が若い女性と子どもばかりだったこと（一一月五日）。リヴィウの教会で兵士の葬儀に出会い、群衆に合わせてぼくも思わず跪いてしまったこと（一一月六日）。リヴィウからキーウへの移動で、同じコンパートメントに乗り合わせた若いカップルがゲーミングノートPCで仕事をしていたこと（一一月七日）。キーウのマクドナルドが夜一一時まで賑わっていたこと（同じく七日）。博物館で、ロシア兵が残したパスポートやクレジットカードが展示されているのを見て複雑な気もちになったこと（一一月八日）。そしてポーランドへ出国するバスで、乗り合わせた高齢の女性が、これからベルリンに行くのだが避難民を受け入れてくれるのだろうか、と不安そうに語りかけてきたこと（一一月一二日）。そんな細部を重ねることで、見えてくる戦時下の現実がある。ぼくは、そんな現実を読者も知りたいだろうと思って取材に行った。

けれども、そんな期待は大きくなかったようだ。それゆえここでは、ウクライナについて考えることがなぜ日本の読者にとって重要なのか、基礎から説き起こす別種の文章を記したい。

ウクライナの問題は「ぼくたち」の問題だ、とぼくは思う。しかし、それは、このグローバル時代、どんな離れた国の戦争も他人事ではありえないのだといった抽象的な理由によるものではない。また、ウクライナも民主主義国家で、日本も民主主義国家で、ともに権威主義国家と戦わねばならない仲間だからだといった「地政学的」な理由によるものでもない。

そのような地政学的な言説は侵攻以来ずいぶんと盛んになり、一時はテレビをつけてもSNSを開いても、毎日のようにプーチンの野望やら台湾有事の可能性やらが語られていた。けれども、正直にいえば、ぼくはその手の話にあまり興味を惹かれなかった。むろん安全保障は大事な問題で、いざとなれば自分や家族の生死に関わるものでもある。しかしかといって、メディアで識者の「おしゃべり」を聞いたところで、たいして理解が深まるわけでもない。むしろ、現在の無関心は、そんなおしゃべりが飽きられたことにも起因するのではないかと感じている。

だから、ここではもっと身近な対比について語ることにしよう。ぼくはウクライナの問題が、もっと直接にぼくたちの問題だと考える。なぜならば、かの国でいま展開しているのは、欧米的でリベラルな価値観があるていど浸透し、ネットもスマホも普及した民主的な社会が「有事」にどのように反応するかという、たいへん残酷な社会実験だといえるからだ。

ウクライナは豊かな国ではない。ひとりあたりのGDPは日本の七分の一ほどだ。汚職もたいへん多い。腐敗認識指数はロシアとどっこいどっこいである［★2］。

けれどもウクライナはロシアのような権威主義国家ではない。ロシアと共通する政治風土があることは確かだが、ソ連解体後の両国はかなり異なった歴史を辿った。ロシアでは権力が大統領ひとりに集中し、憲法も国会も無化されていった。ウクライナではそうはならなかった。むしろ権力は不安定で、オリガルヒと呼ばれる富裕層の争いが激しく、革命も二度にわたって起きた。むろんそんな不安定さは褒められたものではない。二流国家だと非難することもできる。しかしそれでも、この戦争までのウクライナが、ベラルーシのルカシェンコやカザフスタンのナザルバエフのような独裁者を生み出さず、たえず異論が衝突する「喧騒」に満ちた国だったことは事実だ。いまウクライナがゼレンスキーのもとで一丸になっているように見えたとしても、もともとはそういう国だったことを認識しておく必要がある。

★2　ドイツに本部を置く国際NGO、トランスペアレンシー・インターナショナルが算出している指数。腐敗が進んでいるほど点数が低い。二〇二二年の腐敗認識指数は、ウクライナが三三点で一一六位、ロシアが二八点で一三七位である。ちなみに日本は七三点で一八位。URL=https://www.transparency.org/en/cpi/2022/index/dnk

加えて重要なのは、ウクライナ社会が高度に情報化されていることだ。じつはウクライナの情報化指標は、ネット接続普及率、モバイル普及率、SNSのアクティブユーザー比率、いずれをとっても日本とほぼ変わらない［★3］。実際、今回の滞在ではあらゆる場所でQRコードのアクセスが求められたし、キーウの地下鉄やバスはクレジットカードをかざすだけでたやすく乗車することができた。

そして情報化が進んでいるというのは、つまり消費社会化が進んでいるということでもある。リヴィウのモールは家族連れやカップルで賑わっていたし、シネコンではマーベルの新作を上映していた。キーウのクラブは若者で賑わっていた。ウクライナは、少なくともリヴィウやキーウのような都市部については、日本人が想像する以上に日本に近い市民生活が送られている国なのである。だから、そんな国に訪れた「戦時」は、かりにぼくたちの国に同じように戦時が訪れるとしたらなにが起きるのか、それを考えるうえで大きな学びを提供してくれる。それゆえに取材に行ったのだ。

このように記すと憤る読者もいるかもしれない。日本の未来を知るためにウクライナに行く。それは戦時下の国を取材するものとして、あまりに「他人事」で、「不謹慎」な態度なのではないか。ぼくはその批判を受け入れる。かつて福島第一原発の事故について論じようとしたときも、ぼくは似た非難を受けた。きっとそれはぼくの思考の欠陥なのだろう。しかしそれでも、そんな視点を導入しなければウクライナ戦争への関心はつなぎとめておけない、そういう現状認識のうえでこの原稿を書いている。

本論に入るまえに前提を記しておく。ウクライナ訪問はぼくと上田洋子の二人で行なった。日本国籍の保持者はウクライナへの短期間の入国に査証を必要としない。二〇二二年の全面侵攻前からそうで、方針はいまも変わっていない。ぼくたちもまたパスポートだけをもって国境に向かった。

現在ウクライナに旅客機は飛んでいない。それゆえ陸路で入るしかない。ぼくたちはまずポーランドに入り、つぎに南部の小さな都市、ジェシュフに飛行機で移動し、そこからウクライナ西部の都市、リヴィウへ陸路で移動することにした。帰りも同じようにリヴィウからジェシュフへと陸路で出国した。途中、コルチョワ（ポーランド名）あるいはクラコヴェツ（ウクライナ名）の検問所で出入国審査を受ける。ポーランドはEU圏だが、ウクライナはそうではない。時差も一時間ある。

リヴィウはポーランド国境から五〇キロほどしか離れていない。ジェシュフからも一五〇キロほどで、検問で待たされなければバスでも三時間弱で着く。

けれどもリヴィウとキーウのあいだは四五〇キロほど離れている。東京から大阪よりも遠い。それゆえキーウまでは鉄道で移動した。それでも六時間以上かかる。ジェシュフとリヴィウを結ぶバスの乗車券は、ネットで簡単に購入できる。リヴィウとキーウのあいだの鉄道は厄介で、ウクライナ国営鉄道のサイトはなぜか日本からアクセスできない。VPNを介してアクセスしたうえで、乗車券の購入にはウクライナ国内の電話番号による認証が必要になる。ぼくたちは現地の協力者を得て席を確保することができた。

ウクライナに滞在したのは一週間である。リヴィウに三泊、キーウにも三泊、夜行列車で一泊した。ホテルの手配は、驚いたことに、いまも大手予約サイトで障害なく行うことができる。ウクライナの地名を入力して検索をかければ、ほかの国の都市と同じように複数の候補が出てくる。そして簡単に予約ができる。支払いも日本発行のクレジットカードで問題ない。ただし予約確認のメッセージには空襲警報や戒厳令の記載がある。ネット時代の戦争の奇妙さについて、出発するまえから考えさせられた。

★3　ネット接続普及率は日本は八三％、ウクライナが七九％。モバイル普及率は日本は一四九％、ウクライナは一五五％。ＳＮＳのアクティブユーザー比率は日本もウクライナも七四％。Meltwater と We Are Social が発行している 2023 Global Digital Report によるもの。URL=https://datareportal.com/

取材では複数の人々に話をうかがった。その一部は、この原稿のあとに上田の文責で記事化されている。

ぼくはウクライナに六回行ったことがあり、今回の訪問で七回目になる。けれどもウクライナ語はできず、ロシア語も辞書を引きつつ文章を追うぐらいの能力しかない。取材はすべて上田がロシア語、部分的にウクライナ語で行なったものであり、ぼくは横で彼女の要約を聞いていただけである。そして、いうまでもなく、ぼくはスラブの専門家でもなければ戦争の専門家でもない。

以下は、そんなぼくが、戦時下とはいえ、わずか一週間、それもリヴィウとキーウという大都市に滞在しただけの印象をもとに積み上げた「観光客」の考察にすぎない。その前提でお読みいただければと思う。

1

ウクライナで、ぼくはなにを見てきたのか。この原稿で伝えたいことのひとつめは、ぼくが見た「戦時下」は、多くの日本人が想像するものとは大きく異なっていたということである。

日本人のほとんどは、戦時の社会は平和時の社会とはまったく異なるものだと想像している。それはおそらく、戦後の日本でつねに「戦前」と「戦後」が対比して語られてきたことの反映である。ぼくたちは「戦時下」を、敗戦直前の追い詰められた陰鬱な社会をモデルに想像するように訓練されている。

けれども現実の戦時下はそうではない。そもそも日本社会は、二〇世紀はじめの日露戦争以降、シベリア出兵や日中戦争を経て一九四五年の敗戦まで、ほぼ四〇年にわたって断続的に戦時下にあったともいえる。そのあいだずっと暗く陰鬱だったのかといえば、けっしてそういうわけではない。戦時下は、平和な市民社会となんの矛盾もなく共存する。そしてその共存こそが、ときにおそろしく残酷だったりするのだ。

ぼくがウクライナで遭遇したのは、まずはその残酷さである。わかりやすい例をひとつ挙げよう。写真はキーウ中心に位置する独立広場（マイダン・ネザレジュノスチ）の現在の光景である［図1］。ここはウクライナの歴史で繰り返し大きな事件の舞台となってきた場所で、今回の戦争の発端となった二〇一四年の革命もここから始まった。いまはその一角に、ご覧のとおり、無数の旗が立てられた芝生の領域がある。旗はウクライナ国旗に国章が入ったもので、ひとつひとつに戦死者の名前が手書きで記されている。遺影も置かれている。

図1　11月9日　キーウ、独立広場
以下、本稿の写真はすべて東浩紀と上田洋子の撮影

図2　同前　手前の着ぐるみがウクライナ国旗を背負っている

　ぼくと上田が現地を訪れたとき、その片隅で泣き崩れている赤い髪の女性がいた。旗を手にしたまま、ひとり俯いて嗚咽を漏らしている。顔が窺えないので定かではないが、髪型と服装から判断して二〇代だと思われた。大切なひとが亡くなり、追悼の旗を捧げに来たものの手放すことができないようだ。ぼくたちが広場に到着したのはもう夕方で、半時間ほどあたりを見て歩いた。そのあいだに陽は傾き気温もぐんぐんと下がっていったのだが、ぼくたちが立ち去るときになっても、彼女はずっと同じ場所で肩を震わせ続けていた。戦争をするとは日々このような悲しみを生み出すということなのだと、胸を締めつけられる思いがした。

　けれども同時に印象的だったのは、キーウの人々がそんな彼女の存在をほとんど気に止めていないように見えたことである。嗚咽が聞こえないはずはないのに、平然と傍らを通り過ぎていく。だれひとり声をかけない。

それだけではない。少し離れた場所では、ガチョウやシマウマの着ぐるみがしきりと通行人に話しかけていた［図2］。これはウクライナの観光地には——ポーランドにもいたので、これは東欧の観光地に共通する慣行なのかもしれない——なぜか着ぐるみがいる。観光客に声をかけ、半ば強引に写真に入り込んではチップをねだる。侵攻前にもいた。いまもいる。とはいえ、いまはキーウには観光客はほとんどいないはずだから、彼ら着ぐるみがなにを目的にたむろしているのかは定かではない。ウクライナの国旗をつけた着ぐるみもいたので、戦争関係の寄付を募っているのかもしれない。しかし、いずれにせよ、着ぐるみは笑顔で寄ってくる。泣き崩れる遺族のすぐ近くでも。

これはけっしてキーウ市民が冷たいという話ではあるまい。むしろ、彼らにとって、もはや泣き崩れる遺族などめずらしくもないという残酷な事実を意味しているのだろう。いまのウクライナでは、戦争と日常はとても近くにある。

冒頭に記したように、ぼくたちは今回まずリヴィウに入った。そこで最初に驚いたのは、批判を怖れずに記せば、街がおそろしく平和に感じられたことだった。とても戦争をしている国には見えなかった。

むろん戦時下の証しは無数にあった。防空壕の案内はいたるところにあった。あちこちに土嚢が積まれていた。教会のステンドグラスは鉄板で覆われていた。銅像は略奪に備えて保護されていた。広場には戦死者のパネルが立っていた。美術館は収蔵品が移動して空っぽだった。そもそもときおり空襲警報が鳴っていた。

だからそこは確かに戦時下だった。けれども、そう頭では理解していても、どうしても平和の印象のほうが強いのである。

リヴィウはたいへん美しい街だ。オーストリア帝国時代のネオルネッサンス様式やネオバロック様式の建築物が建ち並び、中心部は世界遺産に登録されている。日本ではあまり知られていないが、侵攻前はヨーロッパ中から観光客が押し寄せていた。その空気はいまも残っている。ぼくたちはたまたま日曜日にリヴィウの街を歩くことができた。観光の出発点となる歴史地区はカップルや家族連れで賑わっていた。着ぐるみも練り歩いていた。土産物屋やレストランは客で溢れていた。オペラハウス前の並木道では、昼間は子どもたちが飛び跳ね、夜は遅くまでストリートミュージシャンがひとを集めていた。街なかでは観光ツアーのパンフレットまで配られていた。

人々は戦時下でも日常を続けようとする。リヴィウで直面したのはまさにその逞しさだ。そしてそれはときに目眩すら引き起こす。別のエピソードを紹介しよう。

リヴィウはクロワッサンで知られているらしい。リヴィウの名を冠した有名なチェーン店があり、国外にも進出している。

取材中にその店のひとつに入った。午後二時ごろで、店内は女性客を中心に賑わっていた。クロワッサンを載せたトレイを受け取って腰を下ろすと、ぼくと上田のスマホから大きなサイレン音が鳴った。

ウクライナ政府は空襲警報をネットで配信している。入国者には受信用アプリのインストールが推奨されている。ぼくたちも事前にインストールしていた。鳴ったのはそのアプリだった。画面を覗き込むと、最寄りの防空壕に向かうようにと指示が現れている。ぼくたちは慌てて店を出る準備を始めた。ところがまわりはだれも動かない。みな、なにごともなかったかのように食事を続けている。

そもそも、通知設定を変えているのか、だれのスマホも警報音を発していない。新たな客まで入ってくる。ぼくたちは顔を見合わせ、とりあえずは食事を終えることにした。コーヒーを飲み干したが、警報はなかなか解除されない。しびれを切らして店の外に出ると、なにも特別なことは起きていない。子どもや老人も歩いている。日常が続いている。

これはじつに困惑する経験だった。日本の報道で、警報が鳴り響くなか防空壕に駆け込む子どもたちの映像を見ていた。あれはなんだったのか？

あとで現地の方に尋ねてわかったことだが、いまのウクライナではあまりにしばしば警報が発せられるので、人々は独自のリテラシーを身に付け、重要な警報かそうではないかをテレグラムへの投稿などを参考に各自で判断しているらしい。テレグラムは匿名性の高いSNSで、ロシアとウクライナの双方で普及している。参考にする投稿は政府機関によるものではないらしく、なぜ信頼できるのかと疑問が残ったが、いろいろな対策が口コミで広がっているようだ。さきほどの例であれば、件の警報はロシアの空軍基地からミグ31Kが離陸したことによるもので、それならば爆撃はないので安心という判断になったらしい。

似た光景には、その後キーウでも出会うことになった。キーウは首都で、東部の戦場にも近く、リヴィウに比べればはるかに緊張感のある都市である。軍人も多く、ミサイル攻撃の痕跡もあちこちに残る。歩く人々の表情も険しい。

それでも空襲警報は同じように無視されていた。ぼくたちがキーウを去る日、荷物をパッキングしていたらサイレンが鳴った。本来なら警報発令中はチェックアウトができない。スタッフも防空壕で待機する決まりだからだ。けれども、もしかしたらとフロントに降りてみたら、やはりチェックアウトはできた。外に出てみると人通りもいつもと変わらなかった。親子連れが歩き、カフェや美容室も開いていた。ぼくたちはその日、バービン・ヤル・ホロコースト記憶センターの取材予定が入っていたのだが（このセンターについては後掲のインタビューで詳しく説明している）、そちらも問題なく実施することができた。警報発令中を思わせるのは、路肩に停止したバスだけだった。公共交通機関だけは警報を守って止まる。とはいえそれもすべてではなく、一部のバスは動いている。

むろん、以上の経験は、日本の報道が大袈裟で、ウクライナの被害が意外と小さいということを意味しない。キーウにミサイルは落ちている。砲撃を受けた高層ビルや集合住宅は焼け落ち無人のまま放棄されている。ぼくはその傷跡をこの目で見た。実際にぼくたちの取材のあと、キーウは幾度も攻撃に晒されている。とくに二〇二三年の年末から二四年にかけての攻撃は激しく、キーウでも多数の死者が出た。ぼくたちは幸運だっただけだ。

それでも、ぼくたちは一一月の取材中、リヴィウで二回、キーウで三回の計五回空襲警報に遭遇したが、結局いちども防空壕に駆け込むことはなかった。それもまた報告すべき現実である。

2

いまのウクライナでは、戦争はあまりにも深く日常に入り込んでいる。戦争は特別の事件ではない。戦死者も空襲警報も日常に取り囲まれている。だからいっけん平和に見えてしまう。それは逆説でしかないが、それこそが戦時下について語ることの困難を表している。

もうひとつ、ぼくたちを困惑させた現実を記しておこう。世界遺産に登録されているリヴィウの歴史地区は、ルィノク広場と呼ばれる大きな広場を中心に広がっている。そこに面して「UAメイド」という名の土産物屋がある。店名が示すとおり、ウクライナ産のアパレルや小物を扱っている。

戦時下の国が国産品の販売促進に力を入れるのは当然のことだ。興味を抱いて足を踏み入れたところ、戦争をモチーフとした新製品の多さに驚いた。Tシャツや靴下のようなアパレルに始まり、バッグ、財布、ピンバッジ、マグカップ、文房具、ポストカード、さらにはボードゲームから飼い犬用のレインコートにいたるまで、ありとあらゆる戦争応援グッズが制作されている。デザインも多彩だ。たんに国旗が描かれているとか、標語が印刷されているといったものではない。むしろユーモアを込めたものやポップカルチャーを参照したパロディものが多い。

たとえばこの写真を見てほしい［図3・4］。これはあるTシャツの前面と背面を撮影したものである。ご覧のとおり、前面には英字で大きくハイマースと書かれ、ロケット砲の派手な絵が描かれている。ハイマースは米軍が開発した多連装ロケット砲の名称で、この戦争ではウクライナに大量に提供されている。ハイマースの文字はロックバンドを思わせるロゴになっており、背面には「ハイマース2022ツアー」の言葉とともに、ヘルソン、ルハンシク、ドネツクなど、キリル文字で書かれた激戦地の名称が並んでいる。つまり、このTシャツは、ウクライナ各地での米軍武器の活躍を、ロックバンドの全国ツアーに見立てているのである。

このような想像力をどう解釈すべきだろうか。風刺といえば風刺なのかもしれない。けれども、似たようなデザインのTシャツが多数並べられた棚を眺めていると、そんな複雑な話ではなく、単純にカッコイイものとして受け取られているように思えてくる。いずれにせよ、日本人の素朴な感覚からすればそれはいささか「不謹慎」だ。いくら愛国の表明とはいえ、現実に死者が出ている、いま進行中の戦争を商売のネタにしているのだから。

じつはいまのウクライナでは、このような「不謹慎」は

図3　11月6日　リヴィウ、UA made 店内

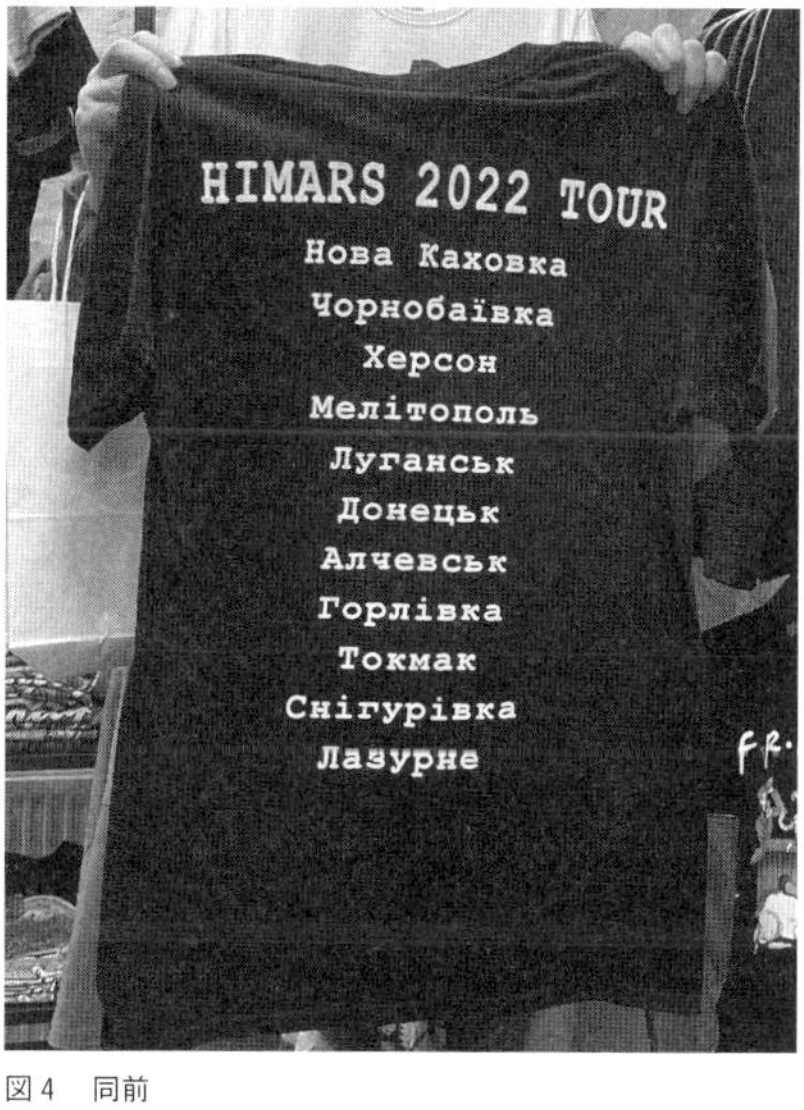

図4　同前

まったくめずらしいものではない。リヴィウの土産物屋での発見を皮切りに、ぼくたちは似たような商品や表現に繰り返し出会うことになった。途中からは積極的に探して買い集めるようになり、帰国時にはトランクがひとつ増えた。

思いつくままに事例を紹介しよう。まずはマリウポリの英雄をスーパーヒーローを思わせる筆致で描くポスター［図5］。リヴィウの小さな書店で発見したもので、同店では戦争を描いたコミックブックも販売していた。つぎにロシア兵をゾンビに見立てた、まるでFPSゲームの宣伝かのような義勇兵募集の告知［図6］。第三独立強襲旅団への勧誘で、キーウの街路に掲示されていた。同団はマリウポリで活躍した「アゾフ連隊」の生き残りを中心に結成された旅団で、特別の存在感があるのか、軍全体とは別に独自の募集告知をあちこちに出していた。三番目は大統領や将軍たちの顔写真がパッケージに配された「戦争モノポリー」［図7］。ライセンスを得ているかどうかは定かではない。さきほどの土産物屋で見つけたものだが、同店にはほかにも著作権の怪しいボードゲームやカードゲームがかなりの数売られていた。続いてぬいぐる

図5　11月6日　リヴィウ、UA Comix 店内
同じデザインのTシャツも売られていた

図6　11月10日　キーウ、ルキヤニウスカ駅近く

図7　11月6日　リヴィウ、UA made で購入

みになった歩兵携行式ミサイル「ジャベリン」や無人戦闘機「バイラクタル」［図8］。同じ店には軍服をモチーフにした子ども服も売られており、ハルイチナ・アヴィエーション（ガリチア飛行隊）というブランド名だった。ハルイチナは西ウクライナの地方名で、いまのナショナリズムの核となる土地だ。五番目はキーウの目抜き通りに設置された、黒猫がロシア全土を燃やしているイラスト看板［図9］。切手を模したデザインになっている。実際に発行されているのかもしれないが、そこまでは調べ切れなかった。ウクライナ政府は侵攻以来、戦争をモチーフにした切手を多数発行している。そして最後に、大手ポルノサイトのロゴの一部をウクライナ軍の略称に変更したパロディワッペン［図10］。これこそ不謹慎の極みだが、このようなエロティックなパロディグッズもたくさんある。以上のように例を挙げればきりがない。そしていくら例を並べても、戦争表象とポップや「楽しい」がシームレスにつながったあの感覚は、なかなか日本では伝わらないだろう。

むろん背景には文化的な差異がある。不謹慎の感覚は日本とウクライナでは大きく異なる。本誌読者には説明の必要が

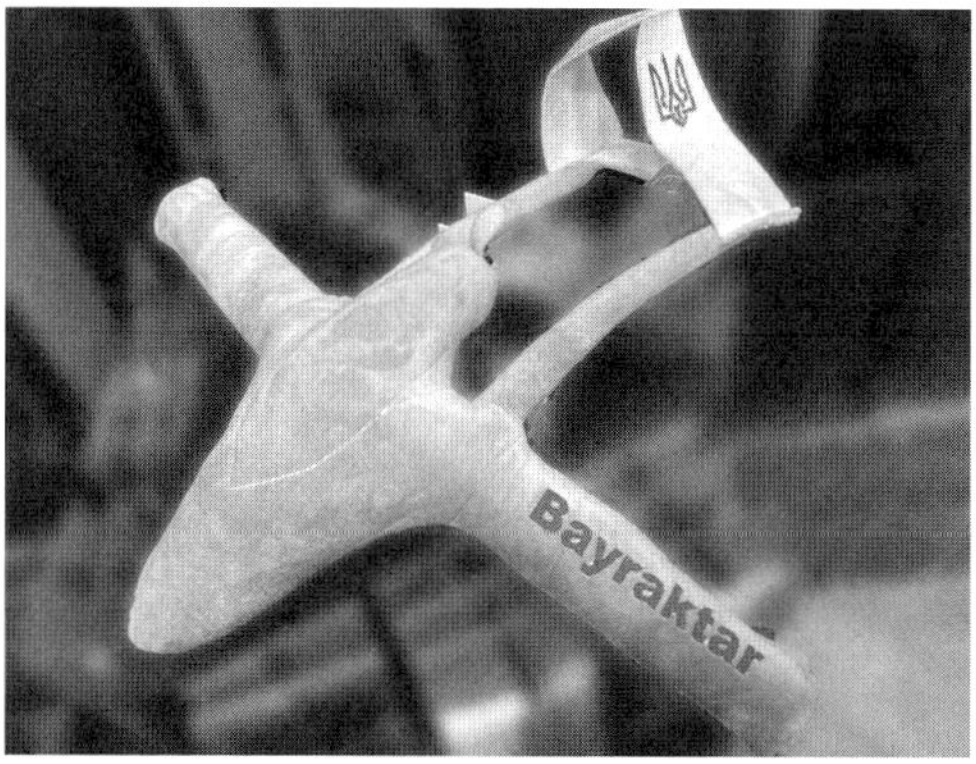

図8　11月6日　リヴィウ、Telesyk Airlines 店内

図9　11月7日　キーウ、フレシチャティク通り
チェスノ運動なる腐敗監視組織が設置している

図10　11月6日　リヴィウ、UA made 店内
左列上から三番目の横長のワッペンが Pornhub のパロディになっており、Porn（ポルノ）が 3СУ（ウクライナ軍）に置き換えられている

ないだろうが、ぼくと上田はチェルノブイリ（チョルノービリ）を幾度か訪れている。同地は侵攻前には新しい観光地として注目され始めていた。そんなチェルノブイリでも、放射能マークをラベルにあしらったウォッカや放射線汚染地域の空気を詰めた缶など、日本の感覚ではありえない土産物が多数つくられていた。かりに福島の地酒に放射能マークをつけて売ったらどういうことになるか。考えるまでもない。日本人なら頭から拒絶するものを、むしろ笑いとして受け入れる寛容な文化がウクライナにはある。

だから以上の現象も、いかにもウクライナ的な反応だといえば、それはそれで説明できるだろう。けれどもこれらの事例に限っては、もうひとつ、SNSの力学も働いているように思われる。

今回の戦争はSNS戦争といわれる。ウクライナ政府は侵攻以来、SNSの広報にたいへん力を入れ、民間人による情報発信を積極的に自陣営に取り込んできた。なかにはきわどいネットミームもあったが、規制することはなかった。日本の読者も、侵攻からわずか数日後、ゼレンスキーをマーベルのスーパーヒーロー「キャプテン・アメリカ」に見立てた「キャプテン・ウクライナ」なるイラストが現れ、SNSを席巻したことを記憶しているだろう。同時期には聖母マリアがジャベリンを抱えた「聖ジャベリン」というイコン風のイラストも現れた。聖人が特定の武器を聖なるものとして称揚するなど、もはや不謹慎を超えて冒瀆ではないかと感じられるが、まったく批判されることなくむしろ歓迎された。聖ジャベリンのイラストはのちステッカーとして販売され、巨額の寄付を集めることに成功している［★4］。

SNSの時代は「楽しい」ことが正義である。楽しくなければ、いくら正しくてもだれも見向きもしない。ウクライナ政府はそのことをよく理解していて、人々が戦争を「楽しむ」ことを妨げなかった。下品と紙一重のネットミームに対しても、ウクライナを支援する意図さえあれば、政府公式のアカウントでお墨付きを与えてきた。その流れが徐々に現実に染み出し、結果としていまのような商品の横溢につながっているのではないか。

戦時下では戦争と日常は融合している。戦時下だからといってただちに日常が奪われるわけではない。むしろ日常は戦争を抱え込み、より強靱なかたちで再構築される。そこでは戦争もまた消費の対象に変わる。グッズに変わり、アイコンに変わり、ファッションに変わる。

ウクライナ人は戦争を「楽しみ」の対象にしている。このように記すと反発を買いそうだが、ここでいいたいのは、むろん彼らがふつうの意味で戦争を楽しんでいるということではない。戦争すら娯楽の対象に変えてしまう、それこそが現代的な戦時下の条件だということだ。

これは古典的なプロパガンダの話とは少し異なる。いまのウクライナでも、むろん国家主導のプロパガンダには頻繁に出くわす。むしろプロパガンダだらけだといっていい。とくにキーウはそうだ。

まず街のあちこちに義勇兵や寄付を募るポスターが貼られている。キーウの目抜き通りはフレシチャティク通りというが、そこにはマリウポリの歴史を記したパネルが立ち並んでいる。同じ通りに面した市庁舎には、マリウポリで囚われた捕虜の解放を訴える大きなバナーが下がっている［図11］。

図11　11月7日　キーウ、フレシチャティク通り

図12　11月8日　キーウ、ムィハイリウスカ広場

★4　キャプテン・ウクライナも聖ジャベリンも複数のバージョンのイラストがあり、どれがオリジナルかは特定できなかった。商品も多数の種類がある。聖ジャベリンの画像そのものは二〇一八年にすでに存在していたらしいが、二〇二二年二月の侵攻をきっかけにネットミームとなった。商品化については、カナダのジャーナリストが開設したネットショップ「聖ジャベリン・ドットコム」がよく知られている。同サイトはいまでは、聖ジャベリンのステッカーだけでなく、アパレルを中心にさまざまな軍応援グッズを扱う電子店舗に成長しており、最近ではウクライナ鉄道とコラボした「聖鉄道」なるステッカーも販売している。URL=https://www.saintjavelin.com/

キーウの中心には聖ムィハイル黄金ドーム修道院という大きな寺院がある。観光客なら必ず訪れる美しい寺院だが、いまではそのまえの広場にロシアから鹵獲された戦車や兵器が並べられ［図12］、敷地の外壁は戦死者の遺影で覆われている。

取材では博物館も訪れた。国立歴史博物館でも第二次大戦におけるウクライナの歴史博物館（後者はかつて大祖国戦争博物館と呼ばれていた）でも、いまは戦争を主題とする特別展示を開催している。そこでは当然のことながら、ロシア兵は犯罪者として悪魔化され、対照的にウクライナ兵は英雄として美化されている。たとえばこの写真のような演出がある［図13］。これは国立歴史博物館で開催されていた――いまは収蔵品の多くは避難しているので特別展ばかりが行われている――「アゾフスターリ、新しい意味」展のポスターである。ウクライナ兵が両手を広げ、上空から光を浴びている。まるで宗教画のような構図だ。

テレビもたえず戦争報道を流している。そこでは戦闘の美化はよりストレートに追求されている。ぼくたちが滞在していたときには、国営放送である「第1チャンネル」で、侵攻以来の記録映像を編集してつくられたウクライナ国歌がときおり流されていた。国歌はもともと男性ヴォーカルの荘重な曲だが、そのリズムにあわせてウクライナ軍の活躍や民間人の協力を映した場面がテンポよく切り替わる。そこに銃撃音や爆発音、実際に戦場で交わされた兵士同士の交信音声などが加えられ、まるで娯楽映画の予告編かのように仕立て上げられている。長さも予告編にありがちの一分半。YouTubeにもアップロードされているので、興味のあるかたは検索して視聴してみるとよい［★5］。現実の戦争とハリウッドやアニメが描く戦争の境界は、そこでは完全に溶け去っている。

いまのウクライナは、情報時代のプロパガンダの最先端の例に満ちている。これはこれでしっかりと分析すべき現象だ。

けれども、さきほど紹介した事例の多くは政府が主導するものではない。国防省がTシャツやぬいぐるみをつくっているわけではない。いまのウクライナでは、市民の側が、勝手

図13　11月9日　キーウ、国立歴史博物館
同博物館で開催されていた「アゾフスターリ、新しい意味」展のポスター

に戦争をネタにしてグッズをつくり、「楽しみ」の対象にして、売り上げの一部を自発的に軍に寄付している。そしてその動きは、いま記したようにＳＮＳ特有の力学に支えられている。

　ぼくたちはＳＮＳに支配された大衆社会に生きている。大衆社会は「楽しい」ことが正義になる社会である。ＳＮＳはその原理を純化したコミュニケーション・プラットフォームだ。この条件は、裏返せば、いまや正義が正義であるためには、同時に楽しいものとしても提示されないといけないことを意味している。

　正義と「楽しさ」の融合。あるいは野合。それは現代の政治や市民運動の大きな特徴になっている。

　ウクライナの市民もそんな時代の論理のなかで生きている。だから彼らは戦争もまた「楽しい」ものに変えようと努力してしまう。戦争を軽く捉えているからＴシャツやぬいぐるみをつくっているのではない。戦争があまりに深刻だからこそ、そしてロシアの侵略に抗うことが正義だと深く信じているからこそ、彼らはそれを「バズらせる」ほかないと考えているのである。彼らはそのために、戦争の話題をたえずネットミームに変え、「カワイイもの」「カッコイイもの」として拡散し、世界中の人々のアテンションを集め続けているのである。

　その戦略はあるていど有効に機能している。キャプテン・ウクライナや聖ジャベリンのイラストは、ウクライナへの支持を広げるのに大きく寄与した。けれどもそれがまた、戦争の生臭さや残酷さを見えにくくすることも確かだ。

　ミサイルをひとつ撃つごとに、あるいは爆弾をひとつ投下するごとに、本当はどこかでナマの肉体が引き裂かれ、血が飛び散り、泣き崩れる遺族が生み出されている。その傷を受けるのはけっして「ロシアの悪魔」だけでなく、英雄であるはずのウクライナ兵や隣人の一般市民でもある。むろんウクライナ人はそれを知っている。けれども土産物屋や玩具屋の棚からはそんな暗さは一掃されている。ハイマース２０２２ツアーのＴシャツを買うことで軍を支援する、それは現実にロケット砲を発射する行為から無限に遠いはずだが、その距離は「楽しさ」のなかで消え去ってしまう。いまのウクライナでは、消費文化のなかに戦争支援がきれいに溶け込んでいる。

　このような戦時下について語るのはじつにむずかしい。それはほとんど哲学的な作業ですらある。ぼくたちはつねに戦争と平和を対立させている。それなのに現代の消費社会はその対立こそを溶かしてしまう——哲学の言葉を使えば「脱構築」してしまうのではないか。ぼくはウクライナにそういう問題を見た。

★5　URL=https://www.youtube.com/watch?v=NqNIZ-KmC6w

日本への帰国後、八鍬《やくわ》新之介監督のアニメ映画『窓ぎわのトットちゃん』を観た。黒柳徹子が自身の小学生時代を記したベストセラーが原作で、それはちょうど第二次大戦の戦時下にあたる。主人公を取り巻く豊かな消費社会が昭和一六年の対米開戦をきっかけに崩壊し、軍国主義一色になっていくさまを印象的に描いており、話題となっている。

　ぼくもまた感銘を受けた。すばらしい映像化だった。しかし同時に、これからもし日本が戦争に巻き込まれるとしたら、この映画が描くようなわかりやすい変化は起きないのではないかとも感じた。

　すでに記したように、ぼくたち戦後の日本人は、戦時下を、敗戦直前の極端に悲惨な状況をモデルに想像するように訓練されている。いいかえれば、戦時下の到来を、モノに満ち溢れていた明るく豊かな社会が崩壊し、日々の糧すら手に入らない暗く貧しい社会へと変わる過程だと考えることに慣れている。『窓ぎわのトットちゃん』にも、主人公の若い母親が、銀座の街角で軍人から髪型と服装が華美すぎると注意される場面がある。そこでは、戦時下はまさに「楽しさ」の対極にある社会として描かれている。

　けれどもぼくがウクライナに見たのは、それとは大きく異なる戦時下のすがただ。ぼくたちは、消費社会と軍国主義が溶け合った、あるいは「楽しさ」と戦争支援が溶け合った、そんな新しい戦時下についても考える必要があるのではないか。

　むろん、これはこれで結論を急ぎすぎかもしれない。前述のようにウクライナと日本では不謹慎への感覚が大きく異なるし、ウクライナもまた、今後戦争が長引けば（そうでないことを祈るが）かつての日本のように暗く貧しくなり、グッズやネットミームをつくる余裕などなくなるかもしれない。それでも、戦時下のイメージをもう少し複雑にしておくべきではあるだろう。

3

　この原稿で伝えたいことのふたつめは、進行中の戦争を過去の出来事と安易に重ねることの危険性である。こちらも事例紹介から始めよう。

　さきほど、聖ムィハイル黄金ドーム修道院のまえの広場にはロシアから鹵獲された戦車や兵器が並べられていると記した。その一角に、写真のようにマリウポリとワルシャワを比較したパネル展示がある［図14］。

　マリウポリはウクライナ東部のドネツク州にある港湾都市

である。一八世紀にロシア帝国の植民で設立され、ロシアはその歴史を根拠に支配権を主張している。二〇二二年の二月から五月にかけて激しい戦闘の舞台になり、市街地は廃墟と化し、民間人を含む万単位の犠牲者が出た。戦闘はロシアの勝利で終わり、いまのウクライナでは領土喪失の象徴となっている。すでに紹介したとおり、キーウ市庁舎にはマリウポリの戦闘で囚われた捕虜の奪還を訴える大きなバナーが下がっている。

展示はそんなマリウポリの戦いを、第二次大戦時の「ワルシャワ蜂起」と重ねるものである。ワルシャワも当時いちど廃墟と化した。そのきっかけとなったのが、一九四四年の八月一日に始まり、二ヶ月にわたり続いた大きな蜂起だった。

ポーランドは一九三九年にナチスドイツに侵攻され、その後は同国の支配下にあった。けれども一九四四年にはドイツは劣勢となり、東からソ連軍が近づく状況になった。ソ連はポーランド領内の抵抗組織に蜂起を呼びかけ、ワルシャワでも呼応して「ポーランド国内軍」率いる市民が立ち上がった。ところがソ連軍は、ワルシャワ市街の対岸まで進軍したにもかかわらず、なぜかポーランド人の蜂起を支援しなかった。結果として蜂起は失敗し、関わった市民は処刑され、戦闘と合わせて二〇万人ほどの死者が出た。それだけでなく、その後市街地はドイツ軍の懲罰的破壊により瓦礫の山と化し、生き残った七〇万人ほどの住民もすべて追放されることになった。ワルシャワはこのときいちどほぼ無人の街と化し、復興には戦後長い時間を要することになったのであ

図14　11月8日　キーウ、ムィハイリウスカ広場

図15　同前

る。

展示は写真のように［図15］、右にマリウポリの戦い、左にワルシャワ蜂起で撮影された同じような構図、同じような主題の写真を並べている（すぐあとに記すように本当はそうではないのだが、少なくともそのように見える）。クレジットにはウクライナとポーランド両国の政府機関が名を連ねている。広場の武器展示そのものが国立軍事史博物館の一部として位置付けられているので、この比較はいまウクライナ政府が公式で推奨しているものだと考えてよいだろう。

とはいえ、この比較はちょっとおかしくないだろうか。なぜなら両者では加害国が異なるからである。マリウポリを破壊したのはロシア（ソ連）だが、ワルシャワを破壊したのはドイツ（ナチス）だ。日本の多くの読者は、この比較に首を傾げるのではないか。

裏返せば、なぜウクライナではこの比較が受け入れられるのか。そのような疑問が湧いてくる。背景にはおそらくふたつの要因がある。

ひとつはいまのウクライナで流通しているナチスドイツとロシアの同一化である。それは「ラシズム」という聞き慣れない造語に象徴されている。

ラシズムはロシアとファシズムを重ね合わせた造語で、二〇世紀後半から現在まで続くロシアの全体主義体制、とくにプーチン体制を指示するとされる。一九九〇年代にも一部で流通していたようだが、二〇二二年の侵攻以降、ウクライナ政府自身によっても積極的に使われるようになった。ヒトラーとプーチンを重ね合わせた「プトラー」という言葉もしばしば使われる。ロシアがウクライナをネオナチ国家と呼んでいることは広く知られているが、ウクライナもまたロシアをネオナチ認定している。

もうひとつは冷戦後の中東欧で生じた「記憶の政治」である。

冷戦期には中東欧はソ連の支配下にあった。ソ連はロシアに支配されていた。そして当時は、ソ連は英米仏とともにファシズムと戦い、中東欧を解放した正義の国だという歴史観が共有されていた。ソ連の構成共和国、ウクライナやバルト三国なども、ともにナチスと戦ったロシアの盟友とされていた。たとえばさきほど触れたキーウの旧大祖国戦争博物館は、まさにそのような歴史観で展示を構成していた。

けれども冷戦が終わり、ソ連の軍事的圧力が消えるとともに、その歴史観への疑義が中東欧の各地で噴き出すことになった。いまでは広く知られるとおり、ソ連は現実には人権無視だらけのたいへん問題のある全体主義国家だった。その事実がおおやけに語られるようになり、バルト三国、ポーランド、そしてウクライナなどでは、ロシア（ソ連）はじつは解放者でも盟友でもなく、ナチスドイツと同じ悪の国で、革命前の帝国時代に始まりソ連の崩壊まで、長いあいだ周辺民族を抑圧し続けた加害者だという歴史観が広く共有されることになった。そしてその歴史観のもとで現代史も再構成された。教科書が書き換えられ、博物館の展示が入れ替えられ、銅像が引き倒され、かつての英雄が犯罪者として法廷に立たされた。そこではまさに記憶こそが政治の焦点になったので、この動きを総称して「記憶の政治」という。興味のある読者は、西洋史家の橋本伸也が記した『記憶の政治』など専門書にあたってほしい［★6］。橋本の著作はバルト三国を主題としているが、同じことはポーランドやウクライナでも起こっている。

　いずれにせよ、そのような変化の結果、いまの中東欧では、ナチスとソ連あるいはロシアは、「同じ加害者」としてしばしば重ねて語られるようになっている。ひとつめの要因として指摘した「ラシズム」や「プトラー」といった言葉も、この流れのなかで現れたものである。

　冒頭に記したように、ぼくたちはウクライナにポーランド経由で入った。ジェシュフのまえにはワルシャワに二日滞在し、じつはワルシャワ蜂起博物館も見学している。

　そこで印象的だったのは、蜂起を鎮圧し、市民を処刑し、市街地を破壊したのがナチスドイツだったにもかかわらず、予想以上に多くの展示がソ連の糾弾に割かれていたことである。それはソ連軍が救援に来なかったことだけが理由ではない。前述のように、ワルシャワ蜂起は「ポーランド国内軍」と呼ばれる抵抗組織に導かれていた。ポーランド国内軍はロンドンに移動した亡命政府に属しており、ソ連が支援する国民解放委員会（いわゆるルブリン政権）とは対立関係にあった。そして戦後は後者が中心になって共産主義政権がつくられた。それゆえ戦後のポーランドでは、長いあいだ蜂起の重要性が正当に評価されてこなかったのである。生存者も沈黙を強いられたという。ワルシャワ蜂起博物館が開館したのは、ようやく二〇〇四年のことだ［★7］。

　いまのポーランドでは、現実にワルシャワの市民を殺し市街地を破壊したナチスだけでなく、その記憶を歴史から消そうとした共産主義も同じくらい憎まれている。

　以上のように、現在の中東欧における「記憶の政治」を考

★6　橋本伸也『記憶の政治』、岩波書店、二〇一六年。

★7　このように記すとポーランド人が一方的な被害者だったかのように見えるが、現実はそれほど単純ではない。ここでは記述を割愛したが、ポーランドではじつはナチスから解放されたあともユダヤ人の迫害が続き、それはユダヤ人が戦後アメリカやパレスチナへ脱出する大きな理由になった。そしてポーランド国内軍などの反共勢力は、じつはそのような反ユダヤ主義に親和的だったと指摘されている。本文でも後述するように、善と悪、被害と加害の関係はじつに入り組んでいる。野村真理『ホロコースト後のユダヤ人』、世界思想社、二〇一二年、二三頁以下。

慮すると、マリウポリとワルシャワの比較の必然性はごく自然に納得することができる。しかしそれでも、じつはこの展示にはひとつ大きな問題がある。

さきほど写真で示したように、展示はマリウポリとワルシャワを比較するはずのものである。実際、パネルのフレームには大きく両都市の名が、そして両都市の名だけが書かれている。

ところがパネルをひとつひとつ見ていくと、必ずしもマリウポリとワルシャワの比較になっていないことがわかる。各パネルの左側に並んでいるのは確かにワルシャワの写真なのだが、じつは右側にはマリウポリ以外の写真が多数含まれている。

たとえばこのパネルを見てもらいたい［図16］。写真ではクレジットが潰れて読めないが、左の二枚の写真はいずれもワルシャワ蜂起博物館から提供されたものだと記されている。他方、右上の写真については二〇二二年三月一九日にキーウで撮影されたもの、右下の写真については日付は示されず、ブチャで虐殺の犠牲者の遺体を掘り起こしている場面とのみ書かれている。これは一例で、ほかのパネルについても、それぞれクレジットを読むと、オデーサ、イルピン、セヴェロドネツクなどから写真が集められていることがわかる。撮影場所が示されていない写真もある。

これが意味しているのは、この展示において、マリウポリとワルシャワという地名は、ロシアとナチスを同一化したいというウクライナ人の心情の表れとして記されているにすぎないということである。そこで行われているのは、けっしてふたつの残虐行為の歴史的な検証といったものではない。現実に行われているのは、ワルシャワ蜂起博物館から印象的な写真を借り受け、侵攻以降各地で撮影された、似たような主題、似たような構図の写真を横に並べるという作業でしかないのだ。

図16　同前

それはクレジットをきちんと読めばわかる。とはいえ、ほとんどのひとはクレジットなど読まない。だからマリウポリの戦いはワルシャワ蜂起と同じくらい激しかったという印象だけを抱くだろう。そしてそれこそがウクライナ政府の狙いでもあるだろう。黄金ドーム修道院のまえの広場は、近くに官庁街や高級ホテルがあり、国外のジャーナリストが頻繁に集まる場所でもある。

4

このようなプロパガンダをどう理解すべきだろうか。ロシアの侵攻はけっして正当化できないし、マリウポリの戦いが悲惨だったことは確かなのだから、このていどの粗雑さは許容すべきだという考えもありうる。

それはそれで理解できる。ぼくはここでなにも他国の歴史観にケチをつけようというのではない。ポーランドやウクライナは、ナチスとソ連、ファシズムと全体主義の双方によって想像を絶するほどの苦しみを味わわされた。ふたつの加害国を重ねるのは自然な心の動きだ。

とはいえ、そのような「連想」が歴史記述やジャーナリズムに無防備に入り込むと、ときに事実が軽視されてしまうことも確かだ。もうひとつ、今回の取材で出会った事例を紹介しよう。

キーウにバービン・ヤルという渓谷がある。ロシア語ではバビ・ヤールとなり、日本ではそちらの表記で知られている(ぼくもかってはそう記していた)。現在はほとんどが埋められており、渓谷の印象は薄い。

バービン・ヤルは、キーウがナチスドイツに占領された直後、一九四一年の九月二九日から三〇日にかけて、三万人以上のユダヤ人市民が集められ、銃殺されて谷底に放り込まれた虐殺の場所として知られている。虐殺のあともこの谷は処刑場として利用され、一九四三年秋にキーウがソ連によって「解放」されるまで、じつに一〇万人が殺されたという。いまは複数の記念碑が建ち、あたりは「国立バービン・ヤル歴史記念保護区」という公園として整備されている。

その公園内の建物で「死の鏡」という特別展が開催されていた[図17]。主催者として公園を管理する国立歴史記念保護区と関連する委員会、そしてキーウ歴史博物館の三者がクレジットされていたので、これもウクライナ政府の意向を反映した展示だと考えてよいだろう。

なおこの展示には、ぼくたちが取材したバービン・ヤル・ホロコースト記憶センターは関係していない。じつはバービン・ヤルの虐殺をいかに表象し、どのような記念碑や博物館をつくるかについてはさまざまな立場があり、関係団体も入り組んでいる。政治も関係している。とりあえず現在は国立バービン・ヤル歴史記念保護区とバービン・ヤル・ホロコースト記憶センターが並行して存在している。前者はその名のとおり国立の機関だが、後者は民間の非営利団体である。前者はマイダン革命前の二〇〇七年に設立され、後者は革命後の二〇一六年に設立された。前者が公園の敷地全体を管理し、後者はその一部を借りて新しい記念碑を建てている。

特別展の会場のようすは写真のとおりである［図18］。体育館を改装してつくった大きなホールの床に赤い矢印が記されている。鑑賞者はそれに沿って歩く。両側に黒と灰色のバナーが並んでいる。黒のバナーには過去の出来事、灰色のバナーには現在進行中の戦争での出来事が掲示され、両者を照合しながら進む構成になっている。「鏡」は現在と過去の照応関係を意味している。

この簡単な説明でもわかるとおり、この展示はさきほどのマリウポリの戦いとワルシャワ蜂起の比較ときわめて似た発想でつくられている。こちらではナチスによるバービン・ヤルの虐殺と現在進行中のロシアによるウクライナ侵攻が重ね合わされている。それゆえ同じ弱点も抱えている。過去の悪と現在の悪を想像力のなかでつなげることが優先され、細かな事実はあまり考慮されない。実際、黒のバナーには、バービン・ヤルでなくソ連時代の全体主義的抑圧の事例も記されている。

さきほどの写真をもういちど見てみよう。左端の黒のバナーではバービン・ヤルの虐殺の起点が解説されている。一九四一年の九月二八日、キーウに住むすべてのユダヤ人市民に対して、翌二九日の朝八時にメルヌィコワ通り（現在のユリ

図17　11月10日　キーウ、国立バービン・ヤル歴史記念保護区
展覧会入口の掲示

図18　同前
展示会場風景

ア・イレンカ通り）とデフチャリウスカ通りの交差点に集まるように布告が出された。三万人の虐殺はこの布告から始まった。いま問題の交差点は虐殺の谷からは三キロ近く離れていて、いまの地下鉄のルキヤニウスカ駅近くにあたる。

向かいあう黒のバナーではこんどはソ連時代の事例が紹介されている。集合場所となった交差点の近くには、帝政時代に建てられたルキヤニウスカ監獄があった。同監獄は一九三七年から三八年にかけての大粛清時代にＮＫＶＤ（内務人民委員部）の収容所として大きな役割を果たし、一九三八年の五月一九日には五〇〇人以上が銃殺された。

そして、さらにその隣の灰色のバナーには、現在の事件として、二〇二二年の三月一五日にルキヤニウスカ駅近くにロシアのミサイルが撃ち込まれたことが記されている。展示はこれら三つの事実を並べるところから始まるが、現実にはそのあいだには地理的な近さ以上の関係がほとんどない。加害者も異なるし、事件の質や被害の規模も異なる。にもかかわらず、それらはただ横に並べられることで、鑑賞者になんとなく「同じ悲劇」がウクライナで繰り返されているかのような印象を与えるのである。展示はこの調子で、一方でバービン・ヤルの虐殺の過程、他方ではそれが連想させるソ連やロシアの悪を紹介するというかたちで終わりまで進んでいく。

会場の一角には映像ブースもあった。そこでは三つの異なった遺体発掘の映像がつなげてループするかたちで上映されていた。ひとつめは一九四三年一一月にソ連軍によって行われた、バービン・ヤル虐殺の犠牲者の発掘場面。ふたつめは同年六月、いまだドイツがウクライナを占領していた時期にナチスが主導して行われた、ヴィンヌィツャ虐殺の犠牲者の発掘場面。ヴィンヌィツャはウクライナ中部の都市で、大粛清時代に前出のＮＫＶＤによって多数の人々が殺されたことで知られている。ふたつの事例で、加害者と発見者の関係がきれいに入れ替わっていることに注意してほしい。バービン・ヤルではナチスが殺しソ連が発見した。他方でヴィンヌィツャではソ連が殺しナチスが発見している。

そして最後に、二〇二二年の九月にイジュームで行われた遺体発掘の場面。イジュームはウクライナ東部の都市で、同年三月にいちどロシアに占領されたあと、九月にウクライナによって奪い返された。発掘作業はおそらくイジューム郊外の集団墓地のものだろう。ウクライナ政府はそこで拷問の痕跡がある遺体を多数発見したとしている。これら三つの事件の映像が、同じ犠牲者の遺体発掘だというだけの理由で特段の説明なくつなげて流されているところに、いまのウクライナにおけるプロパガンダの性格が表れている。

ぼくはさきほど、ウクライナの困難な現状を考えれば、彼らの「粗雑」なプロパガンダも許容できるかもしれないと記した。原則としてはそうなのだが、この展示については肯定がむずかしい。

なぜならば、そこでは歴史の粗雑な重ね合わせが、不都合な事実を覆い隠すものとして機能しているからである。いま話題にしている展示は、バービン・ヤルの虐殺を、ウクライナが被った反復される加害のひとつとして描き出している。ナチスがやってきてひどいことをした、ソ連もやってきてひどいことをした、いまはロシアがやってきてまたひどいことをしている、というわけだ。

現実はそれほど単純ではない。じつはバービン・ヤルの虐殺にはウクライナ人も関わっていたことが知られているからである。ウクライナには一九三〇年代から、反ソ連と反ポーランドを掲げる民族主義者組織があった。OUNと略称で呼ばれる。OUNはいまのウクライナではナショナリズムの先駆として評価されているが、実際はテロ活動に従事し、ナチスに近づいた組織でもあった。OUNの一部はナチスによる占領を歓迎し（ナチスに対して抵抗運動を展開した一派もあり、いまではそちらが主流派だとされている）、連携するウクライナ補助警察にも参加した。この組織はキーウにもあり、虐殺で犠牲者を処刑場所へ追い立てる役割を担った。つまりバービン・ヤルの虐殺については、ウクライナは単なる被害者ではなく、同時に加害者でもあったと記すべきなのだ。けれども問題の展示では、そのような二面性への言及はなかった。記述を見逃した可能性はあるが、いずれにせよ大きく扱われていなかったことは確かだ。

韓国の歴史学者の林志弦《イムジヒョン》が指摘しているように［★8］、現代のナショナリズムは犠牲者意識（被害者意識）を核に成長する傾向がある。かつて愛国者は敵国を蹂躙した強者＝英雄の話を好んだものだが、いまは敵国に蹂躙された弱者の話こそが好まれる。林はそれを「犠牲者意識ナショナリズム」と呼ぶ。現在のウクライナのナショナリズムは、まさにこの犠牲者意識ナショナリズムの典型になっている。だからここで紹介しているような、被害の連続を強調したプロパガンダが現れる。

けれども、現実には一方的に被害者であり続けてきた国など存在しない。歴史はもっと複雑である。とりわけウクライナとユダヤの関係はその複雑性を象徴するものだ。ウクライナにはかつて多数のユダヤ人が住んでいた。両者にはかねてより軋轢があり、ナチスが来るまえにもポグロム（集団的迫害行為）が頻発していた。いまのウクライナ、とりわけ西部がウクライナ民族固有の土地のように見えるのは、ホロコーストで同地のユダヤ人が一掃されてしまったからにほかならない。犠牲者意識ナショナリズムの高揚は、そのような歴史を忘れさせる。

中東欧史を専門とする野村真理は、二〇〇八年に出版した『ガリツィアのユダヤ人』という著作で、つぎのように辛辣に記している。「ウクライナがナチとソ連の犠牲者を名乗っていればよい時代は終わったはずだが、独立後、いまだに政権の安定しないウクライナは、自国史の過去と行方を検証する重い課題を背負いきれないでいる」［★9］。この指摘から一五年以上が経過しているが、ロシアとの戦争は状況をむしろ悪化させたように思われる。

いまのウクライナは、ロシアとの戦いを正当化するために、ありとあらゆる過去の出来事を呼び出し、ありとあらゆる犠牲者と連帯して自分たちの立場を強化しようとしているように思われる。読者は、二〇二二年の三月、ゼレンスキー大統領がアメリカ連邦議会でのオンライン演説で、ロシアの侵攻を一九四一年の日本の真珠湾攻撃に重ねていたことを覚えているかもしれない。日本では困惑を引き起こした演説だが、ウクライナからすれば筋は通っている。ウクライナも帝国主義（プーチンのロシア）の被害者、アメリカも帝国主義（大日本帝国）の被害者というわけだ。

図19　同前
展示会場近くのモニュメント

このようなパフォーマンスは戦時下の国家として当然のことであり、安易に非難できるものではない。けれども、それは歴史の細部を無化する行為であり、ときに矛盾を生み出すものでもある。

展示会場の近くには大きなモニュメントが建てられていた［図19］。ユダヤを象徴するダヴィデの星とウクライナの国章である三叉槍（トルィズブ）が合わさり、ひとつのシンボルになっている。線は黄色で描かれ、星の半分は青で塗られている。黄と青はウクライナ国旗の色だ。

モニュメントは、国立公園として虐殺の犠牲になったユダヤ人への連帯を示すものだろう。ユダヤもウクライナも同じナチスの犠牲者だという意図も込められているのかもしれな

★8　林志弦『犠牲者意識ナショナリズム』、澤田克己訳、東洋経済新報社、二〇二二年。
★9　野村真理『ガリツィアのユダヤ人』新装版、人文書院、二〇二二年、二〇五頁。

い。

　ただ、ダヴィデの星はイスラエル国旗に描かれたシンボルでもある。ぼくたちがこの公園を訪れたのは一一月一〇日で、イスラエルのガザ侵攻に対して世界中で抗議のデモが行われていたときだった。だからそのモニュメントは、まるでロシアに侵攻されたウクライナがパレスチナに侵攻するイスラエルと連帯しているかのようで、言葉にしようのない居心地の悪さを感じさせた。

　ウクライナが犠牲者の立場を強調するのは当然のことだ。実際にいま害を受けているのだから。けれども現実はプロパガンダほど単純ではない。加害と被害の関係は入り組んでいる。犠牲者の連帯がつねに正義を生み出すわけではない。ウクライナの外にいるぼくたちは、そのこともきちんと指摘しておくべきだろう。

5

　取材ではキーウに住む若い夫婦にも話をうかがった。最後にそのときの印象も記しておきたい。

　話をうかがったのは、エヴヘン・マイダンスキーさんとカテリーナ・マイダンスカさん夫妻である。ふたりは三〇代前半。キーウ国立言語大学で知りあって結婚した。エヴヘンさんは日本語学科出身で、カテリーナさんは中国語学科出身だ。エヴヘンさんは、かつてゲンロンが行なっていたスタディツアーでアシスタントを務めてくれたことがある。その縁でお話を聞いた。ふだんは燃料関連企業でマネージャーとして働いている。カテリーナさんは中国語の能力を活かして商社に勤務している。

　ロシアの侵攻が始まったとき、ふたりは市内にいた。侵攻開始は早朝だった。

　断片的な話を再構成するとこんな感じだ。まずはたいへん驚いた。すぐに食料や医薬品を手に入れねばならないと思った。店には長い行列ができていた。だれひとり話をせず不気味だった。空襲警報が出たので地下鉄の駅に避難した。やはり情報はなかった。しかたがないので自宅に戻り、飼い猫を抱いて眠りについた。二日後にカテリーナさんの母親の家へ向かおうとした。目的が果たせず、帰宅する途中で戦車の隊列に出会った。キーウにとどまるのは危険だと判断し、南に八〇キロほど離れたビラ・ツェルクヴァという都市に移動することにした。エヴヘンさんの両親がいる街で、そこで五月半ばまで避難生活を送った。

　語り口は終始穏やかだったが、ロシアの話題になると声が険しくなった。ロシアの攻撃がいかに不当か、という話をたくさんしてくれた。今後の見通しを尋ねると、苦しくても勝つまで戦い抜くしかないという答えがすぐに返って来た。戦後ロシアはどうなるべきかと尋ねると、カテリーナさんは笑ってスマホの画面に架空の地図を表示してくれた。その地図ではロシアの領土はすべて海になっていて、「夢の大洋」と名付けられていた［★10］。あとで調べたところ、二〇一七年から流通しているネットミームのようだ。ロシアなど消えてしまえばよい、という意図だろう。

　ふたりのあいだでは、カテリーナさんのほうがロシアへの態度が厳しかった。背景には性別のちがいがあるかもしれない。男性はいつ徴兵されるかわからない。対して女性は徴兵されない（いまのところは）。男性のほうが戦争の長期化に慎重になるだろう。職場環境のちがいもあるかもしれない。カテリーナさんは中国語だけでなく英語も堪能だ。商社勤務なので欧米メディアに接する機会も多いだろう。

　けれどもそれ以上に影響を与えているのは家庭環境のように思われた。じつはカテリーナさんはロシア語話者の家庭に育っている。エヴヘンさんはウクライナ語話者の家庭に育っている。だから夫婦ではカテリーナさんのほうがロシア文化に親しんでいる。それだけにいまのロシアへの怒りが強いのではないか。

　カテリーナさんはいまではロシア語を使わない。彼女は北京に留学していた。そこでベラルーシ人の友人ができた。ふたりは当然のようにロシア語で会話していた。けれどもいまはメールなどでは、カテリーナさんはウクライナ語で、友人はベラルーシ語でそのまま文章を書き、やりとりするように変えているという。ふたつの言語は近いのでそれでも理解しあえる。母やエヴヘンさんとのあいだでもロシア語は使っていない。

　夫婦のあいだに今後子どもができたとしても、ロシア語を教えるつもりはないらしい。ただしぼくたちの取材ではロシア語を使ってくれた。

　ロシア語に罪はないはずだ、とぼくは思う。現在のロシアの蛮行を理由に、過去のロシア文化を学ぶ機会を排除するのは不合理なはずだ。ロシア語の使用がプーチン政権の支持を意味するわけではない。そもそもウクライナには歴史的に多数のロシア語話者が住んできたのであり、ロシア語の歴史はウクライナの歴史でもある。政治と文化は切り分けねばならない。ぼくはそう信じている。

　にもかかわらず、カテリーナさんがロシア語への嫌悪感を話し始めたとき、ぼくはまったく口を挟むことができなかっ

★10　この画像についてもネットミームのつねとしてどれがオリジナルの投稿なのか特定が困難なので、参考までにｒｅｄｄｉｔへの二〇一七年の投稿を挙げておく。URL=https://www.reddit.com/r/MapsWithoutRussia/comments/65blv9/ocean_of_dreams/?rdt=34603

た。政治と文化は異なる。現在と過去は異なる。それは確かにそうだ。

けれども戦時下という圧力は、まさにその政治と文化の境界を解体してしまう。現在と過去の距離を消してしまう。戦争をグッズやネットミームに変え、過去の犠牲者と自分たちを同一化する物語をつくり出してしまう。それがぼくがウクライナで観察した「新しい戦時下」の現実だった。だとすれば、そんな世界に住むカテリーナさんたちにしたり顔でロシア語に罪はないと伝えたところで、どれほどの説得力をもつだろう。彼らもそんな原則はわかっているだろう。それでも政治と文化を切り離せなくなっている。ロシア語の使用を政治的な意思表明だと感じざるをえなくなっている。それこそが戦時下ということだ。それがプーチンがつくった世界だ。世界をそんなふうに変えてしまったことこそが、プーチンの犯罪なのだ。

ぼくはさきほど、戦時下について語るのはむずかしい、それはほとんど哲学的な作業ですらあると記した。それは別の角度で切り出せば、戦時下で平和について語るのがむずかしいということでもある。

ぼくたちはふつう戦争と平和を対立させている。いいかえれば政治と文化を対立させている。敵国の国民でも、同じ学問を志したり、同じ芸術に感動したりすることができると信じている。

戦争の厄介なところは、いちど戦争が起こると、まさにその概念の対立が消え去ってしまうことにある。平和時の日常は、政治とは関係がない多くの消費財に取り囲まれている。Tシャツを買うことは政治ではないし、SNSで呟くことも政治ではない。特定のミュージシャンやスポーツチームを応援することも政治ではない。同じようにロシア語を使うことも政治ではない。少なくとも多くのひとはそう感じている。それが平和ということである。

ところがひとたび戦争が起こると、それらもまたすべて政治の一部になってしまう。いいかえれば戦争の道具になってしまう。いちどそうなってしまうと、もはや平和について語ることじたいがむずかしくなる。ウクライナ人とロシア人のあいだでも、同じ学問を志したり、同じ芸術に感動したりすることができる——そう信じることはできなくなる。それどころか、そういう可能性を信じることそのものが「利敵行為」のように感じられてくる。エヴヘンさんとカテリーナさんは、そういう環境のなかに生きている。

この戦争については、日本では（ほかの国でも同じかもしれないが）、ウクライナは徹底して戦うべしという意見と、あるていどのところで妥協して停戦すべしという意見が対立し続けている。

前者の意見はわかりやすい。ロシアの拡張主義的野心の危険性は明らかなのだから、国際秩序の維持のためにはここで完全に叩いておくしかないというわけだ。とはいえウクライナが永遠には戦い続けられないこと、というよりも欧米がいつまでもウクライナを支え続けられないことも確かで、停戦の訴えにもあるていど妥当性がある。ただ日本では、後者の停戦論が、古い左翼の論理を引きずった、イデオロギーが先行する非現実的な議論で主導される傾向にあった。そのためこの二年間、停戦論がときおり浮上しては、国際政治や安全保障の専門家から徹底的に批判されるということが繰り返されてきた。

ぼくは専門家ではないから、どちらが正しいかを決定することはできない。戦況は刻々と変わっている。ぼくたちが歩いたキーウの街はマリウポリ奪還を目指したプロパガンダだらけで、停戦の空気は感じられなかった。けれどそれもいつ変わるかわからない。いずれにせよ決めるのはウクライナ人だ。

ただ、それとは別に、日本に住む人間として気にかかっていることがある。いま記したような「論争」の結果、日本ではこの二年で、平和について考えることは「頭がお花畑」な左翼のお遊びであり——あるいは親ロシア派のプロパガンダであり——、まともな大人は観念的な戦争反対など唱えず、粛々と事変に対応するものだという考えがすっかり広がってしまった。戦後日本の平和主義が限界に達し、転換点を迎えているともいわれた。

けれどもそれでいいのだろうか。停戦を訴える人々のなかに非現実的な発言が多かったのは確かだ。なかには著名な学者もいた。ぼくも彼らには失望した。けれども、平和について考えるのが「お花畑」に見えるというのは、じつはそれこそが戦時下による罠なのではないか。

ここまで繰り返してきたように、戦争と平和は単純には対立しない。平和時には戦争と平和は対立している。ところがいったん戦争が起こると、平和は戦争に呑み込まれる。生活のすべてが戦争の一部になり、戦争以外の可能性そのものが見えなくなる。だから平和についても語れなくなる。その可能性の剝奪こそが戦争の本質だ。しかし、その困難は、平和についての思考が無意味であることではなく、むしろ、その思考をあらためて哲学的に鍛えなおさねばならないことを意味しているはずだと思う。

戦時下の人々に平和がいちばんだ、戦争をやめろと告げるのは無意味だ。彼らは現に戦っているのだから。戦わなければ殺されるのだから。そのような発言は「お花畑」だと非難されて当然だ。

しかし、では彼らに寄り添い、戦争を支え続けることだけが正義かといえば、それもちがうはずだ。なぜなら、いま武器を取っている人々も、大多数は本当はそんな殺し合いに巻き込まれたくない、戦争を終わらせるためにこそ戦っていると思っているはずなのだから。ではぼくたちは、戦時下の人々に対してどのような言葉で戦争から抜け出す道を説けばいいのか。戦時下においては、単純な戦争肯定も否定も、どちらも平和にはつながらない。その二律背反から始まる、新しい平和論が求められるはずなのである。

ぼくは取材前は停戦派に共感していた。けれどもエヴヘンさんとカテリーナさんに向かって、停戦したほうがいいですよとはとてもいえないと感じた。その無力を反省し、帰国後は平和論を読み漁っている。

*

キーウにはピンチュク・アートセンターという現代美術のギャラリーがある。ヴィクトル・ピンチュクというオリガルヒの支援でつくられた。ぼくたちが訪れたときには、たまたまジャンナ・カディロワの個展を開催していた［図20］。

カディロワは一九八一年生まれのウクライナ人の現代美術家である。二〇二二年三月にキーウからウクライナ西部の村に避難した。そこで制作した「パリャヌィツャ」という作品は国際的に話題になり、日本でも同年の越後妻有アートトリエンナーレに招待された。

図20　11月9日　キーウ、ピンチュク・アートセンター
カディロワと同時に、フランスのアーティスト、JRの個展も行われていた

パリャヌィツャはウクライナ語で丸パンを指す言葉だが、ウクライナ語を母語としないひとには発音がむずかしく、ロシア人とウクライナ人を見分けるためにも使われるという。カディロワは、避難先の村に流れる小川から適当な大きさの丸石を拾い、あたかもパンに見えるかのような加工を施し、その結果できたオブジェをこの名前のもとで作品とした。パリャヌィツャは本物のウクライナ人と偽物のウクライナ人を区別する言葉だが、カディロワの「パリャヌィツャ」は偽物のパンのことだ。

カディロワはよい作家だ。作品の多くはソ連崩壊後のウクライナの政治状況を主題としており、展覧会ではそこに込められた政治的な両義性に唸った。「パリャヌィツャ」も、いま紹介したように、アイデアは単純ながらも多様な解釈に誘う複雑さを備えている。

　それだけに驚き、衝撃を受けたのが、展覧会の最後の部屋で、「パリャヌィツャ」の展示と並び、壁にひっそりと架けられた紙束を発見したときだった［図21］。紙束には四列の表が印刷され、日付と受取人と目的と金額が記されていた。金額の合計は七〇〇〇万フリヴニャを超えている。日本円だと二五〇〇〇万を超える大金だ。

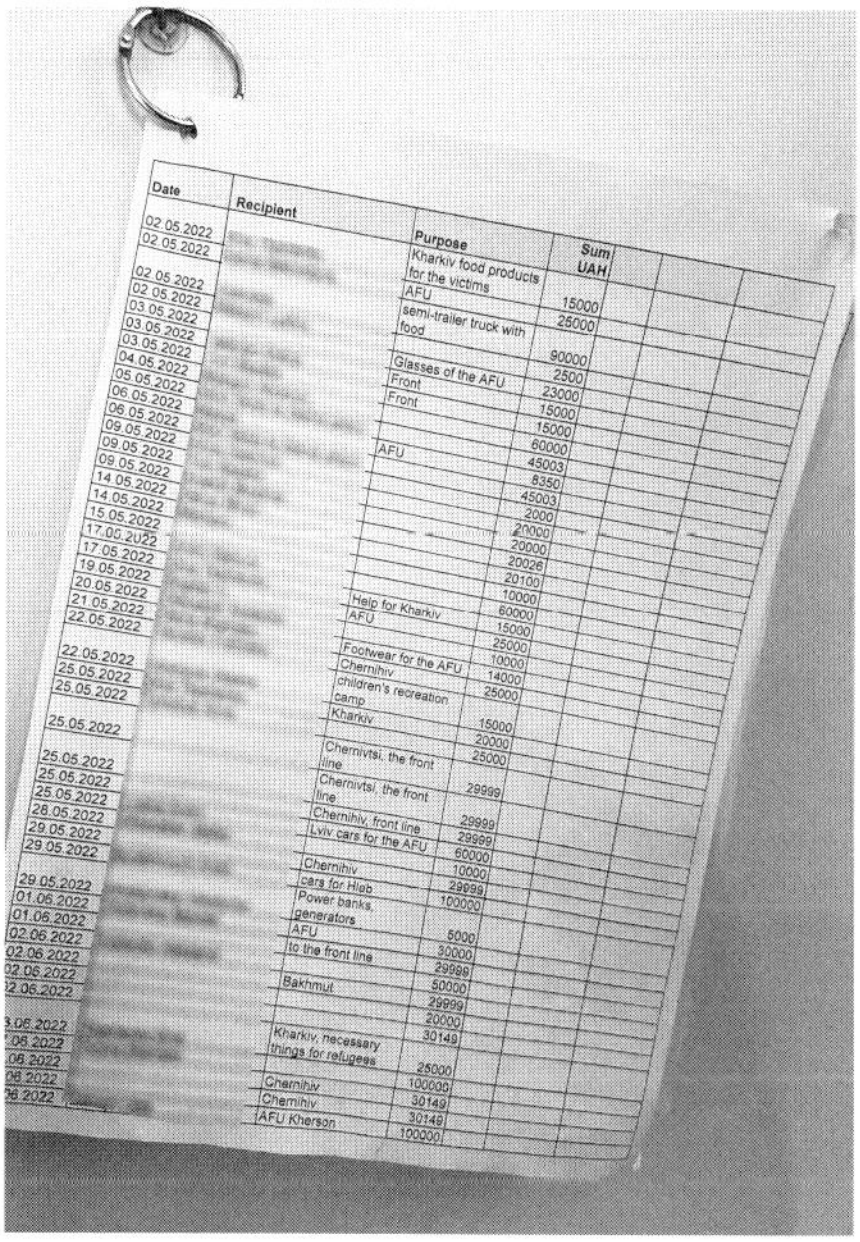

図21　同前
剝き出しの紙束だった寄付リスト　一部加工済

　なにかと思って近くに貼られた説明を読むと、どうやらカディロワはこの作品を世界中のコレクターに販売し、収益をウクライナ軍に寄付しているらしい。表の目的欄には、「医薬品」「ヘルメット」などと並び、「第七八連隊のドローン」「バフムトでのスターリンク」のような生々しい使途が記されている。パネルの最後には――さすがに本人が記したものではないと思いたいが――、「『パリャヌィツャ』のプロジェクトとカルパチア山脈の村で過ごした時間は、カディロワが戦争の文脈のなかで居場所を見つける助けとなった。いまや彼女は、アートによって世界に向かってウクライナについて語りかけ、そしてウクライナの勝利に貢献している」と、じつに威勢のよい文章が記されている。

　現代美術の作家が、自分の仕事の存在価値を証明するために、自作を販売した利益を軍に寄付する。寄付するだけでなく、それを表にして印刷し、展覧会に掲示する。これが戦時下だ。

　このカディロワの選択に対して、やむをえないと考えるひとも多いかもしれない。ぼくだって、日本で戦争が起きたら、自分の仕事を守るために自衛隊に協力し、寄付金額をゲンロンカフェの壁に貼り出すかもしれない。けれども、いまのぼくはやはり、この紙束は現代美術の敗北だと感じる。寄付金の多寡でみずからを正当化するようになったら、芸術も哲学も終わりだと感じる。そしてその未来の戦時下で敗北しないように、いまから準備しておきたいと思う。

論考

戦争はどこに「写る」のか

ボリス・ミハイロフとハルキウ派

上田洋子 Yoko Ueda

戦争はさまざまなものを遮断した。

ウクライナ、ハルキウ出身の写真家ボリス・ミハイロフとは、通訳の仕事を通して知り合った。二〇〇六年、彼がトーキョーワンダーサイトのレジデンスに来ていたとき、南青山のギャラリーでミハイロフの展示があった。そこで荒木経惟とのトークショーがあり、知人の紹介で通訳をさせてもらったのだ。たいへん緊張したことと、対話がもりあがってほっとしたことはよく覚えている。

ミハイロフと創作においてもパートナーである妻のヴィタ。ふたりはとても気さくで、作品は重層的で、ユーモアと人間に対する温かくもシビアなまなざしに貫かれていて、大好きになった。いまはおもにベルリンに住んでいる彼らに会いに行ったときは、《Look at me I look at water》(一九九九)などの作品の舞台になっているヌーディスト・ビーチでの撮影に連れて行ってもらった。ハノーファーの展示を見に行ったときは、その後泊めてもらって話を聞いた。その人柄ゆえ、わたしのほかにも彼らにお世話になっているひとはたくさんいるのではないだろうか。

二〇二三年一一月、ウクライナ取材のあと、ベルリンで彼らにようやく再会することができた[図1]。ちょうどコットブッサー・トーア駅の近くのギャラリーで「機会の窓たち Windows of the Opportunities」というふたつのスライドショーからなる個展をやっていて[★1]、会場で会おうと約束した。暗い展示会場でひとり作品をじっくり見ていると、気づいたらミハイロフが隣に立っていた。久しぶりに見るあのたまらなく人懐っこい笑顔。コロナ禍と戦争でずっと押さえつけられていた心のなかのなにかが溶けていく。

戦争が始まって、ハルキウの街は激しい攻撃にあった。ミハイロフの代表作の《Case History》(一九九七-九八)や、この会場でも展示されていた《昨日のサンドウィッチ》(一九六〇-七〇年代)はハルキウで撮影されている。ポストソ連期のハルキウを撮った《Tea Coffee Cappuccino》(二〇一〇)の生き生きとした写真も素晴らしい。わたしはハルキウには行ったことがないのだが、ミハイロフの写真を見るうちに、なんだかこの街に愛着を持つようになっていた。そんなこともあって、メディアに流れてくる戦時下の街の姿には、言葉で言い表せないような不安と痛みを覚えた。

ヴィタは以前は展覧会があるごとにSNSに情報を投稿していたのだが、二〇二一年末からまったくやめてしまっていた。戦争が始まって一週間くらいして、わたしは彼女にメッセージを送って心配を伝えた。翌日、ちょうど娘や孫たちがハルキウから逃げてくるのを待っているところだとの返事が来て、少しだけ安心した。それ以降、連絡の口実を見いだせないままただ心配を募らせて、はや一年半以上経ったころ、わたしは取材でヨーロッパに行くことになった。この時期、ちょうどベルリン近郊のヴォルフスブルク美術館で彼らが属する「写真ハルキウ派」の展示をやっているのを知る。そこで、思い切ってヴィタに連絡してみた。彼女は喜びの返事をくれて、ヴォルフスブルク美術館の展示のキュレーターを紹介してくれた。さらに、ベルリンではミハイロフの個展もあるとのこと。先に書いたベルリンのギャラリーでの再会は、こうして果たされることになる。もちろんそのすぐあとにヴィタにも会った。

そのとき交わされた話のことはあとにして、まずはミハイロフと「写真ハルキウ派」の紹介から始めよう。

図1　ミハイロフ（右）とヴィタ（左）。ベルリンにて、2023年11月。筆者撮影

ミハイロフはウクライナを代表するか

ボリス・ミハイロフとはだれか。日本でも写真好きなら知っているのではないかと思うが、そうでなければ遠い存在かもしれない。

ミハイロフは一九三八年生まれ。もともとエンジニアで、ソ連時代はずっとハルキウに暮らし、同地の写真クラブで知り合った仲間とともに芸術写真を探求した。

ソ連で写真といえば、たとえばロシア・アヴァンギャルドの写真家ロトチェンコがまっさきに思いうかぶのではないか。極端な近距離から見上げたりする斜めの構図を流行させたひとだ。また、『ソ連邦建設』などの三〇年代のグラフ誌は写真やグラビアデザインの文法を大きく進展させ、世界的にも評価が高い。だが、アヴァンギャルド以降は、「社会

★1　URL=https://galeriebarbaraweiss.de/exhibitions/windows-of-the-opportunities/

主義リアリズム」という保守的で古く生真面目な芸術規範が公式見解となり、芸術写真に発展の余地はなくなった。写真といえばドキュメントで、遊び心を発揮することはあまりできなかった。ヌードももちろん禁止である。

ミハイロフと彼の仲間のハルキウの写真家たちは、その禁を密かに破って、ユーモアとエロスに溢れるシュールで楽しい作品群を制作していた。ミハイロフが写真に専念することになったのも、ヌード写真を撮影しているのがばれて、それまで働いていた工場をくびになったのがきっかけだ。

ペレストロイカ期の八〇年代末から、ミハイロフの名はソ連の外の展示や写真集にも現れるようになる。九〇年代には作品がニューヨーク近代美術館（MoMA）のコレクションに入り、二〇〇〇年には写真のノーベル賞と言われるハッセルブラッド国際写真賞を受賞するなど、高い評価を受けた。同賞に関しては、彼は今日に至るまで旧ソ連圏で唯一の受賞者であり続けている（ちなみに日本人は森山大道、石内都、杉本博司、濱谷浩の四人が受賞しており、米国に次いで受賞者が多い）。現在ではニューヨークのメトロポリタン美術館、ロンドンのテート・モダン、パリのポンピドゥー・センターほか各国の美術館に作品が収蔵されており、日本でも熊本市現代美術館や豊田市美術館、それに大阪の国立国際美術館のコレクションにあるようだ。名実ともに世界でもっとも評価の高いウクライナの写真家である。

彼の写真は現代美術の枠組みで語られることも多い。その文脈でも、ミハイロフは同世代のイリヤ・カバコフ（一九三三－二〇二三）と並んで世界でもっとも知られている旧ソ連の作家ではないか。奇しくもふたりともウクライナ出身で、ウクライナの底力を見る思いだ。ただし、ドニプロペトロフスク（現在のドニプロ）出身のカバコフは、八歳のときに独ソ戦から逃れてウクライナを離れている。おそらくそのせいもあって、カバコフの作品や言説で「ソ連」という出自は出てきても、ウクライナが前景化することはあまりない。他方、ミハイロフはずっとハルキウに暮らし、九〇年代後半以降は生活の中心こそベルリンに移すものの、それでもハルキウに家を維持していた。少なくともコロナ禍の前までは毎年帰郷し、同地の作家としてのアイデンティティを保ち続けている［★2］。

だが、国際的な評価とは裏腹に、ミハイロフがウクライナで広く受け入れられているかというと、そうでもないらしい。二〇一九年にはキーウではじめて大々的な回顧展が開かれたが［★3］、展評や紹介記事を見ると、そのほとんどでミハイロフがウクライナではアート界以外で知られていないことが指摘されている［★4］。「なぜミハイロフは世界で天才とされているのに、自国では好かれていないのか」というタイトルの記事すらあった［★5］。この記事では、コンセプチュアルな作品が理解されないのかもしれない、人々はソ連の記憶に疲れ切って美しいおとぎ話を望むのかもしれない、そもそも万人受けしない、ミハイロフは異論派《ディシデント》で一般市民と考えが違うのでソヴィエト的なものが抜けないひとには理解し難いなど、さまざまな理由が考察されていたが、全体的にもっと理解されてもいいのに、という論調であるように読めた。

ウクライナでのこのような評価はなぜなのか、あらためてその理由を考えてみよう。

第一に、ソ連という条件があるだろう。ソ連では社会主義リアリズムという規範のもとに、芸術写真や現代美術が事実上禁じられていた。ミハイロフがヌード写真で職を追われたのはすでに書いたとおりだ。こっそり創作活動をしても、作品を見ることができるのは友人知人の狭いサークルだけで、一般の目には入らなかった。だからこの時代の非公式芸術は、たとえ一九六〇年代の作品であろうと、広く知られて評価されるようになるのはペレストロイカ以降である。

第二に、ポストソ連のウクライナという条件。地理的にヨーロッパに隣接していることもあり、ソ連崩壊後は芸術家に限らず多くのひとが旧ソ連の外に出た。ミハイロフ自身も、ベルリンのほうが活動しやすいので移住している。また、ソ連時代はモスクワが芸術・文化の中心であったため、ソ連が崩壊したあとキーウを中心としてウクライナ芸術を再編するにしてもそれなりの時間がかかる。二〇一四年のユーロマイダン革命後はそれが進んできているとはいえ、いまはまだウクライナ人共通の美術史・写真史観を作るプロセスの途中であるだろう。ソ連時代の、しかもアンダーグラウンドのものを位置付け直すにはもう少し時間がかかるのかもしれない。

★2　ソ連・ロシアの国内パスポートには「民族 национальность」を書く欄があるのだが、一二歳でパスポートを取得する際に、自ら「ウクライナ」を選んだそうだ。

★3　ピンチューク・アートセンターでの「禁じられたイメージ」展。同センターは二〇〇六年設立のウクライナ初の現代美術館で、キーウの街の中心部、いわば銀座のような場所にある。日本で言うなら森美術館のようなところで、村上隆の個展をやったこともある。設立者のヴィクトル・ピンチュクはウクライナでも有数の大富豪で、慈善家としても知られている。センターは回顧展ができるほどの大きなスペースなのだが展示は無料で見られる。ピンチュクはユダヤ系で、本誌収録のイリヤ・フルジャノフスキーのインタビューにもあるとおり、バービン・ヤル・ホロコースト記憶センターの設立メンバーでもある。わたしは「禁じられたイメージ展」を見に行っている。六ヶ月続いた会期の後半だったが、若者を中心とする幅広い年齢層の観客でかなり賑わっていた。

★4　*Оксана Семенік.* «“Запрещенное изображениe” в PAC: неначатая диссертация» // LB.ua. 12.09.2019. URL=https://rus.lb.ua/culture/2019/09/12/436194_zapreshchennoe_izobrazhenie_pac.html; «В Киеве открылась выставка всемирно известного украинского фотографа» // Lenta.ua. 27.06.2019. URL=https://lenta.ua/ru/v-kieve-otkrylas-vystavka-vsemirno-izvestnogo-ukrainskogo-fotografa-17424/ ここではロシア語版を出典としているが、いずれの記事にもウクライナ語版があり、評価がどちらかの言語の話者に偏るということはない。

★5　*Анна Поздеева.* «Почему Михайлова считают гением в мире. И не любят на родине» // Bird in Flight. 02.07.2019. URL=https://birdinflight.com/ru/vdohnovenie/critika/20190701-boris-mikhailov-pac.html

最後に、ミハイロフ自身の特異なスタイルがある。彼の写真は「美」を目指していない。それどころか、美しくなってしまうのを避けるようにして作品が作られている。彼が撮影するのはキッチュなものやありふれたもの、平均的なもの、人間社会の俗な部分だ［★6］。彼はしばしば「一般的傾向 обобщенность」を炙り出すのが大切だと語っている。一般の人々から滲み出る、好みや社会の潮流をできるだけ的確に捉えたい、ということだ。流行のように上から仕込まれるものではなく、ふつうの人々から出てくるもの。だから、彼の写真を語ろうとしてうっかり「美しい красивый」という形容詞を出したりすると、作家から猛反対に遭うことになる。

代表作《Case History》を取り上げて考えてみよう。これはハルキウの路上生活者たちを被写体に、演出をつけて撮影したカラー写真のシリーズで、大きなサイズでプリントされる［図2］。彼らは陽気な酩酊状態だったり、全裸や半裸になって、古典的な宗教画や肖像画、彫刻のようなポーズをとったりしている。撮影されるのがなんだか楽しそうだったり、恥ずかしがりながらも嬉しそうだったり。撮影に際して、被写体となってもらうかわりに、ミハイロフは彼らを家に招き、食事を取らせたり、風呂を使わせるなどしてもてなしたそうだ。

図2　《Case History》、1997－98。「禁じられたイメージ」展より、キーウ、ピンチュク・アートセンター、2019年。筆者撮影

写真のなかの路上生活者たちは、ズボンを下ろしていようが腹や胸や性器をあらわにしていようが、人間としての尊厳を保っている。裸体を美しく描く美術作品の古典的構図の引用はけっして冒瀆的なものではなく、むしろ路上生活者たちと、それら美術作品のなかの登場人物たちが同じ人間であることを示す。考えてみれば、宗教画に描かれた聖人たちにも困窮を味わったり、放浪の生涯を送ったりしていたひとは多い。ボロ服を纏い、皮膚のたるんだ彼らの身体が露出されたそれらの写真は、人間讃歌なのかそれとも社会批評なのかよくわからない。ただ、それらは強烈な存在感を放ち、見るひとの記憶にこびりつき、ことあるごとに想起されて、人間とはなにかを考えさせる。

もうひとつ、《わたしはわたしじゃない》という巨大なモノクロのセルフポートレートのシリーズを紹介しよう［図3］。

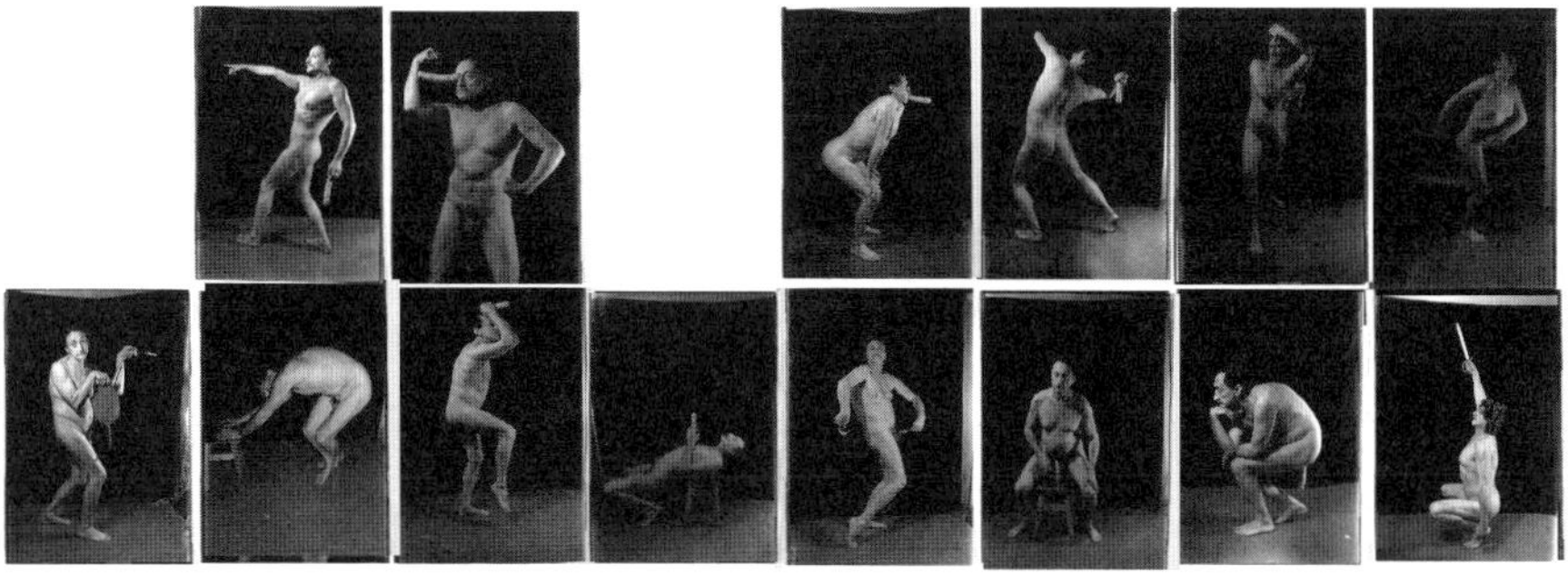

図3　《わたしはわたしじゃない》、1992年。提供＝Борис Михайлов

けっして理想的な体型ではない写真家自身が、全裸あるいは靴と靴下のみで、ディルドや武器のおもちゃを持って、ギリシア彫刻のようなポーズを取る。はっきり言って意味がわからない。しかし、このひとこそが彼の全作品の作家であるのだ。

アイロニカルで滑稽な《わたしはわたしじゃない》は、ミハイロフ自身の写真への態度表明でもあるだろう。ミハイロフもヴィタも、しばしば写真で日常的な裸体を晒している。裸の被写体に対する写真家のまなざしは一方的でも暴力的でもない。日常的な裸体は、人間の持つあたりまえのもので、理想とはずれた、滑稽なものだ。けれども愛嬌があり、美しくなくても興味を引く。

ミハイロフの作品では人間が理想的に描かれてはいない。このことはとても重要だ。

写真ハルキウ派

ミハイロフと彼の仲間たちに続いて、ハルキウには複数の世代にわたって写真家が生まれていく。そうして形成されたのが「写真ハルキウ派 Харківська школа фотографії（ХШФ）」（以下、ハルキウ派ともいう）である。冒頭にも書いたとおり、わたしはこの時期、ヴォルフスブルクの美術館で「ウクライナの夢見るひとたち　写真ハルキウ派」と題する展示が開かれるという情報を手に入れていた。

ハルキウ派が知られるようになってきたのはまだ最近のことだ。すでに紹介した二〇一九年のキーウでの「禁じられたイメージ」展では、最後の三分の一ほどの部分がハルキウ派に割り当てられていた。しかし、解説文もなく、作品の選択もミハイロフと方法論の近いものが集められていて、結局ハルキウ派についてはよくわからずじまいになっていた。なので、きちんと見直せる機会はありがたく、なにより戦時下で

★6　この点、「ごみ」などの取るに足りないものを集めて作品化し、美術館に入れようとしたイリヤ・カバコフとも少し似ているのかもしれない。

彼ら写真家がどうしているのか知りたかった。

ハルキウは東ウクライナにある百万都市で、同国で二番目の人口を誇る。かつてはソ連でも六番目の人口規模だった。当時もいまも有数の工業都市だ。ロシア・ウクライナ戦争でもっとも激しい攻撃にあった街のひとつで、この原稿を書いているいまもハルキウ攻撃のニュースが流れてくる。同地は歴史的にロシア語話者が多く、人口におけるロシア系の人々の割合も高い。それでも攻撃にあっているのは軍需産業や航空産業の強い街だからかもしれない。それにしても、やりきれない。

ソ連時代、この街に独特の美学を持った写真家たちの集団が生まれた。それが写真ハルキウ派だ。ハルキウ派の写真家で、後述する展示のキュレーターであるセルヒー・レヴェディンスキーによると、ハルキウ派はすでに四世代から五世代にわたり、現在五〇人弱のメンバーがいるという［★7］［図4］。派《スクール》とは言っても学校があるわけではなく、教えを受けた場合もせいぜい個別のワークショップでのことだ。むしろ、それぞれがミハイロフとその仲間の作品に影響を受けて創作活動を行っているのだ。

一九六〇年代後半から七〇年代にかけて、ハルキウの写真クラブに新しいことをやりたい若者たちが集まった。アレクサンドル・スプルーン（一九四五－）、オレグ・マリオヴァヌイ（一九四五－）、ユーリー・ルーピン（一九四六－二〇〇八）、エヴゲ

図4　ハルキウ派のメンバーたちのインスタレーション、2021年。
提供＝Museum of Kharkiv School of Photography（以下、MOKSOP）

ニー・パヴロフ（一九四九－）［★8］、そして三八年生まれと少し年上のミハイロフら八人の写真家たちは、七一年ごろに「ヴレーミヤ Время」（時）というグループを結成する。これがハルキウ派のはじまりである。

ヴレーミヤは「ウダール удар」という理論を掲げた。「ウダール」は「打つこと・打撃」を意味する言葉だ。彼らは見る者がショックを受けるような、あるいは意外性でひとをあっと言わせるような、あるいはなんらかの要素でひとを圧倒するような作品を目指して、さまざまな手法や主題を試した。当時タブーだった裸体を用いるのは、もっともシンプルでわかりやすいウダール理論の実践であろう。ミハイロフは「ウダール」を次のように表現している。

> 公式のプロパガンダからのどんな小さな逸脱も、わたしにとっては「ウダール」のカテゴリーにあてはまった。「ウダール」とはすなわち、当時受け入れられていた意味や型通りのやり方に反対することだ。それはわたしの写真における公民としての態度表明であるが、つねにネガティヴな態度がその根底にあった。
>
> ［……］［ソ連］国内で芸術家にできるのは、オブラートに包んだような言説だけだった。その際、次のようにしなければならなかった。
>
> 1　公式の不十分な真実に、小さじ一杯のタールを少しずつ加えながら、真実を語る努力をすること。
>
> 2　公式のイメージへの美学的な対抗を試みること。
>
> ［★9］

彼らは複雑なコラージュや二重露光、思いがけない色彩を用いた彩色で、コンセプチュアルでポストモダンな写真作品を生み出していった。初期のハルキウ派はミハイロフをはじめほとんどがエンジニアや労働者で、写真や映像の専門教育を受けたわけではなかった。だからこそかえって自由な実験ができたのかもしれない。

★7　写真ハルキウ派を三世代から成るとする分け方もある。その場合はSOSkaとシロは同じく第三世代で、その下の世代は念頭に置かれていないか、あるいはまとめて第三世代となる。たとえば以下のサイトを参照。Kharkiv School of Photography. URL=https://ksp.ui.org.ua/uk/artists/ 余談であるが、このサイトには国別の文献一覧があって便利だが、おそらくウクライナと並んで論考数が多いはずのロシアの文献は外されている。

★8　写真家たちの名前表記は、基本的に写真ハルキウ派美術館サイトの英語表記に倣う。すでに書いたようにハルキウはロシア語話者の多かった街である。ミハイロフはロシア語話者で、テクストもロシア語で書いている。わたしがインターネット上で見る限り、下の世代のセルゲイ・コチェトフやクラスノシチョクもおもにロシア語を用いているようだ。展示を案内してくれたセルヒー・レベディンスキーは現在はウクライナ語を使用しているとのことなので、ウクライナ語表記にする。

★9　Борис Михайлов: з розмов про фотографію. // MOKSOP. URL=https://moksop.org/borys-mykhaylov-z-rozmov-pro-fotohrafiiu/

具体的な作品については次節以降にまわし、ここではハルキウ派の流れを紹介する。紹介なので一部どうしても名前の羅列になるが、もう少しお付き合いいただきたい。

「ヴレーミヤ」グループは、一九六〇年代後半から、七五、六年にソ連の規範から外れるその活動が問題視されて、母体となっていたハルキウの写真クラブが閉鎖されるまで存在した［★10］。その後、写真家たちはそれぞれ個別に活動していたが、八三年にハルキウ学者会館で一日限りのヴレーミヤの展示が行われた［図5］。いわば一〇年越しの再評価のようなものだが、そのころから新世代が現れ始める。ペレストロイカで社会が自由になった八〇年代後半には、第二世代のミーシャ・ペダン（一九五七–）がキュレーターとなって、ハルキウ派の第一世代と第二世代がともに参加する展示が行われた。

図5　ハルキウ学者会館に集まるヴレーミヤの写真家たち。肘をついているのがミハイロフ、1983年。撮影＝ヴィクトル・コチェトフ　提供＝MOKSOP

「写真ハルキウ派」という言葉が使われるようになったのもこのころからだそうだ［★11］。

第二世代にはほかにヴィクトルとセルゲイのコチェトフ親子（一九四七–二〇二一、一九七二–）、ロマン・ピャトコフカ（一九五五–）、セルゲイ・ブラトコフ（一九六〇–）らがいる［★12］。ブラトコフは超アップのボクサーの顔の写真がよく知られており、旧ソ連の外でも人気がある。コチェトフ親子はカラフルな彩色の写真、ピャトコフカはエネルギッシュなヌードの写真が名刺がわりだが、いずれもミハイロフやヴレーミヤの作家たちの影響が色濃い。セルゲイ・コチェトフは現在もハ

図6　2022年11月、北サルチウカ（ハルキウ）、セルゲイ・コチェトフのFacebook投稿よりスクリーンショット
URL=https://www.facebook.com/permalink.php?story_fbid=pfbid02eapjsTdLvoCTrwywbP2H7nhKxjEaKbLPywZPW5LgwqdkiHsbb3Hdt4povUDUHAUbl&id=100024705180645

ルキウにいて、かつてのハルキウの写真と、爆撃にあったいまの街の様子を日々フェイスブックに投稿している［図6］。

　さらに二〇〇五年には第三世代としてミコラ・リドヌイ（一九八五－）と、ハンナ・クリヴェンツォワ（一九八五－）やベラ・ロガチェワ（一九七三－）［図7］ら女性写真家が参加する「SOSka」（SOSに女性を示す語尾kaをつけてある。音としては「おしゃぶり／乳首」の意）が、二〇一〇年には第四世代としてウラジスラフ・クラスノシチョク（一九八〇－）、セルヒー・レベディンスキー（一九八二－）らの「シロ Шило」（千枚通し）が現れる。

図7　ロガチェワ《ARtNUO》（新しいウクライナの装飾模様）より、《カホフカ水力発電所》、2023年。提供＝MOKSOP

　さらに下の世代のアンドリー・ラチンスキー（一九九〇－）とダニイル・レフコフスキー（一九九三－）の二人組は、二〇二四年のヴェネツィア・ビエンナーレのウクライナ代表に選ばれた。ハルキウ派が抱える幅広い年齢層にも驚くが、ソ連期、ペレストロイカからポストソ連にかけての混乱期、その混乱が少し収束へと向かうゼロ年代、「独立」ウクライナの確立に向かって大きく揺れ動く二〇一〇年代、そして戦時下のいま、とそれぞれ異なる時代を代表するグループがいるのも興味深い。

　彼らの写真には手法やスタイル上の共通性がある。とりわけ身体への注目と、ユーモアあるいはアイロニー、社会を捉えるためのコンセプトやテーマの設定は多かれ少なかれ共通する。一枚ではなくシリーズにしたり、演劇的・活人画的な演出をつけたり、テクストを書き込んだりして物語性を付与することも、ソ連の写真史においてはハルキウ派が始めた行為のようだ［★13］。そういえば、かつてミハイロフが私的な会話のなかで、なぜ現代美術と写真では、手がかかっている

★10　*Надія Бернар-Ковальчук.* Харківська школа фотографії: гра проти апарату. Музей Харківської школи фотографії, 2020, с. 11.
★11　*Бернар-Ковальчук.* Харківська школа фотографії. с. 13.
★12　コチェトフは現在もロシア語話者。ブラトコフは九〇年代から国外で評価され、ミハイロフに次いでよく知られているが、ずっとロシア語名を用いているので、ともにロシア語読みとした。

かどうかに関わらず前者の作品のほうが金額が高いのか、と疑義を呈していたのを思い出す。ミハイロフは写真とはなにかを問い続けている。それは、さまざまな実験を繰り返して写真の枠組みを広げたヴレーミャ時代から変わっていない。このような態度もハルキウ派に共通すると言えよう。

ヴォルフスブルクのハルキウ派

二〇二三年一一月に話を戻そう。わたしはベルリンでミハイロフとヴィタに会う前、その日の昼間に、日帰りでヴォルフスブルクに行って、「ウクライナの夢見るひとたち　写真ハルキウ派」展を見た。

ヴォルフスブルクはベルリンから高速鉄道で一時間強。フォルクスワーゲンの本社と工場がある街で、駅の裏側すぐ、川の対岸には茶色い煉瓦の工場が長く連なる。日本で喩えるなら、トヨタ本社のある豊田市といったところか。駅を街の側に出るとすぐにザハ・ハディドが建築を手がけた「ファエノ科学センター」がある。空間を贅沢に使った建築があるのは、企業城下町として潤っている証拠だろう［図8］。

図8　ヴォルフスブルクの駅のそばにある「ファエノ科学センター」。筆者撮影

「ウクライナの夢見るひとたち」展がなぜこの街で開催されたのか。それは、キュレーターのレベディンスキーがこの街に住んでいるからだ。すでに触れたとおり、レベディンスキーはハルキウ派第四世代、「シロ」のメンバーだ。こちらもすでに書いたが、ヴィタが事前に彼を紹介してくれたおかげで、展示を見ながら話を聞くことができた。美術館が駅から少し離れていることもあり、わざわざ車で駅まで迎えにきてくれた。

レベディンスキーはドイツの大学で工学を学び、その後もヴォルフスブルクに住みながらハルキウと二拠点生活をしている。ともに大学で学んだ妻はこの街で就職したそうだ。彼女もウクライナのひとらしい。そうやってドイツに暮らすうちに、故郷であるハルキウの写真を撮りたいと思うようになり、ミハイロフの写真ワークショップに参加し、ハルキウ派の一員となった。

彼自身はエンジニアの父親がソ連崩壊後に作った工場の経営に関わっているという。小さな企業だそうだが、九〇年代の旧ソ連圏混乱期を知っている身からすると、そういった堅実なビジネスが軌道に乗って、子どもの世代が家業を大事にしつつ、地元のアートを発展させようとしている姿はなんだか嬉しく頼もしい。同時に、戦争が起こったからといって、人々が簡単に土地を離れたりしない理由もよくわかる。彼の家族も当然地元に残っている。

レベディンスキーは写真を撮るだけでなく、この五年ほど、ハルキウにハルキウ派の美術館を建てようと尽力してきた。建物はすでに確保し、リアルとインターネット双方でアーカイヴを作って、出版活動も始めていた［★14］。なお、日本の写真も好きで、山梨県の清里フォトアートミュージアムのヤング・ポートフォリオ関連で来日したことがあるそうだ。細江英公の講評を受けて感激だったと言っていた。彼の感覚では、そもそも日本の写真とハルキウ派の写真は、感情のあり方に親近感があるとか。

とはいえ、なぜいま彼の手元に、展覧会を開けるほどのオリジナルプリントの作品群があったのか。ハルキウ派の写真は、なんとヴォルフスブルクに疎開していた。

レベディンスキーは戦争が始まるほんの三日前までハルキウにいた。開館準備中のハルキウ派写真美術館で照明を吊る

図9　「ウクライナの夢見るひとたち　写真ハルキウ派」展ポスター。提供＝MOKSOP

★13　ソ連ではリトアニアが例外的に芸術写真が強かった。一九一九年、全ヨーロッパに先駆けてステファン・バトルィ大学（現・ヴィリニュス大学）に写真学科が設置される。一九六九年にはリトアニア文化称揚政策の一環として、「リトアニア共和国芸術写真協会」が設立される。ロシアを含むソ連の他の共和国では、写真家の団体はジャーナリスト同盟写真局やアマチュアのサークルしかなく、リトアニアは政権が芸術写真を保護した唯一の共和国であった。同共和国の写真家たちは、国内外での展示や協会の刊行物への掲載、写真美術館やギャラリーの設立などをかなり自由に行うことができた。彼らは「写真リトアニア派」と呼ばれ、ソ連の写真家たちのなかで特権的な位置にあった。代表的な写真家に、アンタナス・ストクス（一九三九―）、ロムアルダス・ラカウスカス（一九四一―二〇二一）、ヴィタス・ルーツクス（一九四三―八七）らがいる。

★14　写真ハルキウ派美術館のサイトは以下を参照。ウクライナ語と英語の二ヶ国語だが、英語はウクライナ語よりやや情報が少ない。このサイトで出版物を購入することもできる。MOKSOP. URL=https://moksop.org/

作業をしていたそうだ。彼らにとって侵攻がいかに予期しないものであったかがよくわかる。だからこそ、怒りも大きい。

まもなくハルキウはロシア軍に包囲される。ドイツに戻ったレベディンスキーは、唯一できることとして、ボランティアをつうじて故郷に人道支援物資を送っていた。物資を積んだ車はハルキウから空荷で戻ってくる。彼はこれを利用して写真アーカイヴを疎開させることを思いついた。ハルキウ派写真美術館がすでに集めていた作品群に加えて、現地に残った写真家のうち若い世代がほかの写真家の家を訪ねてまわり、作品を預かった。ウクライナを出る税関では作品を一枚一枚記載するような申告ができる状況ではなかったので、「パヴロフ、五〇キロ」といった具合に、書類に写真家の名前と重量を書いて通過したそうだ。

こうして、合計約二トン(!)のハルキウ派の写真アーカイヴがヴォルフスブルクにやってきた。作品はレベディンスキーの自宅で管理されていたそうなのだが、家を改修することになり、ヴォルフスブルク美術館にアーカイヴを預かってもらえないか打診した。その結果、預かってもらえただけでなく、美術館側から提案を受けて展示が実現したのだそうだ[図9]。戦時には戦時で、こういう文化協力のかたちがあるのだ。わたしが展示を訪れたのは平日の昼間で、他の来場者がいなくて寂しかったのだが、土日は観客が集まっているようだ。

《ルーリキ》

ヴォルフスブルク美術館二階の展示スペースには、ハルキウ派のさまざまな作品が年代順に並べられていた。メインは

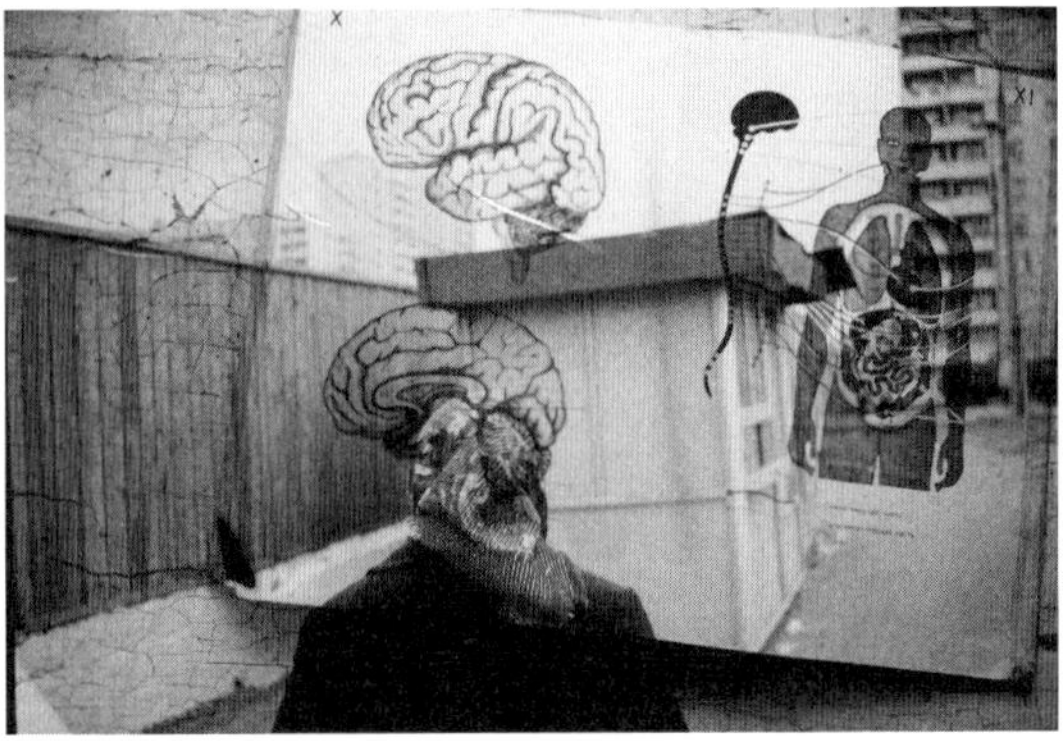

図10 《昨日のサンドウィッチ》より。提供＝ Борис Михайлов

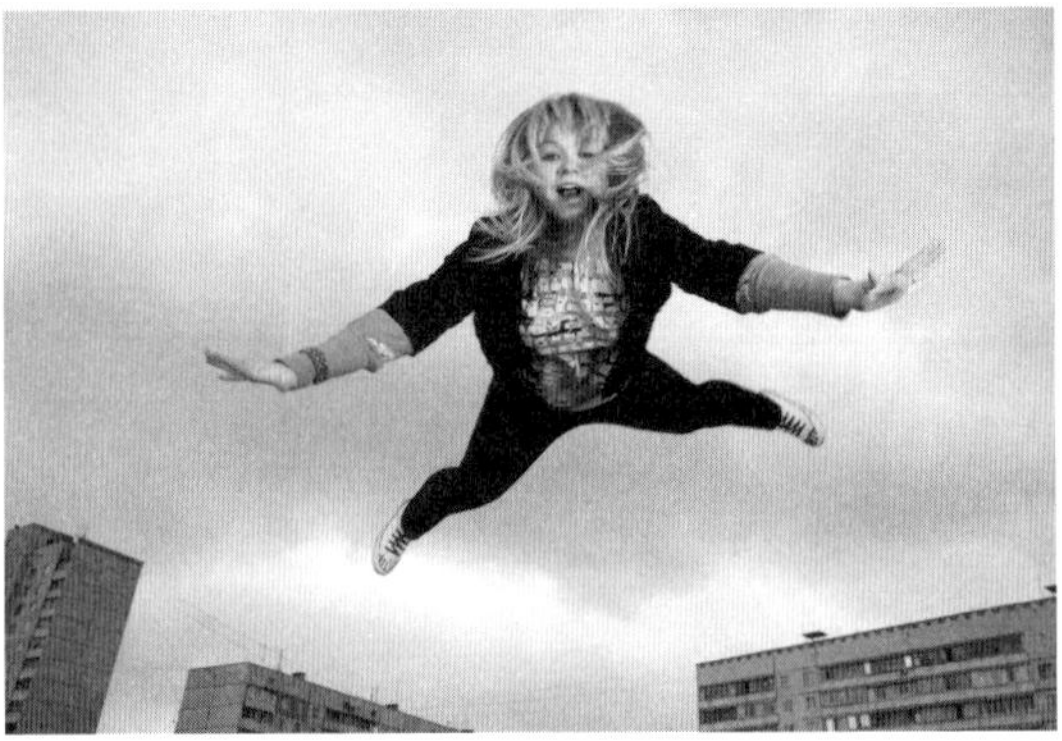

図11 SOSka《夢見るひとたち》シリーズより。提供＝MOKSOP

ミハイロフの代表作のひとつ《昨日のサンドウィッチ》。プリントではなくスライドの、二重露光のシリーズだ。このシリーズの作品は、『ゲンロン11・5』の表紙に使ったこともある。画像の重ね合わせによって、一枚の作品のなかに、複数の時間、複数の事象、複数の空間が凝縮される［図10］。その向かいにはSOSkaの《夢見るひとたち》（二〇〇八）の大判のプリントが存在感を放っている［図11］。「エモ」と呼ばれる漫画やアニメ風のファッションをした若者たちが思い切り空中にジャンプしている。希望とエネルギーに溢れた作品だ。

七〇年代のものでは、ルーピンやマリオヴァヌイの裸体に、当時すでにこんな大胆な作品が可能だったのかと驚いた［図12・13］。前者は荒いプリントで、版画のようにすら見える。後者はシュールな色付けが美しい。

同じ七〇年代の作品で、ミハイロフの《ルーリキ》（一九七一－八五）という、古い肖像写真にカラフルな彩色を施したシリーズが展示されていた［図14］。ハルキウ派の形成と展開にとって大きな意味を持つものだ。レベディンスキーの言葉を借りつつ紹介しよう。

戦後のソ連では、家族写真を撮影する機会が少なかった。とくに農村部では撮影できるひとがおらず、カメラもなかった。さらに独ソ戦下のハルキウは、前線が二度も往来してそのたびに街が大きく破壊されたため、どこの家にも古い写真がほとんど残っていなかった。残ったものも、証明写真のような小さいサイズのものがほとんどだった。

図12　ルーピン《夜》、1974年。提供＝MOKSOP

図13　マリオヴァヌイ《期待》、1970年。提供＝MOKSOP

六〇年代後半から七〇年代にかけて、この小さな写真を引き伸ばして彩色する闇ビジネスが生まれる。これが一大ビジネスに育ち、各家庭を訪問して宣伝し、注文を取る営業マンや、それを地域で取りまとめるひと、元締め、さらには投機家までいたらしい。写真家はその末端の職人として写真の再撮影や色付けの作業を担当した。ミハイロフもそのひとりで、長くこの仕事を請け負っていた。八〇年代にはハルキウ派第二世代のピャトコフカもやっていたらしい。社会主義下のソ連で、そのような闇ビジネスネットワークがあったこと自体がまず驚きである。

現代でも、古い写真にニューラルネットワークで色付けをするのが流行していた時期が少し前にあったが、ソ連ではその流行を五〇年前に経験済みだった[★15]。しかも顧客はいろいろと注文をつける。色付けだけでなく、顔を修正して欲しい、背景を変えて欲しい、別の写真を合成して欲しい……。盛ったりぼかしたり、ひとがフォトショやエフェクトを好むのもまたずっと昔からなのだ。

ミハイロフはこれらの注文がひとの一般的な好みを反映していることに気づき、これを作品にすることを思いついた。ソ連人たちが映る写真を、一九世紀末から二〇世紀のはじめに使われていたようなピンクやブルーのカラフルな色で彩って、彼らの好みやソ連という時代の一般的な特徴を浮き彫りにするような作品群を作り上げた。ときに文字でコメントやキャプションを書き込んだ。それが《ルーリキ》のシリーズなのだ。《ルーリキ》で試みられた彩色や文字の書き込みは、「ハルキウ派の美学の一部となった」とレベディンスキーは言う。社会の一般的傾向を調査して作品化する手法も、ここから始まった。

ヴィクトルとセルゲイのコチェトフ親子は、この手法を受け継ぎ、その後もビビットなようなパステルなような彩色を施した写真を作り続けている[★16][図15]。ただし、コチェトフたちの作品で彩色されているのは、別のだれかが持ってきた肖像写真ではなく、彼らが撮影したハルキウの日常であ

図14 《ルーリキ》、「ウクライナの夢見るひとたち」展より。筆者撮影

る。作家の彩色の下で、ソ連社会の風景は具体性を失い、非現実味を帯びる。あたかも神話やおとぎ話の世界、あるいはアート・アニメーションのようだ。そこには、ミハイロフの《昨日のサンドウィッチ》と同じく、時間の重ね合わせがある。もとの写真の層と色付けの層。ふたつの層は、時代の変化とともに、歴史を都合よく作り替えたいという人間の欲望もまた映し出す。『ルーリキ』でミハイロフが見つけた重層化の手法は、ハルキウ派に受け継がれ、更新されていく。

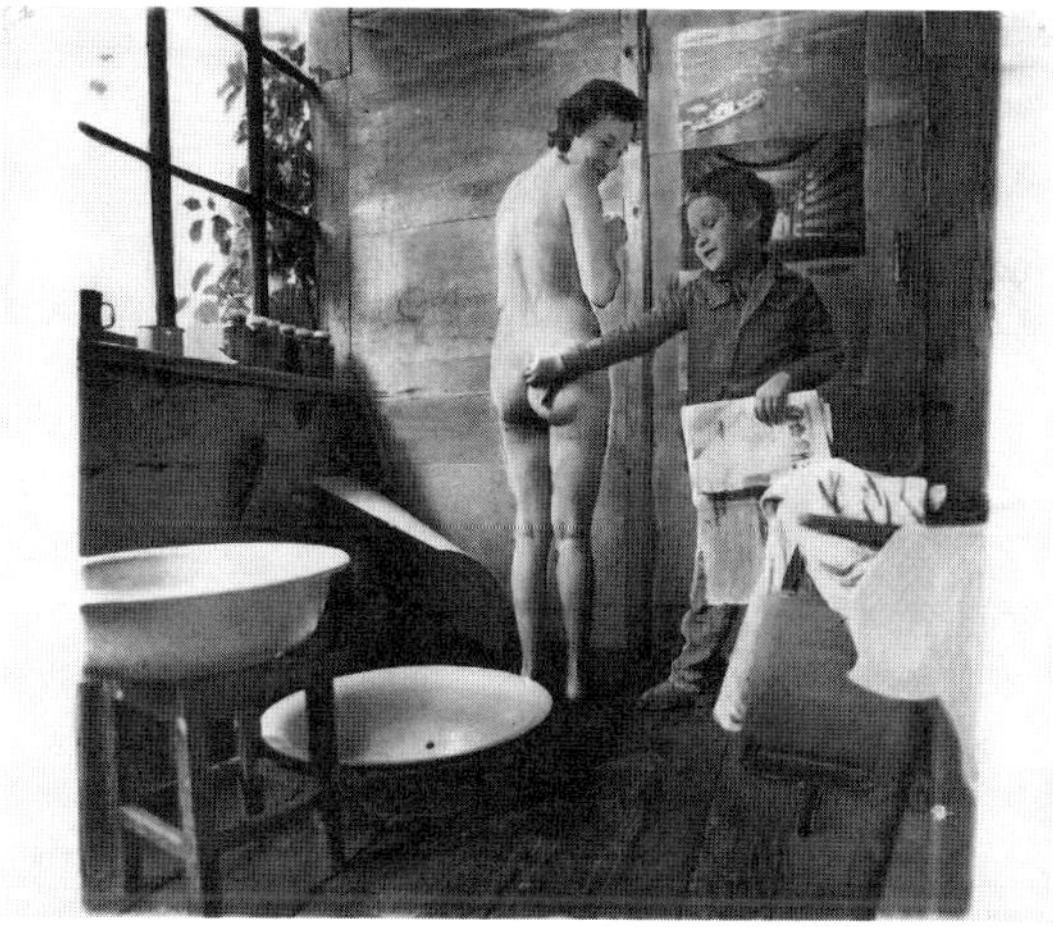
図15　ヴィクトル・コチェトフ、セルゲイ・コチェトフ《断水中の風呂》、1979年。提供＝MOKSOP

キーウの写真家で写真史家のヴィクトル・マルシチェンコは、ミハイロフの写真について、「長生き」で古びることなく、つねにアクチュアルだと指摘しているが[★17]、そこで新しさ、アクチュアルさが感じられるのは、それらの写真に過去を訂正して先に進む人間のエネルギーが見えるからかもしれない。

ミハイロフがソ連の日常を撮影した写真群は、別の作品として作り変えられたり、新たなシリーズに組み込まれたりする。それらは彼の長期的な時間感覚のなかで、なんども浮上して意味が捉え返されていく。ミハイロフ自身が、あたかもソ連をひとつのテーマとしている研究者のようだ。彼の言葉を引用しておこう。

> わたしのシリーズすべてに時代感覚と歴史の体感がある

★15　もちろん色の選択に現実との対応関係はなかった。また、担当したのは写真家とはいえ、みなが彩色に詳しかったわけではないだろう。クオリティは保証されなかったはずだ。

★16　色については、本誌裏表紙の作品《美しい雲》もコチェトフ親子のものであるので、そちらで確認してほしい。

★17　*Поздеева.* «Почему Михайлова считают гением в мире. И не любят на родине». ミハイロフ作品における時間感覚については、エレーナ・ペトロフスカヤによる論考も興味深い。以下に邦訳がある。エレナ・ペトロフスカヤ「写真における物質と記憶」（後半部）、八木君人訳、『チェマダン No.02』URL=https://chemodan.jp/chemodan_no07_pc/index.html?article=5

と思います。それらのシリーズにはつねに社会の肖像があるからです。身体、服装、身振りなど、時代のしるしを纏っているものです。七〇年代以降、ソ連が完全に崩壊するまでの最後の三〇年間、わたしはソヴィエトの生活を「研究する」ことになった。これだけ長く写真を撮って、社会の変化に反応してきたので、歴史記述には含まれないニュアンスや要素を加味しつつソヴィエト的なものをいわば総括したと言ってもたぶん許されるのではないでしょうか。ソ連の歴史は公式な写真情報とソヴィエト・アンダーグラウンドの混ざったところに生きているのだと思います。[★18]

写真をシリーズにまとめ上げて、物語やコンセプトを付与するのも、ハルキウ派の作品の特徴である。《ルーリキ》もそのひとつだが、レベディンスキーによると、エヴゲニー・パヴロフの《バイオリン》(一九七二)がそのなかでももっとも早いもののひとつだという[図16]。

図16　パヴロフ《バイオリン》シリーズより。提供＝MOKSOP

　それは、ひとけのない野原で、裸の若者たちが戯れたり休んだりしている一連の写真である。当時は若い男性のヌードなど考えられなかったわけだが、パヴロフは地元のヒッピーたちと親しく、自然のなかで彼らを撮影することを思いついた。髪を長めに伸ばした細身の若者たちは、たくましい労働者というソ連の理想的な若者像からは程遠い。意味もなく裸で無為な時間を過ごしている姿もやはりソ連的ではない。そんな、一見ソ連的でないソ連の若者たちの日常の姿を残しているのもハルキウ派らしい。

　ミハイロフのヌードはグロテスクで陽気なカーニバル的なものが多いが、「ヴレーミヤ」のほかのメンバーの作品にはシュールで美しいヌードが少なくない。《バイオリン》シリーズはそうではないが、彼らはしばしばお互いにモデルにもなり合った。仲間以外はなかなか被写体になってくれないからだ。自分たちが被写体になっていたことと、ハルキウ派に共通する被写体へのフラットな目線は無関係ではないだろう。

シリーズの意識はとても重要である。撮影した写真を組み直すことによって、別の文脈、別の物語、別の時間を入れ込む。それはミハイロフらの世代がハルキウ派に定着させた、芸術や現実へのポストモダン的な態度でもある。

戦争を撮る

戦時下の現在のハルキウ派においても、シリーズ化は重要な意味を持っている。たとえば、レベディンスキーとクラスノシチョクによるユニット「シロ」の《戦争の記録》（二〇二二）［図17・18］。この作品は一見戦争を直接的に扱っているようだが、実際は複数の写真を組み合わせてセットにすることで、一枚の写真からは見えてこない戦争の姿を浮かび上がらせる試みである。

《戦争の記録》では、戦時下のウクライナを撮影した写真が、あたかもPCのフォルダ・ウィンドウのファイル群のように、小さなサイズでたくさん並んでいる。その横には、呆然とした表情の上半身裸の男性と、おそらく爆風に晒された枯れ木、そして爆撃を受けた建物の写真が大きめのフォーマットで掲示されている。建物の写真が一番大きい。そして、サムネイルのような写真群を挟んで反対側にパノラマ写真が一枚、テクストとともに配置されている。操縦室のあたりが焼け焦げた、ロシア軍を表すZマークのある飛行機のむこうで、ひとが三人地面にしゃがみ込んでいる。

図17　シロ《戦争の記録》、「ウクライナの夢見るひとたち」展より。筆者撮影

図18　シロ《戦争の記録》、テクストで説明された写真、同上。筆者撮影

★18　10 «гуриков» Бориса Михайлова. // История России в фотографиях. beta. URL=https://russiainphoto.ru/exhibitions/1220/#1

テクストは要約すると次のようなものだ。——二〇二二年一二月、ロシア軍がヘルソンから撤退して一ヶ月後のこと。自分たちはジャーナリストたちとともにかつて戦場だった場所に取材に行って、思いがけずもミサイル攻撃に遭った。だれもが本能的に地面に伏せた。一緒にいた日本人の写真家は、なんども紛争地で撮影をした経験があるにもかかわらず、たまたま持っていた傘で身を守ろうとした［★19］。自分も事前にYouTubeを見て、こういう状況のシミュレーションをしていたにもかかわらず、救急箱を車に置いてきたのはまずかったという思いばかりが頭を巡った。

　このテクストは、戦争のシリアスな状況をユーモアで重層化するものだとレベディンスキーは言う。これらの写真とテクストの、この組み合わせ方での展示は、かつて別のギャラリーで行われたものをヴォルフスブルクで再現したそうだが、ミハイロフ夫妻、とくにヴィタの協力のおかげで見つかったのだと付け加えていた。

　たしかに、傘や救急箱のエピソードは作品にやわらかさを付与している。このテクストがなければ、人間が戦争の破壊に飲み込まれた状況を撮影したシリーズになっていただろう。それが、人間の小ささを笑い飛ばすようなエピソードによって、戦争の破壊のなかの人間の生を描いたシリーズに意味が変えられる。平面的だった作品が、なにか綿《わた》のようなものによって、立体となり、空気を纏う。深刻な状況でも、やわらかさや笑いは存在するのだ。

　夜にベルリンに戻ったとき、ヴィタにこの作品について尋ねてみた。どのように展示するか、レベディンスキーとともに悩みに悩んだという。ヴィタはロシア語で「ムィ・シジェーリ・イ・シジェーリ Мы сидели и сидели」、直訳すると「ひたすら座っていた」と言った。つまり、解決策が見つかるまでひたすら膝を突き合わせていたらしい。ヴィタの話では、いい写真がたくさんあったそうだ。しかし、戦地の写真はどれも似ている。シロのユーロマイダン革命のシリーズもそうだったが、既視感のある写真が多い。そんな写真たちが、観客の注意を引いて、見られるようにするにはどうすればよいのか……［★20］。こうして、どうにも煮詰まった時間にレベディンスキーが語ったのが、テクストになったエピソードだった。ヴィタは、このテクストのおかげで、トラウマにならないかたちで戦争を見せることがうまくできたと言っていた。小さな写真は「意味を隠している」が、じっくり見ればそこにある戦争が見える、と［★21］。

ミハイロフも、シロの《戦争の記録》のことは気になっていたようだった。そして、この作品について、戦争と写真の関係を考えながら話してくれた。

ミハイロフはまず、この作品に撮影されたのは「戦争の後《ポスト》」であって、戦争そのものではない、と指摘した。撮影は銃撃戦の最中《さなか》ではなく、それが終わったあとで行われている。

渦中の当事者によって発せられたメッセージとそのあとで記録された写真とでは、意味が異なる。シロが撮影した傘で身を隠す男の写真が捉えているのは戦争ではなく、戦争の恐怖だ。戦争を覚えている人々のなかにある恐怖。それは戦争そのものと同一視されるべきものではない、と彼は言った。

ミハイロフによれば、写真には戦争についてのメッセージの伝え方がふたつある。ひとつはいま行われている戦争について、実際にその場にいたひとが撮影してメッセージとして反映させるもの。おそらく報道写真がこれにあたる。しかし、たとえば《戦争の記録》で大きく展示されていたような壊れた家の写真は、実際は戦争以外の場所でも撮影され得る。残酷な殺戮や折れた腕や血を見せたとしても、それが戦争の現実のすべてを語っているわけではない。それらは戦争の「一般的傾向 обобщенность」を示しているように見えるかもしれないが、じつは一面的で、なにかが欠けている。戦争に固有の異常性を、戦争写真そのものでうまく伝えるのはじつは難しい。

ミハイロフはそこで、もうひとつのメッセージの伝え方を持ち出す。それは、記憶として、概念としての戦争を撮影するという方法だ。目のまえになくても戦争が経験されうる、象徴的なものを写す。戦争が存在しなくても戦争の体験がつねに存在し続けているような印象を作ることはできるはずだ、とミハイロフは言う。彼は独ソ戦を経験している世代だ。戦争のない時期に作られた彼の作品にも、記憶や概念としての戦争が現れているものがある。シロもまた、それと同じ試みをしているのだ。

そのうえで印象に残ったのが、ミハイロフがこの《戦争の記録》という作品には「自由で安全な人生」や「普通の生活」が足りないと指摘していたことだ。それは、ふだんはヴォルフスブルクに暮らしているレベディンスキーの生活のことであり、ベルリンに暮らしているミハイロフ自身の生活のことだろう。また、インターネットでニュースを見て、遠くから心配しているだけのわたしのようなひとの生活も含まれるのかもしれない。そもそもウクライナと言っても広い。侵攻も爆撃も来ない街では、あたかも戦争など存在しないかのように生活しているひともたくさんいるに違いない。そう

★19　写真家・渋谷敦志氏の以下の記事で「ハルキウで親しくなったウクライナ人写真家3人と共に、解放されて間もないヘルソン州に入った」際のエピソードが語られている。「ハルキウ出身の写真家セルギー」とあるが、これがレベディンスキーである。渋谷敦志「人間らしさが奪われた『デジャブ』　ウクライナで感じた地球の課題」、「朝日新聞デジタル」、二〇二三年二月一〇日。URL=https://www.asahi.com/withplanet/article/10835008

★20　複製芸術である写真の芸術としての意味を考え続けてきたミハイロフは、「似たもの」になって埋もれてしまう危機感を人一倍持っているように思う。

★21　ヴィタの話では、《Case History》の展示のときにも、どうすればひとが見てくれるかと、たいへん悩んだそうだ。

した人々も含めての戦争であり、いまのウクライナの現実だ。たしかに、一枚でもそうした写真があったなら、「戦争」の全体像にもう一歩近づいたのかもしれない。

　こうした観点からしても、ミハイロフがハルキウ派の特徴として「一般的傾向」の模索を挙げていることは興味深い。特殊な人々から特殊ななにかを抽出するのではなく、人間社会に共通するものを探り出すこと。そのうえで、ありふれた写真と似たものにならないようにすること。

　だから彼は「美しさ」を避ける。ある状況において、ひとが見たいもの、見ようとするものを理解し、そのうえで人々が見たくないもの、見ようとしないものを拾い上げて、無意識の部分を含めた「一般的傾向」を見つけ、それを写真に変える。シリーズ化による作品の組み替え、過去作品の再利用による意味の付け替えは、そんな「一般的傾向」をより重層的に捉える試みであるのだ。

写真家は戦争にどう対峙するのか

ベルリンでの対話で、この戦争をどう思っているのか、ふたりに尋ねてみた。彼らはソ連時代を経験してきた世代だ。かつてはひとつの国だったロシアとウクライナのこの状況をどう受け止めているのか。ずっと尋ねてみたいと思っていた。

図19　「ウクライナの夢見るひとたち」展会場にて。レベディンスキー（右）、筆者（左）

　ミハイロフは眉を顰めて言った。それは不必要な態度表明を強いる挑発的な質問だ、と。

　彼は逆に、写真家は何事にも依存しない独立した存在か？とわたしに尋ねてきた。そうだ、と気圧されながら答えると、ではなにから独立しているのか、と聞かれた。国家、民族、イデオロギー、政治……と、思いついたままに言葉を並べる。

　すると、彼は言った。自分はユダヤ人であり、ウクライナ人だ[★22]。だからウクライナの動向に左右される。そもそもウクライナに家もあるから、それが破壊されるとすればその現実にも左右される。ロシア人とウクライナ人が互いに、あるいは身内を殺し合っている現実にも左右される。けれどもいまドイツに住んでいる。写真家とはなにか。自分はいったいだれなのか。どう答えればいいのか、と。

　わたしははっとさせられた。写真家とは、芸術家とは、こういうことなのだろう。いま、ウクライナやロシアの人々は、つねに態度表明を求められ続けている。その状況そのものがなにかを制限してしまう。「一般的傾向」を広く拾うことすらできなくなってしまう。さまざまなものに左右されながら生きる彼らの状況が、態度表明を求められ続けることによってさらに窮屈になる。ミハイロフはその暴力を指摘しているのだ。文化が戦争に巻き込まれてしまったいま、彼のような態度こそが、本当の意味で戦争に抗うことなのではないか。

ヴォルフスブルクでは、レベディンスキーが「ヴィタに送りたい」と言い、ふたりで自撮りをした［図19］。後続世代が、ミハイロフとヴィタに対してあたたかな敬意と信頼を持っていることを感じて嬉しかった。ミハイロフとヴィタは、いま若手がハルキウ派を継いでいることをとても喜んでいるようだった。だから彼らを助け、励ましている。

ミハイロフはわたしに対してもつねに対等で教育的だ。必ず「おまえはどう思うんだ」と意見を求め、言語化の努力を促す。わたしが悩んでいるあいだにヴィタが自分の意見を言い始めると、それを静止してわたしに続きを話させる。ヴィタは言語化の助け舟を出してくれるのだが、ミハイロフは自分たちの意見に左右されない状態で相手の意見を引き出そうとする。そうこうするうちに、ふたりで口論を始めたりもする。ふたりとも、他者を思いやり、なにかが育つようにするための努力を惜しまない。ハルキウ派の継続には、そんな彼らの人柄が一役も二役も買っていることが、今回レベディンスキーに会ってよくわかった。

ちなみに、ヴィタの家族も、レベディンスキーの家族も、家族内での会話はロシア語からウクライナ語に切り替えたらしい。とはいえ、ミハイロフとヴィタのふたりは、ウクライナ語は話せないはずだ。

ミハイロフは最近、中国人のTikTok動画にはまっているそうだ。人間離れしているほどやたらと脚が長かったり、やたらと背が高かったりする加工画像を見て、彼らにとっての「美」の一般的傾向を探っているらしい。そんな彼のいっけん飄々とした態度は、日本人からは不謹慎に見えるかもしれない。

しかし、彼はそもそもソ連時代、プロパガンダや、市民を型にはめてくるものに対してつねに反発し、それを市民的態度の基礎としていたのだ。戦争に巻き込まれないこと——それは市民が持つ大切な権利である。ミハイロフが撮影した一九七〇年代から八〇年代にかけてのソ連には、政治への参加を楽しむ人々も、政治に巻き込まれて翻弄される人々も、政治から距離をとって個人の人生を守る人々も、みな等しく記

★22 ミハイロフはユダヤ系ウクライナ人である。ここでユダヤ人の話が出ているのは、戦争を論じる際に、ウクライナでの戦争だけでなく、イスラエルのガザ進攻についても念頭に置かれていたからである。

録されている。ひとには、ときに愚かでバカバカしく、無為で生産性のない日常を送る権利がある。戦争はそれを許そうとしないが、小さな日常の喜びを守って戦争に抗うことはできるとわたしは信じたい。

追記

本稿のゲラを直している頃、「ウクライナの夢見るひとたち」展がベルリンに巡回するという嬉しいニュースが届いた。三月五日のオープニングは写真を見る限り大盛況だったようだ。ヴォルフスブルクの展示よりも作品数が増えている。レベディンスキーもよい展示になって自分でも大満足だと言っていた。ヴィタも、見ごたえのある展示になったと、追加したシリーズの写真とコンセプトを送ってくれた。新シリーズのタイトルは『風景の責任』、あるいは……四〇を過ぎると、みんな自分の顔に責任を持つことになる」。いっけん、とくにこれといった特徴のない風景写真から成る。なぜ特徴のない風景が主題になっているのかは、本稿で紹介したミハイロフの作風から推量できるだろう。

この展示は二〇二四年六月二日までベルソン市立美術館にて開催されている。機会のある方は是非訪れて欲しい。

URL=https://www.kommunalegalerie-berlin.de/ausstellungen/ukrainian-dreamers

写真ハルキウ派美術館：提供図版一覧

Музей Харківської школи фотографії

Museum of Kharkiv School of Photography (MOKSOP)

図 4　《学派》、2021 年
インスタレーション。「アーティスト・イン・ザ・ゲーム」展、エルミロフセンター、ハルキウ。アイデア＝ヴィタ・ミハイロフ、MOKSOP キュレーションチーム、制作＝オクサーナ・ソロプ

図 5　ヴィクトル・コチェトフ、ハルキウ学者会館における「ヴレーミヤ」グループ展オープニングの記録、1983 年
ゼラチンシルバープリント、24 × 30.5 cm。写真ハルキウ派美術館蔵

図 7　ベラ・ロガチェワ《カホフカ水力発電所》、2023 年
《ARtNUO》（新しいウクライナの装飾模様）シリーズ、2014-2023 年より

図 9　ヴォルフスブルグ美術館「ウクライナの夢見るひとたち　写真ハルキウ派」展ポスター
ボリス・ミハイロフ《昨日のサンドウィッチ》シリーズより、1960 年代後半 -70 年代、カラースライドに二重露光。提供＝ボリス・ミハイロフ、VG Bild-Kunst（ボン）

図 11　SOSka《夢見るひとたち》シリーズより、2008 年
アーカイバルピグメントプリント、100 × 150 cm。
写真ハルキウ派美術館蔵

図 12　ユーリ—・ルーピン《夜》、1974 年
ゼラチンシルバープリント、コラージュ、ソラリゼーション、40.4 × 30 cm。
写真ハルキウ派美術館蔵

図 13　オレグ・マリオヴァヌイ《期待》、1970 年
チバクローム紙にカラーポスタリゼーション、40.3 × 29.3 cm。写真ハルキウ派美術館蔵

図 15　ヴィクトル・コチェトフ、セルゲイ・コチェトフ《断水中の風呂》、1979 年（彩色 1980 年代 -90 年代）、ゼラチンシルバープリント、手彩色、50 × 60 cm。
写真ハルキウ派美術館蔵

図 16　エヴゲニー・パヴロフ《バイオリン》シリーズより、1972 年
ゼラチンシルバープリント、12 × 18 cm。写真ハルキウ派美術館蔵

「戦争が始まった朝はどうすればいいのかわからなかった」

キーウ市民に聞く

上田洋子 Yoko Ueda

――キーウにお住まいのエヴヘン・マイダンスキーさんとカテリーナ・マイダンスカさんご夫妻にお話をうかがいます。エヴヘンさんには昔チェルノブイリ・ツアーの運営でもお世話になりました。まずは侵攻が始まったときのことを聞かせてください。おふたりとも自宅にいたのですよね。

カテリーナ（以下、カーチャ）　たまたま緊急の仕事が入って、わたしは二四日の午前一時くらいまで仕事をしていました。寝る直前にゼレンスキーがSNSにウクライナ語ではなくロシア語で「やめろ」と投稿しているのを目にしたのですが［★1］、疲れていたし、寝たかった。そうしたら、朝五時に母から電話がかかってきて、「戦争が始まった」と伝えられたんです。「戦争ってなに、寝させてよ！」と返事をしたのをおぼえています。でも、すぐに飛び起きて……どうすればいいのかわかりませんでした。そのときわかっていたのは、ただ、ロシア軍が攻めてきたということだけでした。

その後、朝の七時か八時だと思うのですが、ジェーニャ（エヴヘン）に非常事態に備えて荷造りを始めるように頼んで、わたしは食料品や薬を買い出しに行きました。わたしたちはバービン・ヤルの近くに住んでいて、家のすぐそばに薬局があります。通りにはひとが溢れていて、薬局にもすごい行列ができていました。でも、だれひとり話をしません。みんなショックを受けていたんです。そのときはじめて、上空を戦闘機が飛んでいく音が聞こえました。その後、キャットフードを買うためにもう一軒の薬局に行ったのですが、そこにも長い行列ができていた。ずっと並んでいました。それで……。正直に言うと、侵攻直後のことは、霧のなかにいるみたいであまり思い出せないんです。

エヴヘン（以下、ジェーニャ）　ぼくは家に残り、ソファーを移動させてバリケードをつくりました。窓を閉めて、ドアに鍵をかけて、だれも入れず、猫も逃げ出せないようにしていたんです。ただ、二四日と二五日のことは、恐ろしい夢を見ているみたいで、ぼくもあまりおぼえていません。

カーチャ　いまは警報アプリがありますが、当時はまだなくて、最初はニュースが手に入りませんでした。そこで、昔イラクを取材していた戦争ジャーナリストがいたことを思い出して、テレグラムで検索してみたんです。すると、彼は「午後四時頃にキーウに空襲警報が出た」と投稿していました。ジェーニャに伝えて、猫を連れて地下鉄の駅に避難しました。駅にはたくさんのひとや動物がいて、だれもが泣きそうになっていた。

ジェーニャ　夜は自宅に戻りましたが、砲撃を避けるために廊下で寝ました。疲れ切っていて、いちど寝たらもう起きれなくなりそうだったので、最初はふたりで交代しながら寝ていました。でも結局、ふたりとも眠ってしまって。

――その後、キーウから避難したのですか。

カーチャ　二六日にいちど、わたしだけ母の様子を見に行こうとしたんです。母もキーウに住んでいて、わたしたちの家から地下鉄で一本です。そのとき、まだ地下鉄は動いていました。駅はひとで溢れていて、運賃も必要ないと言われた。でも、「あと一五分で動かなくなる」とアナウンスがあって［★2］。それで母のところに行くのはあきらめて、歩いて自宅に戻りました。ジェーニャは駅まで迎えにきてくれました。すでに街には機関銃を携えた兵士がたくさんいて、ウクライナ軍の戦車がたくさん走っていました。戦車が道を通り過ぎるのを待っていたとき、「ああ、戦争が始まったんだ」とようやく実感したのをおぼえています。

ジェーニャ　それでぼくたちはその日のうちにキーウを離れました。ビラ・ツェルクヴァ［★3］に住んでいるぼくの両親のもとに向かったんです。キーウから南に八〇キロくらいの距離にある街です。五月半ばまで、ぼくたちは両親の家に避難していました。

ビラ・ツェルクヴァにいた頃は、しょっちゅう猫を抱いて浴室に隠れていました。防空壕に行く時間がないときは壁が二枚以上あるところで過ごすルールになっているんです。壁が二枚あれば、もし砲弾が一枚目を突き破っても、二枚目が守ってくれますからね。同じ理由で、キーウに戻ってきてからは、ずっと廊下にマットレスを敷いて寝ていました。

――避難しているあいだ、仕事はどうしていたのですか。

ジェーニャ　ぼくは燃料関係の多国籍企業で働いていて、コロナ禍以来、リモートワークだったんです。ここ四年間でオフィスに足を運んだのは一〇回くらいじゃないかな。だから避難しているあい

★1　ゼレンスキーは侵攻の前夜に、戦争を思いとどまるように訴えるスピーチをロシア国民に向けてロシア語で行なっている。スピーチは、二〇二二年二月二三日午後一〇時四四分にゼレンスキーのテレグラムチャンネルに投稿された。URL=https://t.me/V_Zelenskiy_official/715

★2　キーウ地下鉄は二〇二二年二月二六日、通常の運行をやめてシェルター運用に移行した。キーウ・メトロ公式ツイッター（現X https://x.com/kyivmetroalerts/status/1497488825467256835?s=20）やクリチコ・キーウ市長のテレグラム（https://t.me/vitaliy_klitschko/1198）で告知されている。

★3　ウクライナ中央部に位置する人口約二〇万人の都市。キーウとは鉄道や高速道路でつながる。侵攻以来、たびたびロシア軍のミサイルやドローンによる攻撃を受けている。

だもリモートで仕事をしていました。こういうときは多国籍企業のありがたさを感じますね。資金力があるので従業員をサポートしてくれます。

カーチャ　わたしは外資系ですが、仕事が再開したのは三月の一〇日すぎでした。日常が戻ってきたのは嬉しかったです。仕事のない時期も会社から手当が支給されてはいましたが、正規の給与に戻るのはやはりありがたかった。ウクライナの企業では、侵攻のせいで従業員が解雇されてしまうことも少なくありませんでした。二四日にすべてが止まってしまいましたからね。たとえばわたしの母の会社も最初は仕事がなくなったのですが、幸運なことにすぐに職場に復帰することができました。でも、職を失ってしまった知人もいます。

　仕事をしているときは、戦争のことを考えなくなるので気が晴れるんです。戦争が始まった頃から、オーストリアの心理学者フランクルが強制収容所での経験を書いた『夜と霧』があちこちで引用されています［★4］。いわく、最初に心が折れたのは戦争がすぐに終わると思っていたひとだった。二番目に心が折れたのは、いつか戦争が終わると思っていたひとだった。生き残ったのは、戦争という枠にとらわれずに、ただ毎日を生きたひとだった。その言葉が大いに心の助けとなっています。

——カーチャさんのお母さんはキーウに残ったのですよね。

カーチャ　そうです。侵攻後まもなく、わたしの両親の家のあたりにミサイルが落ちた話はしましたよね。庭に破片が落ちていたと、父が写真を送ってくれました。近所では窓ガラスが吹き飛ばされていました。みんなロケットの写真や被害の写真を撮っていて、会うとそれを見せあったり、SNSで送りあったりしていたそうです。わたしのところにもどんどん写真が届きました。ショックのなかで、それがちょっとした気晴らしになっていたみたいです。

カテリーナの両親が撮影したミサイルの破片

　母の会社のオフィスが入っていたショッピングセンターも爆撃を受けました。オフィス全体が吹き飛んでしまったのですが、母のデスクの上にあったマグカップだけは無事だった。母はいまもそれをお守りのようにして大事に持っています。

——お母さんはそのときはオフィスにはいなかったのですね。

カーチャ　そうです。さいわいなことに無事でした。

　ほかにも、知人で被害を受けたひとはいます。親しい友人の祖母がブチャに住んでいて、アパートにミサイルが直撃しました。アパートは全焼したのですが、友人の祖母は近所のひとに助けてもらって無事でした。でも、ブチャはロシア軍に占領されていたので、情報がなかった。友人の家族が祖母を迎えに行くことができたのは二週間後で、それまで彼女は隣人たちと地下室にずっと隠れていたそうです。

――わたしたちがリヴィウに滞在していたときに空襲警報が鳴ったのですが、だれも避難しておらず、驚きました。キーウでもそうなのですか。

ジェーニャ　いまでは、いつ身を隠すべきか、みんなわかっています。監視グループがいて、これからなにが飛んでくるのか、テレグラムチャンネルですぐに情報が出ます。たとえばミグが飛んだ場合は危険ですが、そもそもロシア軍はミグをそんなにたくさん持っていないので、多くの場合は偵察目的で、空襲はありません。超音速ミサイルのキンジャールはミグから発射されるのですが、一瞬で飛んでくるから警報が来てから避難しても間に合いません。他方、〝TU〟――これはツポレフのことです――が飛び立ったときは隠れないといけない。大規模なミサイル攻撃が始まるからです。ドローンに関しては、去年は不安でしたが、二年目の今年はウクライナ軍がほぼ確実に迎撃する。だから心配していません。

――そうした情報は、あらゆる世代が手に入れているのでしょうか。

カーチャ　少なくとも親の世代まではこうした情報に詳しいです。その上の世代になるとちょっとわからないですが。ただ、もちろん一年前はこんなに落ちついてなくて、警報が鳴るたびにあわてて避難していました。

ジェーニャ　しばらく攻撃がなかったんですが、まもなく再開されるはずです。寒くなるのを待って、攻撃を仕掛けてくる。ロシア軍は人々を厭戦気分にさせるため、わざと冬にインフラを攻撃するんです。去年、大規模な攻撃があったのがこの時期でした［★5］。水も暖房も電気も止まりました。

カーチャ　ネットが繋がらないくらいはいいんですが、寒いし暗いし、食事もつくれず、手を洗うことさえできないのは最悪です。とくに疲れているときは本当にうんざりしました。

ジェーニャ　寒さを我慢しながら、ますますロシアが憎らしくなっていくんだ。

カーチャ　発電所の近くを歩いているときに、そこが攻撃されたことがあります。自分の頭上をミサイルが飛んでいったわけで、自分も巻き込まれた可能性が大いにあった。でも、発電所が攻撃されたニュースを見てもなかなか意識がついていかなくて……。両親の家の近くが攻撃

★4　たとえば次のような記事がある。«Три простих правила про те, як жити в умовах війни: неймовірний метод Франкла» // РБК-Україна. 10.06.2022. URL=https://www.rbc.ua/ukr/styler/tri-prostyh-pravila-tom-zhit-usloviyah-voyny-1654797261.html

★5　二〇二二年一〇月一〇日、ロシア軍はウクライナ全土にミサイル攻撃を行なった。キーウでは、住宅や文化施設のほかに、セントラルヒーティングを行う地域熱供給所などのインフラが攻撃を受けた。

にあったときに知ったのは、ミサイルの破片はかなり小さいけれど、拾ってみると尖っていて重いということ。こんなものが空から降ってきて命中したら、一〇〇パーセントの確率で死んでしまう。迎撃されていようが破片も危険です。だから避難は大切です。

――最後に、ロシアとの関係がこれからどうなってほしいかを聞かせてください。

カーチャ　停戦の交渉をするだけでは不十分だと感じます。ロシア人たちはかならず戻ってくるでしょう。だから、かれらを完全に追い出してしまうか、あるいは、ずっと戦争が続くことを覚悟しないといけない。子どもたちの世代のためにも。はじめの頃はもっと早く戦争が終わると思っていましたが、いまはいつ終わるかについては考えないようにしています。

いま、ウクライナ語のブームが起きています。わたし自身は、ロシア語話者の家庭に育ち、ずっとロシア語を話してきたのですが、戦争が始まったときにウクライナ語に切り替えました。今年の夏、ヘルソン州でダムが破壊されて大きな被害が出て以降は、ロシア語を聞くだけで即不快感をおぼえるようにすらなってしまいました。両親も戦争開始後は、ウクライナ語を使っています。

ジェーニャ　ぼくの職場でもこれまでずっとロシア語を話していた四五歳くらいの同僚が、最近ウクライナ語を話そうと頑張っているんです。それは良いことだと思います。いまウクライナは国を挙げて新しいアイデンティティをつくろうとしていて、みんなウクライナ語の勉強を始めています。ロシアからウクライナを文化的に切り離していくことは、歴史的に重要なことなのです。

カテリーナ・マイダンスカ（右）
Kateryna Maydanska
Катерина Майданська
エヴヘン・マイダンスキー（左）
Yevhen Maydansky
Євген Майданський
ウクライナ出身。キーウ国立言語大学時代に東洋学部の同級生として出会う。カテリーナは中国語を、エヴヘンは日本語を学んだ。現在キーウ在住。

取材は11月8日に行われた。
写真中央は上田。
撮影は東浩紀。

ここに掲載するのは、ユダヤ系ロシア人でウクライナとも関わりが深い映画監督イリヤ・フルジャノフスキー氏へのインタビューである。彼は2020年からキーウにある「バービン・ヤル・ホロコースト記憶センター」の芸術監督を務めた。出身はモスクワで、ロシアとイスラエルの国籍を持っている。本インタビューはウクライナへの取材ののち、現在氏が拠点としているベルリンで行われた。

フルジャノフスキー氏の代表作『DAU.』は、ソ連時代のエリート科学者が集まる閉鎖学園都市の生活を再現する映像作品のシリーズで、日本では『DAU. ナターシャ』『DAU. 退行』の2作が公開されている。ウクライナのハルキウ郊外に12000平米の巨大なセットが建てられ、キャストもそのなかで最長2年間生活するなか、ドキュメンタリーと虚構が混ざりあう形式で撮影された。セットに携帯電話やパソコンなど現代のものを持ち込むことは禁じられ、服装は下着まで当時のものに着替えねばならず、食べ物は

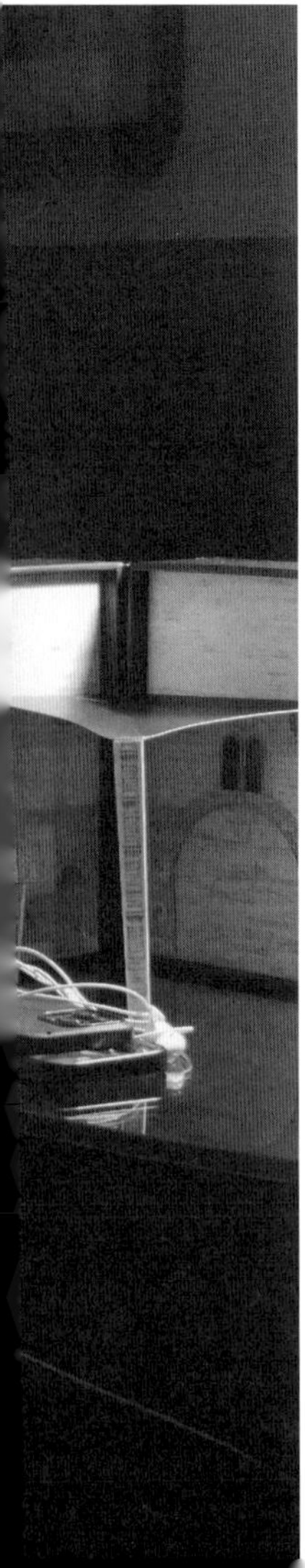

ユダヤとロシアのあいだで

バービン・ヤルの虐殺とソ連という地獄

イリヤ・フルジャノフスキー Ilya Khrzhanovsky

聞き手＝東浩紀＋上田洋子 Hiroki Azuma + Yoko Ueda

おろかトイレの異臭までソ連時代が再現されたという。観客は当時のリアルな生活を、監視や拷問に至るまで目の当たりにすることになる。

バービン・ヤルはキーウ西部の谷で、独ソ戦初期の1941年9月29日から30日にかけて、そこで約33000人のユダヤ人がドイツ軍に殺されたことで知られる（現在谷はほぼ埋まっている）。東と上田はインタビューに先立ち同地を訪ねた。その取材については東による「ウクライナと新しい戦時下」を読まれたい。

バービン・ヤルの虐殺は、勝利の歴史である独ソ戦の負の部分として、ソ連体制下では黙殺され続けてきた。たとえば1962年に作曲されたショスタコーヴィチの交響曲第13番『バビ・ヤール』（バービン・ヤルのロシア語読み）は帝政ロシア期のユダヤ人弾圧への言及があったために改変が命じられ、初演に際しても当局によって執拗な嫌がらせがなされた。ブレジネフ期の1976年には「バービン・ヤルで銃殺されたソヴィエト市民とソ連軍の兵士と士官のための記念碑」が建てられるも、それがユダヤ人を対象とした虐殺であったことは明記されず、その後もこの虐殺について積極的に語られることはなかった。

ホロコースト50周年の1991年に、はじめてユダヤ教のシンボル「メノーラ」をかたどった記念碑が建てられた。ソ連が解体してウクライナになって以降は、まず2003年に歴史家と人権活動家が集まって「バービン・ヤル委員会」が立ち上がった。2007年にバービン・ヤルは国家主導で歴史記念保護区とな

り、文化省の管轄下に置かれた。けれども博物館が計画されるには、2016年の「ホロコースト記憶センター」の設立を待たねばならなかった。そして、2020年にフルジャノフスキー氏が芸術監督として招かれた。彼のもとでマリーナ・アブラモヴィッチら国際的な芸術家を招いた新しい記念碑の設立が始まり、ようやく記憶継承の試みが本格化したのである。アーカイブの公開も進み、オンラインミュージアムも立ちあがった。日本でも公開されたセルゲイ・ロズニツァ監督のドキュメンタリー映画『バービン・ヤル　コンテクスト』（2021年、邦題『バビ・ヤール』）もその一環として制作されている。

しかしロシアによるウクライナ全面侵攻の翌年の2023年夏、氏は芸術監督を辞任することになった。戦争は国をどう変えるのか、ユダヤ系ロシア人が芸術監督を務めたことの意味とは、そして記憶を継承するとは。フルジャノフスキー氏に尋ねた。（編集部）

（インタビュー）

——本題に入るまえに、まずは『DAU.』について聞かせてください。

『DAU.』は、映画というよりはアートプロジェクトですね。二〇一九年一月にパリで行なった初演では、映像のほかに、ポンピドゥー・センターでソ連の空間を再現した展示を実施し、さらにコンサートなどのイベントも開催しました。前年秋にはベルリンでも総合アートプロジェクトを行うはずでした。ベルリンの壁を一部再建して、パスポートがないと壁のなかに入れないようにして、約一カ月のイベント期間の最後に壁を壊す、という計画だったのですが、結局、ベルリン市から許可がおりませんでした。

——中止が決まったのは開催の一カ月ほど前でした。じつはわたしたちはベルリンのプロジェクトに参加するため、航空券まで予約していたんです。五年越しにインタビューが実現して嬉しく思います。

そうでしたか。あのときは、ベルリンの社会がまだ壁について語る準備ができていないことを実感しました。その後はコロナ禍が来てしまった。

『DAU.』は当初は映画作品として企画したのですが、撮影時間が延び、規模も大きくなってアートプロジェクトに発展しました。ちょうどいま、初期の案に沿った、いわば母体となる映画の編集作業を行なっているんです。作業が終わったら、プロジェクト自体も再建します。

——それは楽しみです。新作も日本で公開してほしいです。

楽しみにしていてください。このインタビューが後押しになるといいですね。

図1 『DAU. ナターシャ』(Blu-ray & DVD 発売中) ポスター
©PHENOMEN FILMS

ロシア文化のキャンセル

——さて、わたしたちは先日までウクライナに取材に行っていました。キーウでは、バービン・ヤル・ホロコースト記憶センターの記念碑も見てきました。フルジャノフスキーさんの芸術監督在任期間中だった二一年には、同地でのホロコースト八〇周年にあわせて、新しい記念碑がいくつもオープンしています。そこで今日は、バービン・ヤルのプロジェクトを中心に、現在のウクライナ戦争の状況も踏まえて、歴史と記憶の関係についてお話をうかがいたいと思います。

戦争が始まってからウクライナには行かれていますか。

いいえ。芸術監督の職にあるうちは行くべきではないと考えていました。わたしはロシア人なので、いらぬ衝突を生みかねないですから。いまは仕事を離れたので、まもなく行くつもりです。

——今日のインタビューはロシア語でお願いしています。

ロシア語でインタビューを受ける機会は珍しくなりました。ロシア語への嫌悪感という最悪のトラウマをプーチンは人々に植え付けてしまった。第二次世界大戦後でさえ、ドイツ語が忌避されるようなことはなかった。今回は言語が犠牲になったはじめてのケースではないでしょうか。

——ロシア文化のキャンセルも起きています。

なぜキャンセルが起こるのかはわかります。ウクライナ人からすると、何世紀にもわたって緊密な関係を築いてきたはずのロシアという国、ロシア人という民族が、信頼を裏切って攻撃してきたのです。この手の暴力は、それを受けた側にやりたいようにやる権利を与えます。

ウクライナのひとたちはいま、「よいロシア人」とは「死んだロシア人」のことだと言ったりします。現時点ではこうした言説は戦争の一部をなしています。第二次大戦中も、悪いのは「ドイツ人」だと言われていました。ファシストやナチスが個別に名指されるのではなく、一般化されていたのです。

とはいえ、わたしは「集団の責任」という考え方には反対です。プーチンやヒトラーがそれぞれの国で選ばれたのは事実です。ヒトラーは民主的な選挙で選ばれたし、プーチンも、票の水増しなど選挙に納得のいかない点はありますが、ロシアで非常に人気があることには変わりない。プーチンを選んだ国民は、いま起こっていることに対してある程度の責任を負うべきだということにならざるを得ない。けれども、文化が責任を負うべきかというと、そこには疑問があります。

ユダヤとのつながりと記憶センター

——バービン・ヤルのプロジェクトの話をうかがいます。まずは芸術監督に就任した経緯を教えてください。

わたしはもともとウクライナに縁がありました。母はウクライナ生まれのユダヤ人で［★1］、独ソ戦が始まった一九四一年、一歳のときにヴィンヌィツャから最終列車でウズベキスタンのタシケントへと逃げました。ヴィンヌィツャはユダヤ人がだれひとり生き残ることのできなかった街なので、もし母が逃げていなかったら、わたしは存在しなかったことになります。

九九歳で亡くなった曽祖母をはじめ、先祖がたくさんウクライナに住んでおり、ウクライナに埋葬されています。偶然ですが『DAU.』を撮影したのもウクライナですし、わたし自身、あの国で仕事をする機会が多かった。結局五年以上住みました。わたしにとって、ウクライナにおけるホロコーストやユダヤ人の歴史は他人事ではない。これが芸術監督を引き受けたひとつめの理由です。

もうひとつは、たまたま二〇一九年にイスラエルのパスポートを取得したことです。

――イスラエル国籍を取られたんですね［★2］。

ええ。それでつながりを感じて、友人たちにイスラエルの文化や国のためにできることがあるかと尋ねてみました。すると、なにもする必要はない、ただ住んでいればいい、おまえはパスポートを持っているし、ユダヤ人の血が流れているんだからその権利はあるよ、と言われました。そのときはおのずとやってくると。そうしたら実際、三カ月後にウクライナ出身のユダヤ人実業家ミハイル・フリードマン［★3］から連絡がありました。

――フリードマンはロシア国籍ですよね。銀行家で、ロシアのオリガルヒ（大富豪）のなかでも屈指の富豪です。彼はウクライナ出身なのですか？

リヴィウ出身です。バービン・ヤルでは親戚を六人失っているんです。

フリードマンと、同じくユダヤ人の実業家ヴィクトル・ピンチュク［★4］――こちらはウクライナ国籍のひとですが――は、バービン・ヤルでホロコースト記憶センターのプロジェクトを始めていました。わたしはアドバイスを求められ、オブザーバー会議のメンバーと会うことになりました。イスラエルの元副首相のナタン・シャランスキー［★5］、ポーランドの元大統領クファシニェフスキ、世界ユダヤ人会議会長のローダー、元ボクサーでキーウ市長のヴィタリー・クリチコと弟のヴォロディミルといった人々です。

――錚々たる顔ぶれです。記憶センターの創設が宣言されたのは、虐殺事件から七五年目の二〇一六年でした。フルジャノフスキーさんに声がかかったのはそれから三年後ですが、当時はどのような状況だったのでしょうか。

オーソドックスな博物館が計画されていて、建築デザインも完成していました。質の高いプロジェクトですが、内容が手堅すぎて来場者は見込めなそうでした。

――なるほど。だから声がかかったのですね。バービン・ヤルを訪れたのはそのときがはじめてですか？

ええ、はじめてでした。

わたしが指摘したのは、第一に、最近の博物館では悲劇の記憶を伝えるための表現が刷新されており、現状のクラシックな案ではユダヤ人以外は興味を示さないだろうということ。もうひとつは、いまがホロコーストの生存者がまだ生きている最後の時期だということです。あと数年もすれば、現在と過去をつなぐ存在である彼らはいなくなってしまう。そのときにはホロコーストもバービン・ヤルの悲劇も、第一次世界大戦やナポレオン戦争や中世の歴史と同じように、われわれから遠いものになってしまうでしょう。博物館をいま建てるなら、現在の状況を踏まえ、人々の意識に届く芸術言語やメディアを用いて最新のものにすべきだと伝えました。

――虐殺経験者が生きている時期だからこそできることをやるのだと。

★1　フルジャノフスキーの母マリヤ・ネイマンは文献学者であり、映画編集者。父はアニメーション監督のアンドレイ・フルジャノフスキーという映画一家である。

★2　日本とは異なり、ロシアでもイスラエルでも二重国籍が認められている。イスラエルは、一九五〇年に制定された帰還法によって世界中のユダヤ人にイスラエルへの移住（アリヤー）を認めており、帰還者にはイスラエル国籍（市民権）が与えられる。また、一九七〇年の同法改正により、ユダヤ人の子や孫も国籍を取れるようになった。そのため、ソ連およびソ連崩壊後の旧ソ連国から多くの人々がイスラエルに移住している。

★3　大手銀行アルファバンクなどを含むアルファ・グループのオーナーで、ロシアを代表するオリガルヒのひとり。二〇二二年の開戦直後はウクライナ侵攻を「悲劇」と表現したがプーチン政権への批判は避けた。米国やEUなどの制裁対象に含まれている。二〇二二年まではイギリス在住だったが、二〇二三年からイスラエルを拠点としている。

★4　ウクライナを代表するオリガルヒのひとり。芸術分野のメセナ活動にも力を入れており、キーウで現代美術館「ピンチュク・アートセンター」を運営する。二〇一六年にはウォール・ストリート・ジャーナル紙に自国に対してロシアとの和解へ向けた譲歩を訴える論稿を発表したこともあった。侵攻後はロシアを非難し、ウクライナ軍を積極的に支援している。

★5　イスラエルの有力政治家。ソ連ウクライナのドネツク出身。ソ連時代は著名な反体制活動家だった。ソ連末期にイスラエルへ移住し九〇年代に政治家へ転身、複数の大臣職を歴任した。

実際オブザーバー会議のひとたちも、バービン・ヤルを世界でも最新の文化と技術が集まっている重要な場所にしたいと言っていました。彼らには大きな野心があった。この場所をユダヤ人だけでなく、あらゆるひとに開きたいと言うので、とにかくいろんな集団に属する人々が来ることを想定して、複数の伝え方を用意するよう助言しました。いくらグローバル化が進んでも、文化の違いはなくなりません。たとえば日本人はヨーロッパ人とは別の文脈で歴史を生きており、バービン・ヤルの悲劇を知る由もない。あるいは加害者側のドイツ人に対してはどのように説明するのか……。

結局、わたしは後日あらためてプレゼンをして、博物館の展示にディープフェイク、生成AI、没入型体験、プロジェクションなど、いま世界に存在するあらゆる技術が利用できることや、それらがすべて「物語」に関連することなどを話しました。

こうしてわたしは芸術監督を依頼されることになりました。チームのメンバーを総入れ替えし、当時の博物館の計画を取りやめ、新しいプロジェクトの立ち上げに一年の時間をかけるという条件で引き受けました。

――フルジャノフスキーさんがバービン・ヤルの芸術監督に就任したというニュースを知ったときには、虐殺の記憶を伝える博物館に、ソ連の暴力を伝えた『DAU.』の経験がどう活かされるのか、大きな期待を抱きました。他方、ウクライナでは賛否両論だったのを覚えています。文化人の反対署名もありました。反対派からは、フルジャノフスキーさんのプロジェクト資料を根拠に、「バービン・ヤルをディズニーランド化しようとしている」などの非難も現れました[★6]。

残念ながら、わたしがウクライナに来たことがスキャンダルになって、ロシア人やロシア系ユダヤ人にバービン・ヤルのプロジェクトをやる資格はないと非難されました。『DAU.』への批判もそこに利用されました[★7]。これにはいまも納得がいっていません。バービン・ヤルは世界共通の悲劇です。それに、すでに話したとおり、そもそもわたしの母はウクライナのユダヤ人で、ホロコーストの生存者です。わたしにはこのプロジェクトに関わる権利があるはずです。イスラエル市民としても、たんに人間としても。ロシア国籍であることはその権利には関係ない。

プロジェクトの背後にはじつは複雑な利権争いもあったのですが、いずれにせよ当時のわたしは、ウクライナ人がロシア人にこんなに敵意を抱いているとは想像すらしていませんでした。戦争は二〇二二年ではなく、二〇一四年に始まっていた。ロシア正規軍は二〇一四年からウクライナで戦っていた。わたしはそれを理解せず、ロシア軍は間接的にしか関与しないハイブリッド戦争みたいなものだと考えてしまっていたんです。
いまはロシアに対するウクライナ人のこうした態度も理解できます。二〇二二年の全面侵攻以降はより深く理解できるようになりました。

八〇周年記念碑群とロズニツァの映画

――辞任は残念でした。フルジャノフスキーさん時代の記憶センターは広報が充実していて、メールアドレスを登録すると多いときは毎週のように新しい情報が宇英露の三カ国語で送られてきた。楽しみに追っていたのですが、いまはそれも大幅に減ってしまいました。

図2　《鏡の野》。2023年11月

今回のキーウ滞在では、フルジャノフスキーさんがディレクションした新しい記念碑群を見ることができました。最初にオープンしたのが視聴覚インスタレーション《鏡の野》ですね［★8］。直径四〇メートルの鏡の円の上に、同じく鏡を使った円柱がいくつも立っていて、あちこちに銃で撃たれた穴が空いている印象的なオブジェです。穴は、バービン・ヤルの虐殺で使われた銃弾によるものと同じサイズだとのこと。

そのとおりです。音響は、虐殺された人々の名前のアルファベットを、「ゲマトリア」というヘブライ文字を数字に変換する方法を応用して数値化し、数を音に変換したものを、

★6　«Бабин Яр. Музей жахів режисера Хржановського» // Історична правда. 27. 04. 2020. URL=https://www.istpravda.com.ua/articles/2020/04/27/157398/

★7　『DAU.』に対しては、その拷問などの暴力的シーンや性的描写が問題視され、映画撮影における倫理をめぐって議論が起きた。フルジャノフスキーのバービン・ヤル・プロジェクトに対する批判が生じたタイミングは、『DAU.』の撮影現場における子どもに対する暴力の調査が始まった時期に重なっていた。上田洋子「ロシア語で旅する世界（10）循環する記憶――イリヤ・フルジャノフスキー監督『DAU.』とバービン・ヤル博物館」URL=https://webgenron.com/articles/genron011_22

★8　《鏡の野》は虐殺から七九年の二〇二〇年九月二九日にオープンした。ゼレンスキーも参加した除幕式の様子は以下に詳しい。建設中は柱がおどろおどろしい姿の人形とともに隠されていた。URL=https://life.pravda.com.ua/culture/2020/09/29/242500/

特定のアルゴリズムに従って流しています。背景音にはアーカイブ音源から選んだ、戦前のキーウのイディッシュ語音楽やウクライナとロマの鎮魂歌などを用いています。

——円柱は世界樹を象徴していると説明を受けました。実際になかを歩くと、鏡に周りの世界と自分が映って不安な気持ちになりました。このインスタレーションは広い公園のなかでも駅から遠いところにありますが、われわれがゆっくり見ているあいだも訪問者が絶えませんでした。

また、シナゴーグがとても美しいことにも感銘を受けました。本のかたちをした木造建築で、閉じているときは、テラスの上に木目の四角い立体物が立っている控えめな建物なのですが、この立体が本のように開いて、色彩と装飾に溢れた礼拝所が現れる。わたしたちは特別に手動で開くところを見

図3-5　シナゴーグ。閉じているところと開いているところ。2023年11月

図6　クリスタルの嘆きの壁のオープニングに参加するアブラモヴィッチ
提供＝ Babyn Yar Holocaust Memorial Center

せてもらいました。

　飛び出す絵本の構造になっているんです。ユダヤ人にとって書物、つまり聖典は特別なものなので、本が開くと世界が聞けるという形にした。これは建築家のマヌエル・ヘルツのアイデアです［★9］。内装は、独ソ戦の際に失われた西ウクライナのシナゴーグの装飾に倣っています。天井に描かれた星座は一九四一年九月二九日、バービン・ヤルの悲劇が起こった日のキーウの空を再現しています。

——開いたシナゴーグを一般の訪問者が見ることはできるのでしょうか。

　もちろんです。定期的に開けています。シナゴーグは二〇二一年度のDezeenアワードで、「小さな建築」賞を受賞したんですよ［★10］。第一級の建築家に依頼してすぐれた建物を作ることは、譲れない点でした。ほかにも、セルビアのアーティストであるマリーナ・アブラモヴィッチは、《クリスタルの嘆きの壁》というインスタレーションを作ってくれました。

——二〇二一年の八〇周年に向けて、記念碑をひとつずつオープンしていった。

　そうです。ゼレンスキー大統領はほとんどの施設のオープニングに来てくれました。バービン・ヤルのプロジェクトは彼のお気に入りで、本人が時間を割いてくれてなんども会っています［★11］。なお、大統領と面会するとき、わたしは必ずチームのメンバー全員を連れて行ったんですよ。実際にプロジェクトを動かしているウクライナの若者たちが一〇人で大統領に会いに行く。こうした経験は大切で、互いに蓄積されていきます。ゼレンスキー大統領はユダヤ人で、大統領府長官のイェルマークもユダヤ系です。

★9　バービン・ヤルについてのヘルツのサイトは以下を参照。ヘルツはドイツとスイスを拠点とする建築家。バービン・ヤルのほか、ドイツ・マインツでもシナゴーグの設計を行なっている。URL=https://www.manuelherz.com/babyn-yar-synagogue

★10　英国のWEB雑誌 *Dezeen* が主催する建築・インテリア・デザインなどの賞。二〇一八年に創設された新しい賞である。

八〇周年記念式典は二〇二一年一〇月六日に実施しました。ゼレンスキーのほかに、ドイツのシュタインマイヤー大統領や、イスラエルのヘルツォグ大統領が参加しています。ともに初の国賓訪問です。ほかにも約三〇カ国から要人が集まりました。この式典でショスタコーヴィチの『バビ・ヤール』を演奏しました。そのためにドイツのオーケストラと合唱団を招いたんです。むろん賛否両論でした。

——あえて加害者であったドイツのオーケストラを呼ぶというのはあなたのアイデアですか？

そうです。それに、『バビ・ヤール』がこの地で演奏されることは、ショスタコーヴィチと、この曲のもとになる詩を書いたエフトゥシェンコの夢でした［★12］。ソ連が終わったからには、彼らにはその夢を実現する権利があるはずです。

——コンサートは野外で？

野外です。このとき、ロズニツァのドキュメンタリー

図7　『バービン・ヤル コンテクスト』日本上映時のフライヤー　©Atoms & Void

『バービン・ヤル　コンテクスト』の上映会も行いました。映画は同時にウクライナの全国ネットテレビ局のチャンネル二つで放映されたんですが、プライムタイムだったこともあり、四〇〇万もの視聴がありました。

——それはすごい。ロズニツァをプロジェクトに招いたのもあなたですか？

もちろんです。ロズニツァは長いあいだ、バービン・ヤルについて劇映画を作ろうと案を練っていた。わたしは彼にドキュメンタリーで本領を発揮するように提案しました。そうしてできたのが『バービン・ヤル　コンテクスト』です。

この映画を作る過程で、ロズニツァはもう一本『キエフ裁判』（二〇二二年）を構想しました。前者はわたしがプロデューサーで、バービン・ヤル・ホロコースト記憶センターが全額出資しています。後者についてもやはりセンターが全額出資しました。

——『バービン・ヤル　コンテクスト』は、アーカイブに残されたバービン・ヤル関連の記録映像から、この場所の歴史と独ソ戦下のウクライナを描く作品で、日本でも二〇二二年

に公開されました。ロズニツァ監督らしく、悪を特定の個人や事件に象徴させるのではなく、戦争で露呈する人類一般の愚かさを描き出していた。二〇二二年の侵攻直前の作品ですが、戦時下の現在から見てもアクチュアルです。とはいえ決してわかりやすい作品ではありませんね。ウクライナ人が必ずしも正義として描かれているわけでもない。ウクライナではどのような評価だったのでしょうか。

ウクライナの言論人はあらゆるものを政治的に評価します。そして彼らはたいていのものにきわめて否定的です［★13］。ウクライナでは知識人は基本的に右派ですからね。英国やドイツでは知識人といえばだいたい左派ですが、ウクライナでは逆なのです。とにかくこのひとたちが活発で、彼らの意見が社会を代表することになりがちです。

とはいえ『バービン・ヤル　コンテクスト』が四〇〇万人もの視聴者を集めたことは大きな意味を持っています。その後一年間で、バービン・ヤルには二五万人以上が訪問することになりました。公園にはインスタレーションがいくつかあるだけですから、これは大きな数です。新しい記念碑が破壊されたりいたずらに遭ったりすることもありませんでした。当然警備はつけてはいますが、それにしてもいやがらせが皆無です。ウクライナに反ユダヤ主義が存在しないことのあらわれでしょう。人々はこの場所が好きだから来るんです。

他方、インテリと呼ばれるひとはさまざまな態度を示しました。目立つひとたちは熱心に反対しました。ロシアのプロジェクトだからよくないに決まっている、と言うのです。

——ゼレンスキーが記憶センターを支持したのは、彼のユダヤ人としての出自ゆえなのでしょうか。

そうだと思います。もっともバービン・ヤルのような大規

★11　たとえば以下の記事では、ゼレンスキー大統領が二〇二一年の追悼式に参加したことが伝えられるとともに、専門家の意見として、民間の機関であるホロコースト記憶センターの活動を評価するものと、センターが大統領の支援を受けているせいで国主導のプロジェクトを進められないとするものがそれぞれ挙げられている。«80 років трагедії Бабиного Яру: що сказав президент, а що – ні?» // Радіо свобода. 07.10.2021. URL=https://www.radiosvoboda.org/a/visimdesyat-rokiv-trahediyi-babynoho-yaru/31497339.html

★12　ショスタコーヴィチもエフトゥシェンコもユダヤ人ではなかったが、ソ連において立場の弱かったユダヤ人を支援した。

★13　侵攻後まもない二〇二二年三月、ウクライナ映画アカデミーが、フランスで開かれたロシア映画祭に参加したロズニツァを、戦時にコスモポリタンとしてふるまうことは許されないと除名した一件は、この例として挙げられよう。«Режиссёра Сергея Лозницу исключили из состава Украинской киноакадемии» // Радио Свобода. 19.03.2022. URL=https://www.svoboda.org/a/rezhissyora-sergeya-loznitsu-isklyuchili-iz-sostava-ukrainskoy-kinoakademii/31760803.html

模な国際プロジェクトは、欧州、米国、イスラエルと広い範囲で重要な外交関係を結ぶきっかけとなる。ゼレンスキー政権は、当初外交が弱かった。国際関係の強化という意味でも重要だったのではないでしょうか。

　彼らはこのプロジェクトが注目を集めるだろうということを理解していました。自分たちの政権が行なった偉大な事業として、人々の記憶に残ると考えていたようです。

デジタル技術と新しい博物館

――フルジャノフスキーさんのもとで、博物館の計画はどうなっていたのでしょうか。《塚 Курган》という、その名のとおり墳丘墓をかたどったような博物館が建設中なのを見たのですが。

図 8　《塚》のモデル。設計はベルリンの建築事務所 SVB による
提供＝ Babyn Yar Holocaust Memorial Center

図 9　《塚》は現在建設途中で止まっている。2023年11月

図10　3D モデル作成のようす。Babyn Yar Models by the Center for Spatial Technologies よりスクリーンショット
URL=https://capture.dropbox.com/8dy0B5irbHCXydO8

はい、それはたしかに新しい博物館です。《塚》では、バービン・ヤルの谷の地形を土で再現した立体模型を使って、ホロコーストの日にどこでなにが起きたのかを展示する予定でした。ウクライナの歴史学者や空間技術センター［★14］という建築技術の会社とともに開発を行なったんです。フォレンジック・アーキテクチャ［★15］の技術を用いました。ビッグデータを分析し、建築や写真や音響をモデリングして犯罪を調査するロンドンの機関です。

――残された写真から虐殺の場所を突き止めて、3Dモデリングで当時の模様を復元した映像が記憶センターのオンラインミュージアムで紹介されています［★16］。バービン・ヤルは戦後、近くのクレニフカダムの決壊によっていちど水没し、その後埋め立てられています。だからいま公園を訪れても、虐殺が起こったのはどこか、まずわからない。われわれが二〇一八年に行ったときにはまだなんの標識もなかったので、ネットで古い地図を検索し、グーグルマップとつき合わせて虐殺の場所を探しました。

ドイツ軍は虐殺現場の写真を撮影していますが、この技術のおかげで正確な撮影位置も判明しました。そして、《過去への視点》という記念碑を作ることを思いつきました。おふたりは見ましたよね。

図11　《過去への視点》。2023年11月

★14　キーウに拠点を置く、都市建築に関するデザイン・調査会社。ロシアによるウクライナ侵攻以降は、3Dスキャンなどの技術をもちいて、ロシア軍による民間人の被害を記録するプロジェクトも行なっている。URL=https://spatialtech.info/

★15　二〇二二年三月のロシアによるキーウ・テレビ塔やマリウポリ・ドラマ劇場への爆撃をはじめ、ガザのアル・シファ病院への攻撃や地中海における難民船の沈没、警察による市民の殺害など、多くの事件についてビッグデータを用いて調査を行なっている。下記からプロジェクトの一覧を見ることができる。URL=https://forensic-architecture.org

★16　公式サイト（https://models.babynyar.org/en/）および動画（https://www.youtube.com/watch?v=J8LsLWtRLcw）を参照。

——覗き穴のある石の記念碑ですね。穴を覗くと古い記録写真を見ることができる。公園に複数ありました。

こうした記念碑を作るためにも、資料の収集と保存はとくに重視しました。キーウをはじめさまざまな公文書館に残されたアーカイブ資料を、可能なかぎりすべてスキャンしているんです。国のアーカイブだけではなく、シナゴーグや教会のアーカイブ、家屋台帳、それに軍の公文書、徴兵事務所、研究所などの資料もすべてです。それらのデータを組み合わせれば、虐殺が起こった時点でだれがどの家に住んでいたのかを把握できる。この方法を用いて、バービン・ヤルで亡くなったひとの名前があらたに一〇〇〇人以上あきらかになりました。『名前』というプロジェクトで、オンラインミュージアムでも公開しています［★17］。

ナチスへの協力を展示すべきか

——さきほど、ウクライナの右派知識人がロズニツァの映画を批判したという話が出ました。バービン・ヤルの悲劇には当時のウクライナの警察も関与しています。こうした、いわゆる「対敵協力 коллаборационизм」の話はロズニツァの映画にも出てきますが、彼らの攻撃の理由に、自国の負の事実が語られるのを阻止したいという意図があったのでしょうか。

ウクライナ人はバービン・ヤルでは封鎖や警備には協力しても、銃殺自体には関わっていません。これは科学的に証明された事実です。一九四一年のリヴィウでは、残念ながら虐殺に加担していますが……［★18］。

むしろ、それらの事実は、自分たちのせいでウクライナ人を非難する口実をロシアに与えかねないと、一部のユダヤ人が恐れる理由にはなったと思います。実際にプーチンがこれを利用したのはご存じのとおりです。彼はウクライナ人をナチスと呼び、ホロコーストのテーマを政治的に利用し続けている。

ウクライナ人がホロコーストに加担したのは事実です。しかし同時に多くのユダヤ人を救ったのも事実です。イスラエルは、ホロコーストでユダヤ人の保護に貢献した非ユダヤ人に「諸国民のなかの正義のひと」という称号を与えています。そのうちウクライナ出身者の数は世界第四位にあたります［★19］。

ウクライナにおいては、ホロコーストについても、対敵協力についても話す用意がありました。それに対してロシアでは、ユダヤセンターはあるのですが、ホロコーストが公に語られることはまずありません［★20］。

——バービン・ヤルでは対敵協力について展示する予定はあ

りましたか。

はい。ただしわたしは、この問題についてはウクライナ人自身が語るべきだと考えていました。そこで、右派や民族主義者とも連絡を取り、つぎのように話しました——ユダヤ人のわたしがやるべきことは、ホロコーストで殺されたユダヤ人の記憶を守り伝え、失わせないことだ。他方、対敵協力はウクライナ人の歴史なのだから、あなたがた自身が語らなければならない。ドイツ人はホロコーストについて語っているが、それはホロコーストが彼らの歴史だからだ。

これには少なからぬ同意を得ました。では、バービン・ヤルの博物館のシステムのなかで、今後ウクライナ人自身がこの問題を語るにはどうするべきか。

そのためには博物館を分ける必要があります。虐殺事件それ自体を扱う博物館、ユダヤ人犠牲者のための博物館、さらにバービン・ヤルではユダヤ人だけが殺害されたわけではないので、非ユダヤ人の犠牲者のための博物館も必要です。バービン・ヤルの忘却の歴史を扱う博物館も必要でしょう。博物館の計画は、建築家による協議会を作って考えたのですが、最終的に一三二ヘクタールの公園の敷地内に一四の建築物を建てることになりました。《塚》は博物館群のひとつにすぎません。

——一四の建築物！　完成したらぜひ訪れたいです。しかしフルジャノフスキーさんがいなくなっても計画は続くので

★17　『名前』(https://babynyar.org/en/names)だけでなく、スキャンした資料それ自体も同サイトでアーカイブとして公開されている(https://babynyar.org/en/archive)。

★18　一九三九年にドイツ軍とソ連軍のポーランド侵攻の結果、それまでポーランド領だったリヴィウはウクライナ共和国に編入され、ソ連の一部となった。一九四一年六月二二日には、ドイツ国防軍がこんどはソ連に侵攻。リヴィウは同月三〇日に占領された。その日の夜、ウクライナ民族主義組織(OUN)はウクライナの独立を宣言し、臨時政権を樹立。同時にユダヤ人がボリシェヴィキに協力しているとしてポグロムを扇動した。ポグロムは六月三〇日から七月二日のあいだと七月二五日から二九日のあいだに行われ、ウクライナ民族主義者、アインザッツグルッペン、そして現地住民が加担したとされる。犠牲者の人数は正確にはわかっておらず、二〇〇〇人から七〇〇〇人のあいだで議論が分かれている。

★19　イスラエルの国立ホロコースト記念館「ヤド・ヴァシェム」の公式サイトによると二〇二二年一月の統計では、ウクライナ人はポーランド、オランダ、フランスに続く二六九一人を占める。URL=https://www.yadvashem.org/righteous/statistics.html

★20　ソ連時代には実際にホロコーストのテーマは沈黙に付されていた。ホロコーストが起こったことそれ自体を否定するひとはソ連時代も現在も存在している。もっとも、二〇〇三年にはホロコーストはロシアの標準の歴史教育に含められている。また、二〇一二年にはモスクワにユダヤ博物館・寛容センターが設立された。ロシアでは第二次世界大戦の記憶といえば、独ソ戦勝利の記憶に等しいので、ホロコーストへの関心が集まりにくいとも言われている。モスクワ・ユダヤ博物館・寛容センターの公式サイトは以下のとおり。URL=https://www.Jewish-museum.ru

しょうか。

残念ながら、今後どうなるのかはわたしにはわかりません。

未来のための記憶と儀式

――フルジャノフスキーさんがいま住んでいるベルリンにはホロコーストの記念碑がたくさんあります。バービン・ヤルではそれらの記念碑を参照しましたか。

このプロジェクトでわたしが見据えたのは未来です。ドイツの博物館や記念碑には敬意を抱いていますし、これまでに見てきた博物館や施設を参考にしたのもたしかですが、それらはやはり過去のものでしかない。わたしは、ホロコーストを語る手段として、建築やアートやパフォーマンスなど、複数の形式が混ざり合うようにしたかった。博物館や記念公園《メモリアル》の役割は、悔い改めの行為と関係しているからです。

ベルリンのベーベル広場にあるナチスによる焚書の記念碑はご存じですか？［★21］地面に窓があって、地中には空の本棚がある。それだけです。これでは広場を通るだけのひとは記念碑があることに気づかない。マリーナ・アブラモヴィッチはこの記念碑のコンペで、燃やされた本をあらたに印刷する印刷機を作ることを提案していました。訪問者はそれぞれ本のページを印刷することができる。これによって、訪問者は燃やされた本の復活に関与するのです。

ベルリンのものでも、たとえばアイゼンマンのホロコースト記念碑は、儀式や行為を通して人々になんども悲劇を思い出すことを強いるように作られていて例外的だと思います。あちらは参考になりました。

――パフォーマンス（行為）を通して歴史とつながる。

計画では、アルヴォ・ペルトほか数名の作曲家にバービン・ヤルをテーマにした音楽作品を委嘱して、週にいちど、生演奏をする予定でもありました。合唱団が毎週バービン・ヤルにやってきて歌う。インスタレーションが存在するかぎりそれが続く。つまり、儀式のように執り行われる作品です。いつか未来となんらかの関係が結ばれる可能性に賭けて、時間のなかに祈りや発声などの行動を周期的に取り入れておく。記憶の場所に儀式の要素があることは重要だと思います。

――《鏡の野》などのすでに建てられたインスタレーションはいずれも、鏡の上を歩いて銃痕を触る、覗き穴から映像を見るなどの行為を促すものでしたが、さらに、時間性が加わるのですね。

もうひとつ、地上の博物館と同時にオンラインミュージアムを構想していたことはすでに言いましたね。いま、死者のデータに関する技術が広く進化しています。それを利用して、博物館の全訪問者が自分の痕跡を残し、いつの日かそのひとの子どもや孫がやって来たら、そのひとがここにいたことや、ここでどんな行動をとったのかなどを知ることができるようにもしたかった。墓地ではないかたちで、生者と死者が出会う場所にすることを目論んでいました。

——興味深いです。

バービン・ヤルは地球という身体に刻まれた傷のようなものです。そこにはこの場所で起こった絶対的な悪が刻まれている。

繰り返しますが、わたしのプロジェクトは過去ではなく、現在と未来についてのものだったのです。そこで語られるのは悪の問題です。人間がどこで堕落して悪に負けるのか。どこで悪の側につき、人間性が失われるのか。「悪いドイツ人」が「悪いウクライナ人」の助けを借りて、「よいユダヤ人」を殺すといった単純な話を語るつもりはなかった。

そして、もうひとつのテーマが、生と死全般についてでした。生そのものを殺すことはできないということを示したいと思っていました。

——博物館における不死というと、ロシア宇宙主義のニコライ・フョードロフらによる不死の思想を連想します。

ロシア宇宙主義とは文脈が異なります。わたしは現在博物館で利用できる最新のテクノロジーから出発している。さらに、プロジェクトではこの場所の多宗教性を重視していました。虐殺ではユダヤ教の信者だけでなく、イスラム教、仏教、カトリック、東方典礼カトリック教会［★22］、正教会などの信者も亡くなっています。だから、シナゴーグだけでなく、さらに五つの寺院を建てるつもりでした。

——五つの寺院?

寺院の集まる丘を作りたかったんです。バービン・ヤルと

★21　ベルリン中心部、フンボルト大学前の広場に設けられた、イスラエルの彫刻家ミシャ・ウルマンによる《空の図書館》と呼ばれる記念碑。一九三三年五月一〇日にこの場所でナチスを支持する学生と大学教員によって二万冊以上の書籍が燃やされたことを想起させる。
★22　ウクライナ東方典礼カトリック教会は、ウクライナの東方正教会の典礼を用いるカトリック教会のひとつ。ユニエイトとも呼ばれ、特に西部に多く分布する。のちに民族主義者による運動の拠点となったため、ソ連時代は非合法化され弾圧を受けた。

いう場所は浄化されなければなりません。どんな宗教にも場所があって、キーウの住民も、さまざまな土地からやってくる訪問者も、あらゆるひとがそこで祈ることができることが重要です。

一方でこの土地を祈りによって浄化して、他方ではその上にドームを立てて、生者と死者が出会い、生者が、自分がこの世を去ったときに見える「痕跡」を残せるような場所を作る。それがわたしがやろうとしたことです。

——複数の異なる宗教の寺院を作ることは、ユダヤ人の経験を相対化してしまうことになりはしませんか。

キーウがドイツ軍に占領されてまもなく、バービン・ヤルで精神科病院の患者七〇〇人以上が殺害されています。また、のちにロマの集団が殺されました。この場所で奪われたすべての命が、自分の運命に耳を傾けてもらう権利を持つはずです。

ウクライナの戦後とソ連という「地獄」

——ウクライナはいま、あらたに「国民の歴史」を作ろうとしています。いまは戦時下ということもあり、ナチスやロシアの暴力に晒された犠牲者としての歴史が強調されていますが、この戦争もいつかは終わります。そのとき、ナチスへの協力など、加害者としての過去をうまく歴史のなかに組み込むことができるのでしょうか。

どうでしょうか。ウクライナは本質的にアナーキーな国です。複数のものが乱立し、つねにだれかとだれかが闘っている。崇拝していた大統領を、しばらくすると投獄しようとする[★23]。愛と憎しみがまるで輪廻のように交互にやってくる。それに「短期的記憶」の国でもあります。どんな英雄でも翌日には嫌われる、そのまた翌日には嫌われたはずのそのひとがふたたび英雄になる。あらゆるニュースの寿命が短く、つねに更新されていく……。ロシアが縦割りなら、ウクライナはアナーキーで無秩序な水平構造。自由を謳歌するのはあの国のすばらしいところですが、それがソ連の遺産と組み合わさると、どうもおかしなことになってしまう。

そのうえウクライナは三つの文化が混ざっています。西ウクライナはもともとポーランドで、ヨーロッパ文化圏。中央ウクライナと東ウクライナでも文化はかなり異なる。だから共通の基盤を見つけるのがとてもむずかしい。今回のプーチンの侵略のせいで、はじめて共通の新しい英雄と新しい歴史を持つひとつのウクライナが作られたとすら言えるかもしれません。

いまの戦争はウクライナにとってある意味で神聖なもので

す。それは社会を浄化し、団結させることでしょう。しかし、歴史が新しい国のつねとして、その結果を予測するのはむずかしい。

――新しいウクライナにおいて、いま指摘されたような文化の自由や多様性は残っていくと思いますか？

　それもわかりません。戦争が終われば見えてくるものがあるでしょうが、そのときにはこんどは別の大きな出来事が起こる可能性がある。いま、ヨーロッパはあきらかに危機にあります。

　ただ、政治の方向次第で、ユダヤ人やバービン・ヤルの問題が注目されなくなることは残念ながら大いにありえます。じつはいま、バービン・ヤルで、今回の戦争を含むあらゆる悲劇を集めた博物館を作ろうという案があらたに検討され始めているんです。

　バービン・ヤルは、三万三〇〇〇人のユダヤ人が殺され、さらに何千人ものウクライナ人、ロシア人、ポーランド人たちが殺害された場所です。ここで語るべきなのは、なによりもこの虐殺の歴史であり、いまの戦争とかあらゆる悲劇全般ではない。いまの戦争については別の場所で、別のしかるべき方法で語るべきです。すべてを一緒くたにして過去を忘れ、現在に役立つものだけを求めるのは危険だと感じています。

――今回、《鏡の野》のインスタレーションのそばにある展示場で見た「バービン・ヤル　死の鏡」という展示では、いまの戦争とバービン・ヤルの記憶がまったく同列に扱われていました［★24］。

　その展示については、わたしはネットで情報を見ただけなので評価はできません。いずれにせよ政治的な展示ですね。

――戦争の行方についての考えをお聞かせください。

★23　ウクライナ政治の振れ幅の大きさはこれまでも指摘されてきたが、投獄された歴代大統領はいない。たとえば前大統領のペトロ・ポロシェンコは退任後に汚職容疑で摘発されたが、結局逮捕にまでは至らなかった。その前の大統領ヴィクトル・ヤヌコーヴィチはマイダン革命で汚職を糾弾されたが、拘束される前にロシアへ逃亡した。二〇〇〇年代に二度首相を務めたユリヤ・ティモシェンコは二〇一一年に汚職容疑で逮捕・投獄されたが、ヤヌコーヴィチ政権による逮捕の政治性も指摘されている。

★24　バービン・ヤルの一角に設けられた展示場「生きている記憶 Жива пам'ять」で二〇二三年九月二八日にオープンした。バービン・ヤルの虐殺、スターリン時代の人為的な飢餓「ホロドモール」、クリミア・タタール人の国外追放、処刑されたロマ、強制収容所の捕虜の運命などを現在の戦争との類似として展示する。本誌の東浩紀の論考「ウクライナと新しい戦時下」、三四－三七頁を参照。なお、展示の様子は下記の動画で紹介されている。URL=https://www.youtube.com/watch?v=LtWKy3qleAM

ロシアがすでに占領した場所をウクライナ人が取り返すのは、残念ながら簡単ではないでしょう。戦争に勝とうが負けようが、いずれにせよ戦後のウクライナは傷を負った国になります。過激な民族主義が芽生えることも予想されますが、それがどこへ向かい、なにをもたらすのかは未知数です。

ただ、いまやウクライナが欧州でも屈指の軍隊を持ってしまっていることについては注意するべきだと思います。しかも、どの国よりも実戦経験が豊富になってしまった。何十万人もの実戦経験者を擁する、軍備の整った大規模な軍隊です。彼らが戦地から帰ってきたとき、国内でだれが権力を握り、なにが起こるのか。PTSDなど精神的、文化的な問題はどうなるのか——それらはウクライナ自身が解決することで、われわれに計り知れることではありません。

とはいえ、わたしはウクライナの未来を信じています。ウクライナ人は困難を乗り越えてきた。彼らはとても感情が豊かで、共感する能力がある。ロシア人よりも感情を露わにします。しばらくは犠牲者の国として暗い時期を過ごさねばならないでしょうが、必ずその傷を乗り越えて、明るい光のもとに歩み出してくると思います。

——フルジャノフスキーさんは虐殺の記憶の芸術的展示を行っていますが、そのような記憶が政治的に利用される危険性をどう捉えていますか。冷戦が終わったあと、かつてソ連を構成していた国々ではソ連史のラジカルな見直しが行われました。結果として、いまやロシアがあまりに単純に悪魔化されているようにも思えます。

その点については、ロシア自身がソ連の恐ろしい経験にきちんと向き合い、反省し、悪を浄化するのが先決だと思います。クレムリンの壁沿いにはソ連時代の指導者たちの墓があります が、埋葬されている顔ぶれはほとんどが犯罪者です。スターリンの記念碑、レーニン廟、秘密警察を作ったジェルジンスキーの墓もある。まずはロシアがあの恐ろしい墓地を破壊すべきです。

これらの墓や記念碑を撤去し、FSB（連邦保安庁）や旧KGB（国家保安委員会）系の組織を解体し、しかるべく断罪して、ロシアという国全体、国民全体がソ連の過去を悔い改める必要がある。もちろん現在の犯罪についてもきちんと反省しなければなりません。反省は一回かぎりではなく、繰り返し行われるべきです。

——けれどもフルジャノフスキーさんは、そんなソ連時代を『DAU.』のプロジェクトでテーマにし続けています。最後の質問となりますが、ソ連とはなんだったのでしょうか？

　ソ連は呪われた、恐ろしい、地獄のような場所でした。

――だからこそ芸術の主題にもなりうる。

　そうです。ソ連は、人間世界で地獄のイメージが複合的に投影された特異な世界です。そこでは善きものについての理念が悪いものになってしまう。共産主義、自由、平等――それらは本来はすばらしい理念です。なのに、ソ連ではなぜかすべて誤ったかたちで具現化され、際限ない暴力が生み出されてしまった。その体制はソ連崩壊後も復活し、ペレストロイカの一時期を除いて、現在のプーチン体制に至るまで一〇〇年以上も続いている。いまのロシアで起こっていることは、ソヴィエト体制を継続する動きです。

　ソ連とは、大いなる力によってもたらされた巨大な地獄のトラウマのことです。わたしはだからこそ、『DAU.』でソ連時代を主題にした。現代社会は複雑さを受け入れないので、この作品も理解がむずかしいかもしれない。けれども、わたしが生まれ育った国にかつて存在し、いまもあり続けている世界の歪みの記録として、いつか理解されるときが来ると思います。

２０２３年11月14日　ベルリン

構成・注・撮影＝編集部

開館時間：10:00–17:30（入場は17:00まで） 休館日：月曜日（2/12、4/29、5/6は開館）
Opening Hours: 10:00–17:30 (last entry 17:00)
Closed on Mondays (excluding 2/12, 4/29, 5/6)
未完の始まり
―未来のヴンダーカンマー
Wunderkammer to Come:
From the Uncompleted,
a Beginning
2024年1月20日（土）–5月6日（月・祝）
リウ・チュアン Liu Chuang
タウス・マハチェヴァ Taus Makhacheva
ガブリエル・リコ Gabriel Rico
田村友一郎 Yuichiro Tamura
ヤン・ヴォー Danh Vo
豊田市美術館 Toyota Municipal Museum of Art
協力：AGC株式会社, ANTENNA SPACE, PERROTIN,
chi Art Collection, TAKE NINAGAWA, 豊田カントリー倶楽部
観覧料：一般 1,500円（1,300円）｜高校・大学生 1,000円（800円）｜中学生以下無料
▶（ ）内は20名以上の団体料金
▶オンラインチケット販売中
▶観覧料の減免・割引等については、美術館ウェブサイトをご確認ください。

genron 16 2024 April

座談会

マンガの奥義は現場にあり
ジャズ、八卦掌、戦後日本

夏目房之介 ＋ 大井昌和 ＋ さやわか
Fusanosuke Natsume + Masakazu Ooi + Sayawaka

伝説の「BSマンガ夜話」

さやわか　本日はマンガ研究者の夏目房之介さんに、マンガ家の大井昌和さんとともにお話を伺います。夏目さんは一九九六年八月に始まったNHK BSの番組「BSマンガ夜話」に初期からレギュラー出演されていました。各回ごとにマンガを一作取り上げて語る生放送の番組で、夏目さんはマンガ表現を解説する「夏目の目」という名物コーナーを担当されていました。

夏目房之介　みんな勘違いしているけど、ぼくは最初レギュラーではなかったんですよ。初期のレギュラーはいしかわじゅんと岡田斗司夫で、ぼくや司会の大月隆寛はあとからレギュラーになりました。もともとは、NHKインターナショナルにいた変わり者のディレクターの趣味で動きだした、突発的な企画でした。夏休みの間の一週間ぶっつづけ、深夜◯時から一時間の生放送。NHKのえらいひとが寝ている時間だからこそできた「やり逃げ」的な番組だったわけです。だからリアルタイムではほとんど見られていなかったはずです。そもそもマンションの共用アンテナすらなかった時代の衛星放送ですから、見るためには自宅のベランダにアンテナを設置する必要がありました。友達に録画してもらって見ていたというひとも多かったようです。

大井昌和　まさにぼくがそのひとりです。友人に「全部録画しといて！」と頼んでいました。

さやわか　ぼくも録画をまとめて見た記憶があります。いまの時代のほうが、インターネット上のさまざまな手段で簡単に見られるようになった。夏目さんはリアルタイムではほとんど見られていなかったとおっしゃいましたが、いまとなっては伝説の番組です。

夏目　ありがたいことに、いまでも「マンガ夜話を見ました」と言っていただけることがけっこうな頻度であります。番組が始まったころはファックスの全盛期で、視聴者からのおたよりを生放送中に募集していました。出演者がしゃべっているとうしろで「ピーゴロピーゴロ」と音が鳴る。扱っているマンガの作者が「見ています」とファックスを送ってくることもありました。二〇〇〇年代からはメールになったので、ちょうどその過渡期にあたる時代の番組です。

大井　あのころ、マンガについてあんなに自由にしゃべるテレビ番組はなかった。とても新鮮に感じていました。

夏目　テレビでのマンガの取り上げ方について、ほぼノーアイディアな時代でしたからね。「マンガ夜話」はNHK教育の「NHK人間大学」と時期が重なっていて［★1］、どちらの番組でもマンガをどう見せるか、ずいぶん考えました。たとえばいがらしみきおの『ぼのぼの』（一九八七年–）のような四コママンガのおもしろさを、どうすればテレビで伝えられるのか。ぱっと見では四コマとも同じ絵にしか見えないけれど、あぶくの位置や大きさが微妙にちがう──そういう細かいところを指摘するときに、どういう撮り方が効果的なのかを、スタッフとディスカッションしながら模索しました。

大井　テレビを通して、マンガを読んだときの印象を再現しようとしていたんですね。書画カメラはまだ一般的ではなかったのでしょうか。

夏目　ありましたけど、それが運用できる現場ではありませんでした。とくに「マンガ夜話」では、いしかわじゅんが突然「このページだけど……」とマンガを開いてしゃべりだしちゃう。急いでカメラが走ってくるんだけど、そのときにはもう話し終わってマンガを閉じちゃうわけ（笑）。ふつうの番組なら脚本があるし、「マンガ夜話」にも初期はちゃんとあったんだけれど、全然そのとおりにならないんですよ。だって、いしかわや岡田が言うことを聞くわけないじゃない。

さやわか　たしかにいしかわさんは、番組中にずっと無言でマンガを読んだりしていましたね（笑）。

夏目　テレビであんなに無言でいて許されるのはいしかわだ

★1　一九九二年から九八年まで放送された教養番組。養老孟司や梅原猛、大江健三郎など、さまざまな分野の第一人者が曜日ごとに登場し、それぞれ一回三〇分の講義を一二回にわたって行なった。夏目は一九九六年に「マンガはなぜ面白いのか──その表現と文法」を担当した。

けです。テレビは言葉が途切れてはいけないメディアで、スタッフも出演者もその前提でいるのに、あのひとだけが平気で黙っている。でも、あの番組のよかったところは、ふつうは許されないその沈黙を、大月も岡田もぼくもみんな許していたところです。それが彼のおもしろさだとわかっているから。じつは初期に芸人が司会をやったこともあったのですが、評判が悪くてすぐに降ろされました。視聴者からではなく、われわれからの評判がです。芸人は仕事柄、言葉が途切れるとすぐに自分でしゃべってしまう。だけど、それはあの番組のおもしろさではありませんから。

大井　視聴者としても「マンガ夜話」がおもしろかったのはその自由さでした。マンガの話はもちろん、番組自体のドライブ感が素晴らしかった。

ジャズとマンガと蓄音機

さやわか　今日はマンガに限らず戦後サブカルチャーについて広くお聞きしたいです。夏目さんは五〇年生まれですから、ほぼ七〇年安保世代にあたります。大学時代はジャズ喫茶に通われていたのだとか。

夏目　ぼくがジャズ喫茶にはまり始めるのは六九年ですが、中学くらいから洋楽は聴いていました。レイ・チャールズ、フランク・シナトラやナット・キング・コールも聴いてたし、モータウン系も大好きでしたね。

さやわか　夏目さんは相倉久人のジャズ批評、とくに彼の吉本隆明読解から影響を受けたとブログに書かれています［★2］。相倉は吉本の理論をもとに、革命とジャズを結びつけた。七〇年代のマンガ評論全体がその論の影響下にあり、夏目さん自身もそれをマンガに置き換えようとしたのだ、という内容でした。

夏目　もっと言うと、相倉に吉本のことを教えたのは平岡正明で、ぼくは平岡が大好きでした。言っていることは無茶苦茶なんだけど、文章がおもしろくてね。「革命」も冗談で言っているんだと思ったくらいです。彼はぼくがこんな文章を書きたいと拝んでいた「三明神」の一角で、あとのふたりは山下洋輔と筒井康隆ですね。とくに筒井は「筒井大明神」（笑）。同世代のマンガ好きやSF好きはみんなそうだと思いますが、ぼくも中学生のときに『S－Fマガジン』（一九六五年七月号）で「東海道戦争」を読んで衝撃を受けました。山上たつひこの『喜劇新思想大系』（一九七三－七五年）が大ヒットしたとき、当時のマンガファンはみんな「筒井康隆がマンガになった！」と感動したはずです。山下のほうも最初のエッセイから読んでいます。真面目な論文でも、読みだしてみるともうすごい。まさに山下トリオの文体なんです。三明神以外では東海林さだおの、「エッセイの落語」と言うべき文体からも影響を受けていますね。ただ結局、「あんな神がかった真似はおれにはできない」という結論でいまにいたります。逆に言えば「ああいうふうに書かなきゃ」と思っているうちはダメだということですね。

さやわか　いま挙がったひとたちの文体を考えると、夏目さんの文章のエッセンスがよくわかります。山下は『ドバラダ門』（一九九〇年）という小説も書いていますが、やはり文体がめちゃくちゃかっこいい。一方で相倉は理論派の文体で、聴取環境がジャズ体験にいかに影響を与えるかについて書いている。

大井　それは部屋で聴くかコンサート会場で聴くかということと？

夏目　いや、もっと抽象的な「現場感」のことです。相倉は毎日のように新宿のジャズクラブ「ピットイン」に通っていた。その現場の躍動感を、革命のための煽動へと結びつけたのが平岡でした。

さやわか　ジャズに限らず、六〇年代の若者カルチャーは現場感を重視していたと思います。たとえば演劇なら「芝居は聴衆と役者の緊張関係のなかで生まれるのだから、同じ公演はひとつもない」という論調ですね。しかし、なにかを語るとはそもそも現場から距離を取る行為です。だからジャズ論も現場の話から、レコード論になっていく。夏目さんのマンガ論は、六〇年代的な作り手と受け手の緊張関係を、どうにかして言語化しようとした試みだと思います。

夏目　おっしゃるとおりです。あるひとがマンガを描くと、紙の上に線がぱっと立ち上がって、その線が他のひとをお話に連れて行ってくれる。ぼくのマンガ論はその現象のおもしろさを書こうとしています。着想を得たのは『ガロ』で佐々木マキのマンガを読んだときで、やはり大学のころでした。彼がなぜおもしろいのかを考えた結果、これは山下洋輔のジャズなのだという結論にいたった。それで相倉の論を拝借して佐々木マキ論を書いたわけです［★3］。

さやわか　山下はかつて「こんなものはジャズじゃない」と言われたほど、ジャズの限界を追求したアーティストです。一方で佐々木は新聞や雑誌の写真をそのまま模写して、そこに直接は無関係な、でも意味ありげな吹き出しをつける作風で、マンガとマンガでないものの境界ギリギリを試していた。その試みが前衛的、インプロ的ということでしょうか。

夏目　佐々木の「ヴェトナム討論」（一九六九年）のことですね。べつの言い方をすれば、佐々木は現代アートをやっていたんだと思うとわかりやすい。あれが『美術手帖』に載っていた

★2　夏目房之介「相倉久人『ジャズからの挨拶』68年」、「夏目房之介の『で？』」、二〇一二年八月一一日。URL=https://blogs.itmedia.co.jp/natsume/2012/08/68-13d4.html

★3　当時夏目が佐々木のマンガから受けた影響は以下に詳しい。夏目房之介「マンガが描けなくなった19歳　佐々木マキ『天国で見る夢』『セブンティーン』」、『あの頃マンガは思春期だった』、ちくま文庫、二〇〇〇年。

ら、あまりにわかりやすくて逆におもしろくないと思われていた可能性が高いでしょう。『ガロ』に載っていて、マンガの文脈で読まれたからこそ、あのおもしろさが生まれるわけです。

大井　佐々木の作品がマンガとして読まれたのは、掲載誌の問題だけではなく、コマの力が大きいのではないでしょうか。いくら絵や物語が断絶していても、コマで並べられた瞬間にひとは自動的にそれをマンガと認識してしまう。その認知のバグを利用しているから、佐々木の作品はアート的だった。ところで、佐々木とは逆に現代アートの側がマンガ的な手法を取り入れるケースもありますよね。会田誠にしてもリキテンスタインにしても、彼らはみなコマではなく吹き出しや擬音に注目する。ぼくにはあれが不思議でしかたないんです。彼らにとってマンガとは吹き出しなんだと。

さやわか　マンガの原理的な表現とはなにかという問題ですね。

夏目　じつは吹き出しも擬音も、マンガ史の途中から出てきたものです。コマ的なものは昔からあるけれど、おおざっぱに言えば、これもいまのかたちになるのはアメリカの新聞マンガからです。たとえば『イエロー・キッド』は一九世紀の終わりに連載された作品ですが［★4］、最初はコマ割りがない。吹き出しが出てくるのも途中からです。それまでセリフをどう表現していたかと言うと、しゃべっていることが全部着ている服に書かれていました。

さやわか　ロボットの液晶パネルみたいだ（笑）。

夏目　ちなみにこの作品が吹き出しを最初に使ったマンガだとする論もありますが、実際には同時多発的に出てきていたようで、諸説あります。ただ『イエロー・キッド』で最初に吹き出しが使われた場面はじつにおもしろい。なんと人間のセリフではなく、蓄音機に使われたんです。当時はレコードの普及期にあたり、吹き出しは蓄音機のホーンから出る音を表現する記号として、『イエロー・キッド』に登場した。しかもイエロー・キッドが近づいてみると、じつはレコードではなくその中にいたオウムがしゃべっていた、というオチがつく［図1］。

さやわか　これはすごい！　当時は蓄音機から声が出ることが新鮮で、それを絵にするために吹き出しが発明されたわけですね。そして無生物から声がすることの驚きが、オウムの登場によってギャグにされている。よくできているなあ。

大井　蓄音機が発明されるまで、マンガには音や声を記号化するという発想がなかったんだ。

夏目　つまりこの場面での吹き出しは、オーディオメディアをビジュアルに落とし込む試みだったんです。アイケ・エクスナというアメリカの研究者は、コミックスを「オーディオビジュアル」なメディアとして分析しています［★5］。それは正しい見方ですが、レコードやラジオが普及し始めて以降

図１　『イエロー・キッド』で最初に吹き出しが使われた場面。吹き出しの登場まで、主人公のセリフは服に書かれている
出典＝ https://commons.wikimedia.org/wiki/File:Yellowkid_phonograph.jpg
Public Domain

の話なんです。マンガと同じように、当時はアニメーションも無音ですから、叫び声を上げるシーンでは文字で表現をしていた。そうやって、オーディオとビジュアルが結びついていった。

大井　マンガ表現自体がオーディオメディアの登場によって発展したんですね。最初は蓄音機の声の表現だった吹き出しが、「どっちも声じゃん」ということで肉声にも使われるようになっていった。

さやわか　逆に言えばレコード黎明期のひとは、肉声と蓄音機の声はちがうものだと認識していたということですね。マンガは音のないメディアだからこそ、なんとか両者を差別化しようとした。けれど最終的には吹き出しというひとつの表現に収斂していき、肉声と蓄音機の声が同じであることを「発見」する。とても重要なことが語られていると思います。

★４　イエロー・キッドは一八九四年から九八年にかけて複数のアメリカの大衆紙に掲載された、リチャード・F・アウトコールトによるマンガの主人公の少年。当初マンガのタイトルは『ホーガン横丁』だったが、のち『イエロー・キッド』に改題された。
★５　Eike Exner, *Comics and the Origins of Manga: A Revisionist History*, Rutgers University Press, 2021.

身体を揺さぶるリズムと武術

さやわか　夏目さんは『マンガはなぜ面白いのか』（一九九七年）でも、マンガの擬音について触れています。声と音の両方を文字に封じ込めるために、日本のマンガは擬音表現の試行錯誤をしていて、それは日本語独特のリズム感と関係があるかもしれない、という趣旨でした。

大井　西洋とは縦書き横書きのちがいもありますしね。

さやわか　同書ではそこまで掘り下げられていませんが、マンガを考えるうえで「リズム」がキーワードになるのはたしかだと思います。ぼくはひらめき☆マンガ教室というスクールの主任講師をしていますが、ゲスト作家はみんな「マンガはリズムが大事だ」という話をします。けれど読み手やマンガの初学者には、それがなにを意味するのかわからない場合が多い。どうしても、吹き出しや擬音の配置など、画面内の構成のことだと考えがちなんです。しかし、めくりや見開きによって読者が引き込まれることはあって、コマ割りやページ繰り、あるいは作品全体のリズムはたしかに存在する。メジャー誌ではとくにそれが重要です。具体的な作家として、夏目さんはよしながふみについて、緊張と緩和のリズムが非常にうまいと随所で評価されています。彼女はリズムがしっかりしているから、なにをやっていても読めるのだと。

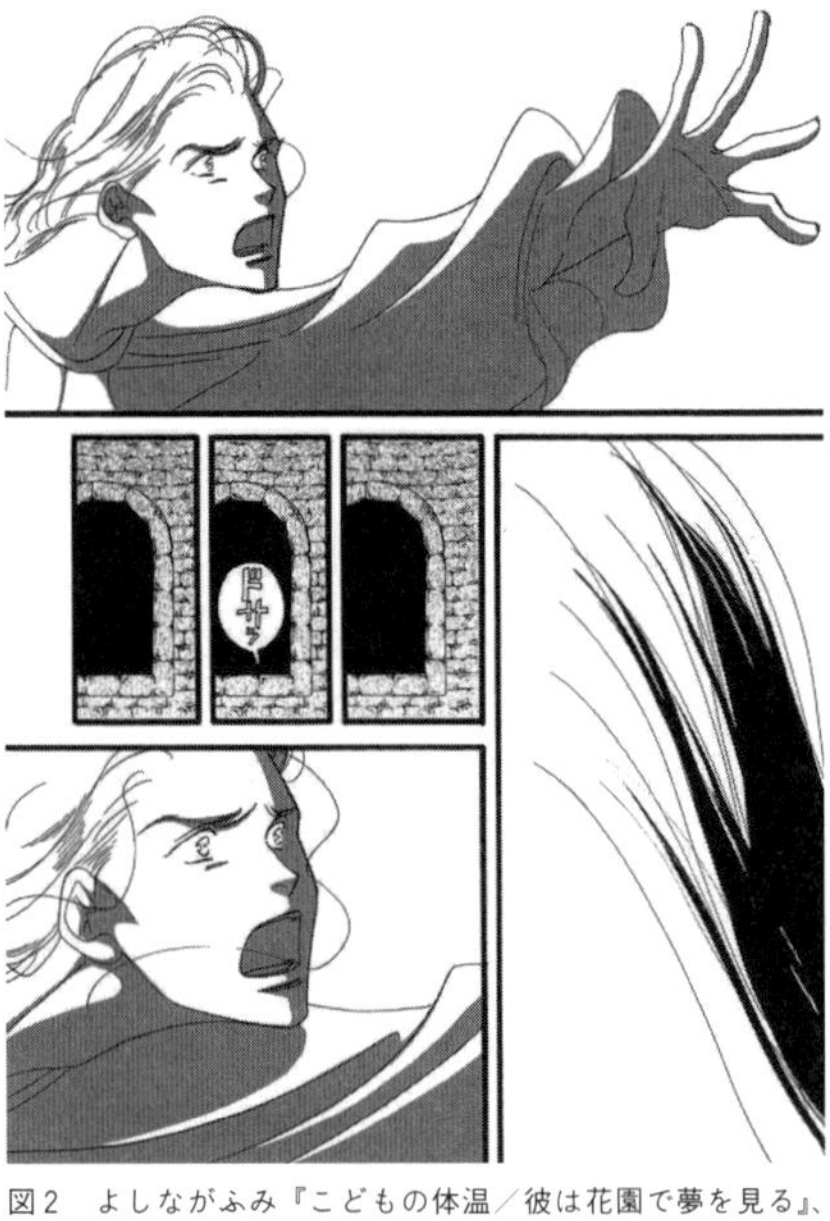

図2　よしながふみ『こどもの体温／彼は花園で夢を見る』、白泉社文庫、2010年、294頁より

夏目　よしながのおもしろさは、読む側の能力を問うものだと思います。ぼくが感心したのは、初期の『彼は花園で夢を見る』（一九九九年）という作品で、身投げの瞬間が縦のコマに髪がなびいているだけの描写で表現されていたことです［図2］。彼女はそういう省略をガンガンやっていて、その「抜け」がリズムを作っている。あまりマンガを読まないひとにはそのことはよくわからないかもしれないけれど、あれができるからこそ、逆にだれが読んでも絶対におもしろい描き方もできるわけです。

大井　わかりやすい間の取り方もできるけれど、あえて省略したリズムでかっこよく見せる。彼女はそういう技術に長けていますよね。マンガ読みは感心するし、そうではないひともふつうに楽しめる。

夏目　たとえるなら、ラジオから聞こえてきたときにふっと耳に残るメロディーのようなものです。とがった部分があるからこそ、ポピュラリティも獲得できる。

さやわか　音楽もマンガも、リズムの連続で作られた「時間芸術」であることは同じです。描く側はそれをコントロールしているけれど、読む側はなんとなく追体験できてしまうので、逆にどういう構造かを認識していないことも多い。その点でも、夏目さんのマンガ評論がジャズ評論の影響を受けているというのは納得です。

大井　マンガもリズム感がないと読めないですからね。

夏目　物語マンガは原理的に身体で読むものです。ドライブ感がないとなにもおもしろくない。描くという行為もまた必ず身体性をともないます。格闘マンガなんて描いたら、ものすごく肉体が疲れるはずです。

大井　そういえば夏目さんは『刃牙』展に行った写真をツイッターに上げていました［★6］。刃牙の等身大フィギュアのまえで同じ構えをされていて、衝撃でした［図3］。

夏目　本当は肩の入り方が少し浅いんですけどね。『刃牙』シリーズ（一九九二年－）には技を食らった人物の頭が揺さぶられ、そいつが見ている視覚像がゆがむ表現がありますよね［図4］。あれこそが身体性です。『刃牙』展で原画を見ましたが、すさまじいものでした。圧倒的な熱量の原稿を次から次に見せられると、だんだん乗り移られちゃうんですよ。だから同じポーズを取ったりしちゃう（笑）。

大井　原稿を見ただけで身体に影響を与えるなんて、まるで『ジョジョの奇妙な冒険』の岸辺露伴ですね。でも、そこにこそエンタメマンガの核心があると思います。

夏目　『刃牙』はある意味、もっともマンガらしいマンガだと言えるでしょう。マンガを描くという行為は、読者

図3　『刃牙』展大阪会場にて、キャラクターを模した構えを取る夏目
出典＝ https://twitter.com/fusa811/status/1704036552740081821/photo/2

★6　正式名称は「連載30周年記念　地上最強刃牙展ッ！」。板垣恵介のマンガ『刃牙』シリーズの連載三〇周年を記念した同シリーズ初となる大規模巡回展であり、二〇二二年から二四年にかけて開催された。直筆原稿をはじめ、カラー原画や等身大キャラクターフィギュアなどが展示された。

の行動を誘発する身体的なものです。

大井　リズムを伝えるとは、ページを通して拳法のように読者の脳を揺らすことですから。

さやわか　夏目さんは実際に中国武術を習われているから、説得力がちがいますね（笑）。武術を始めたのもマンガのためだったのでしょうか。

夏目　いやいや、単純に健康のためです。ぼくは喧嘩もしたことのない人間で、それどころか虚弱体質だったので、のべつ幕なしに風邪はひくわ胃腸は壊すわという人生を送ってきました。だから健康のための運動はずっと続けていて、テニス、水泳、ヨガ、気功もやりました。その流れでたまたま太極拳の無料教室を見つけ、四〇代から通い始めたら、これが体になじんだ。楊式太極拳の二四式という、毛沢東が国民の健康維持のために広めたもので、やはり教室には健康目的の高齢者が集まっていました。四〇代だと相対的に若くて覚えも早いから、一年もやるとその教室でできることはやりつくしてしまったんです。

大井　すると師匠が「秘密の奥義を教えましょう」と言い出して……？

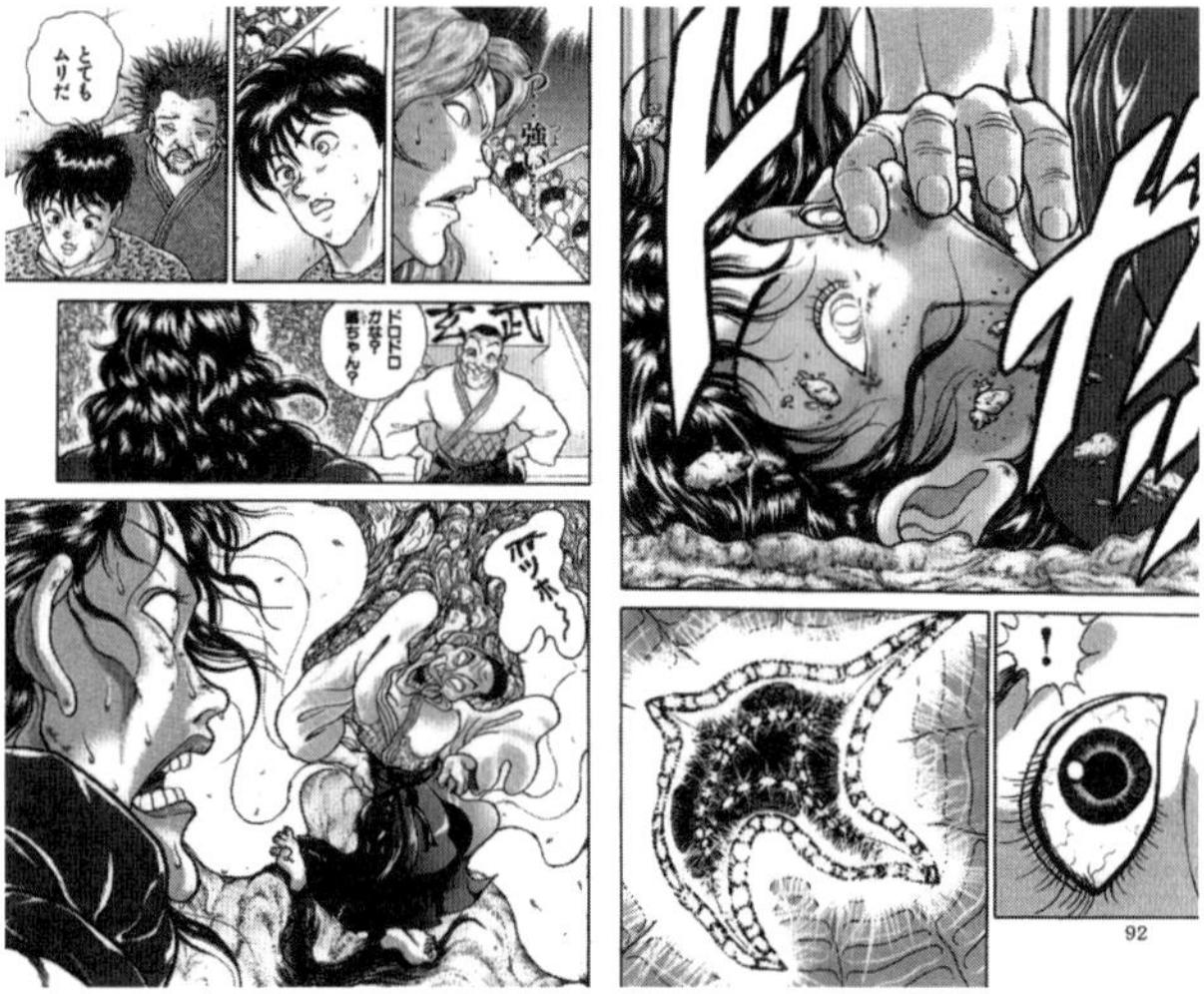

図4　板垣恵介『グラップラー刃牙（32）』、少年チャンピオンコミックス、秋田書店、1997年、92-93頁より
© 板垣恵介（秋田書店）1992

夏目　それはない。

さやわか　格闘マンガじゃないからね（笑）。

夏目　奥義はなかったのですが、その先を知りたくなって、推手《すいしゅ》という対人練習をやる教室に移りました。これがおもしろくて、七年ぐらいは続けたはずです。しかしあるとき、やはりまた先を知りたくなってしまった。まだまだ先があるはずなのに、それがわからず、次第に先生の言うことに疑問を抱き始めた状態でした。

さやわか　武術は論理的な体系だから、師匠がその体系に則っているか判断できるところまで来ちゃったんだ。

夏目　結局その教室もやめて、自分で練習を続けながら、並行して他の格闘技をかじったりしました。ボクササイズに手を出したり、わずか数回だけど総合格闘技の教室に顔を出したり、甲野善紀の古武術の教室に行ってみたり。ボクササイズなんかは瞬発性が高いので、やはりすごく心肺機能が上がります。教えているひともただのトレーナーではなく本物の総合格闘家で、そこにはまりましたね。

大井　立派な格闘技マニアじゃないですか！

さやわか　言っていることがほとんど『刃牙』ですよ（笑）。

夏目　いや、あくまで健康のためです（笑）。そうこうしているうちに、太極拳仲間から「八卦掌《はっけしょう》（中国武術の一種）やりませんか」と声をかけられた。ぼくはもう五〇代で「五十肩だから無理だよ」と答えたけれど、そいつは「歩くだけですから大丈夫です」と言う。だまされたと思って一緒に行ってみたら、本当に歩くだけなんですよ。上半身をまっすぐにして力を抜き、低い姿勢で、延々と円を描いてみんなで歩く。言うと楽そうですが、やってみるとこれが本当に大変で！　汗がどっと噴き出ました。横で見ているひとがいたら、うつ病の熊の集団のように見えたことでしょう。

さやわか　歩くことを大事にする武術なんですね。

夏目　そうです。八卦掌の足の動かし方は扣歩《こうほ》と擺歩《はいほ》という二種類しかありません。扣歩はつま先を内側にフックのように入れ、擺歩は逆に足を外側に払う。けれどその二種類を組み合わせるだけで、まったくちがう動きになるんです。一年ほど続けているうちに、なんと体重が一〇キロ減ってお腹がへこんだうえに、胃腸も強くなって食事が楽しくなりました。さらに風邪もひかなくなったし、五十肩まで治った。

さやわか　本当に健康になった。素晴らしいですね。

夏目　そこまで体質が変わったということは、逆に言うとやめられなくなってしまったということです。いまぼくは日本に住んでいる中国人の先生に習っていますが、「夏目さんのように継続してくれるひとはすごく少ない」とこぼしていますね。

大井　今度こそ奥義を口伝される展開では……！

夏目　じつは最近、ときどきそういうことを言われていて……。

大井　やっぱり！　夢がある！

さやわか　マンガ研究者から八卦掌の免許皆伝者へ――って、もう全然マンガの話じゃないじゃん！

夏目　こんな話、ふつうの講演なら引かれちゃうよ（笑）。

マンガは西洋に勝つべきか

大井　いや、いまのお話は意外とマンガとつながっていると思います。というのも、さっき擬音と日本語のリズムの話が出ましたが、武術もマンガも東洋の身体にかかわっているのではないかと思うんです。同じ体を鍛えるものでも、西洋的な筋トレは科学的な理論を重視する。それに対して中国武術とは実践から身体をつくるものなのだと、お話を聞いてぼくなりに理解しました。

夏目　それはどんなエビデンスに基づくかという話でしょうかね。ぼくの先生に武術の話をさせると、中国の古典を参照するので、老子とかが平気で出てくる。「八卦掌の起源は達磨法師だ」と言ったりもする。現に中国にはそういう文献も残っているようです。「達磨が夢に出てきて武術を教えてくれた」みたいな伝承もたくさんあります。もちろんそれらは歴史研究では否定されているわけですが、難しいのは、彼らにとってはそれがリアルなのだということです。ぼくの先生も、本当に夢で達磨や八卦掌の先達から教えを受けている。そのことは無視できません。

大井　それを否定すると、武術の前提にある思想的枠組みが崩れてしまう。

夏目　これはすごく大事なことです。その枠組みに半身は入らないと、武術は習得できません。しかし近代人としての残りの半身は、どうしてもそこから逸脱してしまう。両者が矛盾してしまうわけです。その矛盾を許さない感覚自体が、近代人の論理でしかない可能性もある。身体性にすべて委ね、老子や達磨を信じてしまったほうが早いのかもしれないけれど、やっぱり近代人としての自分も無視できない。両方の理屈を矛盾したまますり合わせる必要が出てきます。

　たとえば自分が健康になると、なぜ効果が出たのか自分なりに仮説を立てます。扣歩と擺歩をやっていると、自分はインナーマッスルを鍛えているということが体でわかってくる。大腰筋《だいようきん》や腸腰筋《ちょうようきん》は絶対に太くなっています。それが先生の言い方では、「筋肉なんかよりも筋《すじ》が大事」だということになります。筋肉は末端にすぎず、腱や筋膜が重要なのだと。たしかにそのとおりで、身体を動かしているのは筋肉だと思われがちですが、それを骨につなげる筋がなければ動かない。だから最終的に、骨格と筋こそが重要で、その構造がしっかりしているとどんなものにも負けないんだという話になるわけです。

さやわか　西洋的な言い方ではないけれど、理にかなっていますね。

夏目　まあ「どんなものにも負けない」は嘘だと思いますが(笑)、少なくとも押す動きに対してはとても強くなります。現にそういう成果が出るので、武術の論理と近代人の感覚とが実践のなかでつながるんです。ぼくは小柄ですが、ぼくより身長のあるひとに押されても相当耐えられる。原理的には球を押すように、よほど芯を食っていない限り受けながせる。

大井　日本なら塩田剛三の合気道が有名ですが、武術のおもしろさはその力の逃がし方ですよね。

さやわか　夏目さんは「構造」という言い方をされましたが、いまのお話は、身体だけではなく、論理の構造の話でもあると思いました。武術のしなやかな動きが身体の強固な枠組みによって可能になるように、武術の実践の下には思考の体系が構造として存在している。西洋の論理とは異なるけれど、武術にもそれはあるのだと。

夏目　よい打撃を出すための基本は、軽やかに動きつつ、ある瞬間にぐっと地面を踏み込んで、下に力を落とすことにあります。軽さと重さという矛盾した動きが求められる。しかも先生は「軽やかな動きのときは重々しく、重々しい動きのときは軽やかに練習しろ」と言う。やってみるとたしかにそのほうがうまくいく。これが「陰と陽」の理屈です。身体を動かすと、理論が現場主義的にわかるんです。

大井　まさに「現場感」ですね。やはり中国武術的な発想はマンガ家にとって重要だと確信しました。

さやわか　マンガのリズムも現場で身につけるものなんだと。

大井　それもそうだけれど、もっと経済的な話です。中国武術は健康に生き、相手の攻撃を受けながす、いわば生き延びるための技術です。西洋格闘技のように勝つことが主眼ではない。これをマンガ家に置き換えると、一〇〇万部の大ヒットを出すことよりも、コンスタントに五万から一〇万部を売り続け、マンガという文化的な営みを死ぬまで健康に続けるのが重要だということになります。にもかかわらず、みんな大ヒットを出して「勝つ」ことにこだわってしまう。それは西洋格闘技の発想です。

さやわか　なるほど。マンガ家がそう考えてしまうのは、このジャンルにまだ一〇〇年くらいの歴史しかなく、複雑で多様なマンガの在り方を体系化しきれていないからかもしれませんね。身体論に西洋的な考え方と東洋的な考え方があるように、もっといろんな理論や流派があってもいい。

大井　ぼくはマンガをはじめとする日本のサブカルチャーが、西洋的なアカデミズムの言葉で語られがちなのを惜しく思っています。いま、ネットフリックスでは『ONE PIECE』の実写版が八四カ国で一位を取っているし、『刃牙』のアニメもグローバルランキング一位になりました。この状況に鑑みても、いまこそ日本独自の視点から自国のコンテンツを語る理論が求められていると思います。世界のカルチャー史において、ヨーロッパやアメリカの文化ではなく、ようやくアジア発の文化が世界を取ろうとしているわけです。

夏目　うーん、ぼくにはいまの大井さんの言い方は、典型的な「日本すごい」論に聞こえるな。日本が特殊だというのは嘘です。そもそも明治維新がなければ「漫画」という言葉自体が生まれなかったし、それにマンガがわれわれが知っているいまのかたちになるのは、それこそ『イエロー・キッド』のような欧米の新聞マンガを、大正期の『正チャンの冒険』や『ノンキナトウサン』が模倣したからです。そのことを忘れると、いきなり「マンガのルーツは一二世紀の絵巻物だ」という話に飛躍してしまう危険がある。

さやわか　高畑勲の『鳥獣戯画』起源説ですね［★7］。

大井　ぼくもあれは問題だと思います。ぼくが言いたいのは、マンガが日本固有のものだということではなく、自分たちの言葉と理論でそれを語るべきだということです。夏目さんのまえで夏目漱石を語るのは憚られますが、漱石や森鷗外が日本の近代文学を作ったのは、西欧列強と対峙するうえで、文化が重要だと考えていたからですよね。ところがそのあと日本は太平洋戦争で負けてしまう。そこから七五年以上が経って、ようやく世界で通用しうる自国の文化を持ち始めているわけです。だからこそ、文化について自分たちの言葉を持つべきだというのがぼくの考えです。

さやわか　日本は西洋の価値観で自分たちの文化を評価してしまうきらいがあるから、独自の価値観を持つべきだと。

大井　「達磨の夢」の話が素晴らしいと思うのは、中国武術はそれをやっているんだと感心したからです。フィクションでもいい、「夢でだれかが教えてくれた」でも「手塚治虫は神様だ」でもいいから、文化の根本を支える枠組みが必要なのではないか。いま手塚を脱神秘化しようという動きがありますが、ぼくはむしろそれはよくないと思うんですよ。

夏目　それで言うと、そもそも「手塚神話」を作ったのはぼくらの世代です。ぼくは自分のことを、『手塚治虫はどこにいる』（一九九二年）で彼を神格化した「戦犯」だと思っています。鶴見俊輔や尾崎秀樹、小野耕世といった上の世代は、海外との関係をよく知っていたので、そこから影響を受けた「漫画集団」系のマンガについてもきちんと語っていました［★8］。けれどぼくらの世代は生まれてすぐに手塚がいて、しかも本人が「自分はマンガの神様」だと喧伝していた。そして雑誌『COM』が「手塚が映画の影響でストーリーマンガを作った」という話を定着させていき、漫画集団系の流れはかきけされていくんです。さらに言えば、ぼくが『手塚治虫はどこにいる』を出した一九九〇年代は「日本のマンガやアニメはすごい」という言説が普及し始めた、まさにそのタイミングでもありました。バブルが崩壊して、日本人がみんな意気消沈しているなかで、サブカルチャーが蜘蛛の糸になったわけです。その後の自己批判を通じて、いまのぼくは、逆に神話を否定する側にまわっています。

夏目房之介『手塚治虫はどこにいる』、ちくま文庫、1995年（単行本1992年）

さやわか　読者からすると『手塚治虫はどこにいる』は、マンガ論でもあり、また手塚に対する追悼文でもある、きわめて批評的なテクストです。手塚の死を起点に、夏目さんにとって彼がどんな存在だったかを振り返りつつ、その表現をマンガ史のなかに位置づけることで、自分史と日本文化史と表現論を鼎立させている。それがのちの世代によって「日本すごい」論に回収されてしまうことには、歯がゆい気持ちがあるのだと思います。夏目さんが自身で手塚神話を相対化していくなかで、普遍的なマンガ論は見えてくるのでしょうか。

夏目　いや、ぼくはマンガの普遍的な理論は存在しないと思っています。ティエリ・グルンステンという研究者に『マンガのシステム』（原著一九九九年）という本があり、これがまさに普遍的なマンガが存在するという仮説をもとに書かれています。ぼくはむしろそれを読んで、普遍的な定義は諦めたほうがいいと思いました。普遍性を追求すると、どうしてもスタティックなものになってしまう。

大井　そういう普遍性を標榜するヨーロッパのアカデミズムにこそ、日本のマンガで対抗しようというのがぼくの考えです。

夏目　ヨーロッパの学者はわざと難しそうなことを言いますからね（笑）。日本でもマンガ研究が高度化した結果、アカデミズムと一般読者が乖離してしまっている。そのことはたしかに問題で、ぼくは橋渡しを試みてきたつもりです。ただ、アカデミズムを倒そうというのはマンガの自己肥大です。

さやわか　夏目さんはかつてほど素朴には、マンガの力を信じていないということでしょうか。

夏目　いや、マンガはすごい文化だと思っています。ただ「世界に勝つ」と言えるほど、自分は世界を知っているのか、と思うわけです。

さやわか　なるほど、そもそも世界を知らないのだから、普遍的な理論化も不可能だと。

夏目　そうです。そもそも人間には、放っておくと普遍性を求めてしまう指向があります。しかしその先に「本当の普遍」が存在するかと言うと、そんなものはないんですよ。ただそれが幻想だとわかっていても、言葉はどうしても普遍性を装ってしまう。だからだれかが普遍的に見えるものを提示しては、それを超えるやつが出てくるという営みを、ずっと続けているわけです。ヘーゲルが世界の仕組みをすべて解き明かしたと思った瞬間に、マルクスが出てくる。

大井　なるほど、わかってきました。西洋と東洋、どちらが普遍的かにこだわっている時点でダメなのかも……。

夏目　ぼくは『手塚治虫はどこにいる』を書いていたときには、ほとんど神がかりになって、「これはおれにとって生涯一冊の本だな」と思っていました。「おれはラッキーだ、少なくともこの本を書くことができた」と。だからさっきは「戦犯」と言ったけれど、あの本を否定しているわけではな

★7　高畑勲『十二世紀のアニメーション――国宝絵巻物に見る映画的・アニメ的なるもの』、徳間書店、一九九九年。同書で高畑は『鳥獣人物戯画』などの一二世紀日本の絵巻物を「アニメ的マンガ的なるもの」の起源として論じている。

★8　漫画集団は一九三二年に近藤日出造、横山隆一、杉浦幸雄らによって結成されたマンガ家のグループ。戦前の名称は「新漫画派集団」。戦後主流になっていった子ども向けマンガとは異なり、大人向けかつ欧米風のモダンなスタイルを特徴とした。

いんです。ただ、どんな本も理論も、いつかは必ず乗り越えられる。これはもう、昔からそうだったし、必然的にそうなるんだとしか言いようがありません。いちいち「勝つ」とか考えてもしょうがない。健康であるほうが大事。

さやわか 中国武術に戻ってきた！

大井 たしかに「西洋に勝とう」という思考自体が西洋的だったかもしれない……！　ぼくはいま、本当に感動しています。勝つという発想自体がよくなかった。達磨の精神ですね。

さやわか ぼくも感動しました。視聴者のコメントも『エヴァ』の最終回みたいになっている（笑）。

（会場拍手）

夏目 「中島敦の『名人伝』のようだ」ってコメントが（笑）。最後、すげえ盛り上がったね。われながら言いたい放題だったな。

さやわか 今日は「マンガ夜話」の話から始まりましたが、トークの醍醐味はまさにこの現場感ですね。今後も師として、われわれに教えを伝授していただきたいです。夏目さん、大井さん、本日はありがとうございました。

本座談会は、2023年9月28日にゲンロンカフェで行われた公開座談会「夏目房之助おおいに語る——マンガと戦後サブカルチャーの核心」を編集・改稿したものです。

2023年9月28日
東京、ゲンロンカフェ
構成＝遠野よあけ＋編集部
注・撮影＝編集部

エッセイ

ふたつの庭、あるいは碁

大澤聡 Satoshi Osawa

1

三木清はひとり、ガーデニングをつづけていた。

春がまた来れば、ボケ、エニシダ、マンリョウ、カエデ、ハナズオウ、ツツジ、アネモネ、マーガレット、ペチュニア、ヤグルマソウ……といったぐあいに、植えたり、植えさせたり、植えかえたり、植えかえさせたりを突発的にくりかえしている。

たまたま家の前をとおりかかった花売りのリヤカーから何株か買ってやる。娘の洋子を連れて立ちよった縁日の露店から気まぐれに持ち帰ることもあった。

ずいぶん無計画な作庭だ。行きあたりばったりの。なりゆきを偶然にゆだねて、自生的な秩序がそのつどかたちをなす。

植物は一定のサイクルをもっている。

残念ながら中途で枯死してしまうのや、もともと一年草のものもあるが、それなりに手入れをしてやれば、季節がめぐりめぐってふたたび花を見せてくれる。そのときにたまたま居あわせた植物どうしでコラボレーションを演じて、また新しい庭が誕生する。

ゼロから庭をつくりはじめた二年前の春を三木は想う。昭和一一年、一九三六年のあの春を——。

拙稿「ガーデニング、1936」（『群像』二〇二二年七月号）で触れたとおり、二・二六事件の帝都混乱のさなか、左寄りの言論人とされた三木清は最悪の事態を想定して、妻の喜美子の実家のある三重県一志郡豊地村井之上にひとり身をよせた。

五日間の滞在からもどったつぎの、そのまたつぎの日曜日、三月一五日は一時雨になりかけはしたものの、ひさしぶりにまずまずあたたかな一日で、三木は庭掃除を買って出た。あと四日ほどするとさらにぐんとあたたかくなる。国内の情勢は最悪だった。それでも春は来る。このときの庭掃除を引き金にして、彼のガーデニングはにわかに本格化してゆく。

東京市杉並区高円寺四丁目五三九番地。自宅は前の年の九月に転居したばかりで、すぐ寒い季節に入ったこともあり、庭はしばらく手つかずのままだった。前の住人の気配が残っていた。所有者は自分だが、どこかまだ完全には自分のものになっていない。

論壇に文壇にと、いまやほうぼうの座敷をかけもちする、ジャーナリズムの寵児だ。多忙をきわめていた。それでも、あるいはそうだからこそというべきか、締め切りの間隙を縫うように、庭へおりては土いじりにいそしむ。

前に住んだ阿佐ヶ谷のボロ屋とちがって庭がずいぶんおおきい。それを喜んだ妻は、夫の先手を打って花壇をつくりかえた。ちょっとした野菜の栽培まではじめている。

なんとなく、草花は妻、庭木は夫の担当だ。ことこまかに相談するでもなしに、ふたりそれぞれの手によってすこしずつ庭がかたちになってゆく。口数が極端にすくなく、家庭らしい家庭の雰囲気を欠いた夫婦にとってそれは、結婚八年目にしてほとんどはじめてといってよい共同作業だった。

かがんで雑草を毟ったり、こまめに剪定したり、落葉を掃いたりしている哲学者の後ろ姿には、逼迫の度合いをいや増しに増す一九三〇年代なかばの社会情勢にあって、せめて手元の日常や生活だけでも着実に立ててゆきたいという健気な意志が貼りついている。もっとも、つぎからつぎへと押しよせる原稿からのたんなる逃避癖だったともいえるが。

あのとき隣にいた妻がいなくなって、これで二度目の春である。数えで四二歳、厄年。大厄だ。

昭和一三（一九三八）年の四月一四日、三木は日記帖（つきあいのある出版社が年の暮れにくれるやつだ）にこう書きつける――「曇り日、暖か。庭の海棠の花がきれいに咲く」。

薄紅色の花をきれいに咲かせているそのカイドウ（海棠）は、二年前の四月一八日、まだ妻がいたころに植樹したものだ。

あの日、三木は朝から庭の片隅にカイドウを植えた。そのあと、妻と娘を連れて上野の動物園へ行く。桜にはもう遅かったが、五歳の娘はカンガルーにはしゃいだ。帰りに三人そろって精養軒で食事をした。めずらしく原稿は書かなかった。

それから二年後のカイドウの姿をひとり記録する三木の生活ぶりはといえば、あいかわらずだった。あわただしい。

この日、最新回にとりかかった『思想』の連載「構想力の論理に就いて」は開始からちょうど一年になる。日記のことばをそのまま借りれば、「もう一、二回で技術の項が片付くから、さうすれば纏めて「構想力の論理」第一巻として本にしたいと思ふ」という段階。この日たずねてきた内田克己という男は『文學界』の編集部員で、彼とは一ヵ月後に立ちあげることになる連載「人生論ノート」のスケジュールをつめたと思われる。

一年ほど前、三木は乞われて『文學界』の同人に名を連ねた。たいした貢献はまだできていない。

二年前とかわらずいそがしい。それでも、書き手としてのポジションや、言論をとりまく環境はまちがいなく変化している。

母のない娘は昨年、学校へあがった。

変化――。

ここから六、七年ののち、疎開先の埼玉県南埼玉郡鷲宮町上内二〇〇七番地にある寂れた農家の二階で、書きかけのまま絶筆におわる『親鸞』の断片的な草稿の、さらにメモ書きのなかに、こんなくだりが見える。

無常は単なる変化と同じではない。私が庭前に見る花は純粋に客観的に見る場合にも変化する。しかしかやうに見る場合、私はその変化において何ら無常を感じないであらう。どのやうな生滅変化も、単に客観的な自然必然的な過程として把握される限り、無常観を惹き起すものではない。庭前の花は単なる花としてではなく、愛らしい花、驕れる花、淋しい花として、要するに生の関心によつて性格づけられた花として、その散りゆくのを見て我々は無常を感じるのである。

変化しただけでは「無常」とはいわない。耽美主義だとかロマン主義だとか、そういった対象へのなにかしらの「性格づけ」となる感傷的な自己投影をともなってはじめて、わたしたちは無常をおぼえる。「無常感《ママ》はそのものとしては宗教的であるよりも美的である」。ようするに、それはある種の美的態度なのだと三木はいう。

仏教において無常はキーワードのひとつになっている。しかし、親鸞は無常を語らない。むしろ無常にまどろむことを否定した。これは三木の発見といっていい。親鸞はよりプラグマティックに、「実践的」に仏教をとらえていた。無常観では救済できない。「美的」ではなく、どこまでも「宗教的」に行く。現世に踏みとどまったうえで。

西洋の先端的な哲学を手ぎわよく日本へ移入するブリリアントな書き手にして、唯物論者でもあったはずの三木清が戦争末期（それは結果的に彼の晩年を意味する）に親鸞や仏教へむかった軌跡は、ときとして奇異な選択や理論的な後退といわれもする。戦時下の典型的な日本回帰コースではないか、と。

ところが、日常の「実践」に重きをおきつづけたというこの、たとえば徹底したロマン主義批判という文脈において、それまでの彼の思想とのあいだにすくなくとも矛盾はない。

そもそもデビュー作『パスカルに於ける人間の研究』（岩波書店、一九二六年）を書いたときから彼は、「同じやうな方法で親鸞の宗教について書いてみること」を夢想していたのだったし（「我が青春」『読書と人生』小山書店、一九四二年）、昭和五年にはじめて豊多摩刑務所に拘留されたときに提出した手記では、性格自分がいかに「宗教的傾向をもつた人間」であるかを力説し、「偉大なる宗教家」として親鸞をあげていた。かねてより枕頭の書は『歎異抄』で、その痕跡は彼の文章のそこここに顔をのぞかせる。

ところが……とさらにもう一回ひっくりかえして、ここで確認してみたいのは、文章ではそういっているにもかかわらず、目の前の花を「単なる花」ではなしに、やっぱり「愛らしい花」「淋しい花」としてとらえずにはいられない、三木清という人間の性格や生活のほうなのだ。

2

三木家の庭にカイドウの花が咲いて一ヵ月がたった五月一六日、街の書店に『婦人公論』六月号がならぶ。それへ「三木清の魅力」というタイトルの随筆を林達夫が寄せている。

山浦貫一「近衛文麿の魅力」や吉屋信子「原節子の魅力」、尾崎士郎「前田山の魅力」など九本からなる小特集「魅力の探求」のなかの一本だった。昭和一三年現在、メディア空間に増殖しつづける「三木清」という固有名へのまなざしや期待を能弁に物語る構成になっている。「人」に興味がむかう。いわゆる有名人だった。

林達夫と三木清は京都帝大時代からの、学年ちがいながら同世代の友人だった（三木が明治三〇年一月、林が明治二九年一一月の生まれで、大学入学は三木が二年早い）。このごろはすこし距離ができたけれど、一〇年ほど前には、岩波講座『世界思潮』や雑誌『思想』をいっしょに編纂するため、神保町界隈でしょっちゅう顔をつきあわせていた（拙稿「編集する三木清」〈『図書』二〇一七年一一月、二〇一八年三月、七月号〉参照）。留学から帰国した三木は、ちかい世代で各分野の見込みのある何人かを結集させ、新時代の思想をつくるつもりでいた。本気だった。けれど、思うようにいかなかった。三木は四八年の牛涯をとおしてそんなことを何度もくりかえしている。

性格こそ正反対だが、林は三木の能力をみとめていた。それは気むずかし屋でとおっていた林にはとてもめずらしいことだ。

林はくだんの随筆のなかで三木の「魅力」についてこんなふうに紹介している。酒に酔っぱらうと「詩人」になる癖があるというのだ。当代随一の散文的思考の持ち主なのに……というふくみがそこにはある。

一般には気づかれにくいかもしれないが、彼のシャープで淡々と理路をつめてゆく哲学論文の裏面では、いつもミューズが唄っている。知らず読者たちが彼の晦渋な文章に惹きつけられるのはそのためだ。林はそう書く。

亡妻の一周忌、つまり一年ほど前に私家版で出した遺稿集『影なき影』に寄せた三木の長いエッセイ「幼き者の為に」は、幼い娘を置いてこの世を去らねばならなかった妻の心残りと、母をうしなった現実とむきあわされるちいさな娘のこれからの人生、そしてそれを見守る役目を一身に背負った父親としての自分の不安とが、重層的に凝縮された読ませる文章だ。

林も「彼の筆になつたもののうちでは最も美しいものの一つ」と素朴な賛辞をおくる。あれが読む者の心を打つのは、人生最大ともいえる不幸を前にしながら、かえって哲学者らしい「取り乱さぬ態度」が堅持されているからこそ、というのが林の見立てである。

ととのった文章の裏で、ミューズが唄う。


ところが、その裏を表にひっくりかえさなければだめだと何度もつめよった男がいる。小林秀雄だ。

カイドウが花を咲かせた日から数えてちょうど三ヵ月前、昭和一三年のはじめ。一月一三日のこと。

夜半に帰宅した三木は、日記帖へこう書きつける（以下、詳細は拙稿「文章のスタイルをめぐって」〈『三木清文芸批評集』講談社文芸文庫、二〇一七年〉に譲る）。ちなみに、洋子は女中や義姉が見ている。


この会〔『文學界』の定例の会合〕で初めて気焔を上げる。小林秀雄曰く、お前の文章は拙いと。その理由は？　心理的要素がないからと。中島健蔵曰く、お前は心理は生活で出してしまって文章に出さないと。皆傾聴すべき言葉である。


こうやって他人の発言が三木の日記に再現されるのはちょっとめずらしい。どうしても書かずにはいられなかったのだろう。それもフルネームで発言者を記しているのだ（事後に紛失してしまった現物の日記帖を、全集が余計な手をくわえず精確に翻刻してくれていると仮定するなら）。どこかうれしそうですらある。

場所は銀座の出雲橋のたもとにある小料理屋「はせ川」の二階の小座敷。『文學界』のあつまりはいつもここだ。彼らにかぎらず、文士や編集者のたまり場になっている。土地がら、とくに文春系の。

この日の会合にはほかに、深田久彌、島木健作、林房雄、横光利一らたいていのメンバーが顔を見せていた。中島は正式に同人になる前だった。このあと九月に加入する。

散会後、三木は「久しぶりだから」とむりやり理由をつけて、その中島を新宿へ連れ出す（中島『回想の文学③』平凡社、一九七七年）。何軒かまわった。

あたりかまわず戦況や政治のことを大声でしゃべりたおしていた。例によって口角泡を飛ばしながら。三木の饒舌の裏面には、眼の前の中島が数時間前に放った「心理は生活で出してしまって文章に出さない」という発言もさることながら、それ以上に、お前の文章には「心理的要素がない」という小林秀雄のことばがぐるぐる渦巻いていたはずだ。

「心理的要素がない」。それは小林が学者批判をするときのテンプレートにすぎない。半分は前々から用意してあった真剣な助言だろうが、もう半分はためにするカラミだった。酒の席での小林の癖や芸のようなものだ。

それでも、根が真面目で、他人の助言はおどろくほど素直に自分の書くものにとりいれてきた三木は、これを真正面からうけとめる。「傾聴すべき言葉である」は皮肉ではない。文字どおりの気持ちだった。

三木は変化する。

カイドウが咲いた日に編集部員の内田克己と打ちあわせた新連載「人生論ノート」がその最初のあらわれだった。

これから足かけ三年にわたってつづくことになる連載の第一回に、三木は「死と伝統」とタイトルをつける。

「愛する者、親しい者の死ぬること」を数年のうちに何度か経験したために、死が以前ほどはおそろしくなくなったという自身の体験を出発点におく哲学的な考察だ。

「もし私が彼等と再会することができる——これは私の最大の希望である——とすれば、それは私の死においてのほか不可能であらう」。もちろん死んだからといってさきに死んだ者に会える保証はない。しかし、この世で再会する確率がゼロであるのに対して、そちらはゼロと断言できない。あの世から生還した者がいないのだから。ならば、それに「賭ける」しかないじゃないかと三木はいう。「死」も「賭」も『パスカルに於ける人間の研究』(前掲)を書いた最初期からのキーワードである。

そして、「その人の作ったものが蘇りまた生きながらへる」ことの延長線上に「伝統」があると書きつけるとき、春がめぐって庭にかえり咲く花たちのことが三木の脳裡に浮かびはしなかっただろうか。もっとも、そこにならぶ「業績」や「作者」という単語から読みとれるとおり、直接にはなんらかの作品が鑑賞されつづける事態をさしてはいるのだけれど。

すこし前の三木ならそれを「永遠」と呼んだはずだ。

ふだん三木の書くものとはずいぶんテイストがちがった。

手ぶらで考えつつ、蛇行的に、断片的に書く。そこに「私」が剝き出しになってしまう。それを事後的に取り繕おうとはしない。いや、厳密には取り繕っていないと思われるように書いている。あえて「私」が剝き出しになるように書く。それは改行と一行空きの頻用にもあらわれている。まさに裏が生のまま表へ滲み出たような文体だった。

あきらかに三ヵ月前の小林や中島の忠告がふまえられていた。そもそも、あれはついでの雑談などではなく、三木の新連載にかんする議論だったのかもしれない。

この「死と伝統」は五月一二日発売の『文學界』六月号に掲載された。文字組みはゆったりとして、目立つようぐるりと黒枠が囲う、どこか特別あつかいのレイアウトだった(一九四一年一一月号掲載の最終回「希望について」までそれは継続する)。

店頭では、林達夫「三木清の魅力」を載せる『婦人公論』六月号が四日ほどでおなじ平台にならぶだろう。そこで林のいう裏面の「詩人」の顔がめずらしく表に出た文章だった。

小林秀雄もまた「面白かった」とすぐに賛辞でむかえた(『文學界』七月号の「雑記」)。

小林におもしろいのはとうぜんだった。小林の編集する雑誌に小林本人から依頼され、おそらくは内容や方針の面でもその要求をうけて書かれたであろう文章なのだから。秀才的にずば抜けて器用な三木がそれに応えて、及第点をとったまでの話ではある(その証拠に、三年後の『文藝』一九四一年八月号で三木と小林とで対談「実験的精神」をおこなったとき、小林は「人生論ノート」以外の三木の仕事を指して、「三木さんの文章はちっとも変らないね」「あんな文章を書いてはいけないのだよ」と発言せざるをえない)。

しかし、そうやってはじまった連載がやがて単行本化され、死後もまさに「その人の作ったものが蘇りまた生きながらへる」ようにロングセラーとなって、彼の代名詞と化すのである。しかもそれが歴史にも残るのだから、ひとの人生はほんとうにわからない。

三木がはじめて『文學界』に登場したのは、二年前、昭和一一年の九月号、リレー評論企画「ヒューマニズムの現代的意義」にあわせて「東洋的人間の批判」を書いたときである。

その原稿は急遽病院に入った妻の世話をしながら書きつづったものだった。ぎりぎりで原稿を手渡し、あわてて病院へとむかった。その焦りは文面からひしとつたわってくる。どんなささいな原稿にも万全を期する、極端に神経質な彼としてはあまりにも不本意な出来だった。

その数日後、妻は死んだ。

三ヵ月ほどがたって、年の瀬に『文學界』へ入るよう正式なオファーを受けたのだった。小林秀雄本人や使いがなんどかやってきた。三木はしばらく返答を留保する。

すでにいくつもの文化団体に属していて手帖は会合の予定でぱんぱんだったし、日々の執筆は多忙をきわめた。もしかしたら、『文學界』そのものがどうしても妻の死を想起させたのかもしれない(「人生論ノート」の初回のテーマにわざわざ「死」をもってきたのはあるいはそのためか)。

ジャーナリズムや時局におけるポジションの問題も考えなければならなかった。小林たちとのあいだには思想上の懸隔がある。整合性がとれない(「死」にわざわざ「伝統」をならべたのもそのためか)。一年ほど前、やはり「はせ川」の二階で、中野重治が泣きながら加入を断ったのは界隈では有名な話だ。

いや、それ以上に、小林秀雄という書き手の強烈な磁場にひきずりこまれ、自身のスタイルが変更させられてしまうことへの直観的な、そう、直観的な警戒心がどこかで働いたんじゃないだろうか。

とにかく、そうやって返事は遅れに遅れた。

が、最終的には要請を呑む。たのまれると断われない人間なのだ。その結果、生まれたのが「人生論ノート」である。最後は偶然やなりゆきにゆだねる。計算しすぎない。それを「賭け」といってみてもいい。

3

カイドウが咲きはじめる三ヵ月半ほど前のことである。

昭和一二年の一二月、林達夫は家を建てた。神奈川県藤沢町鵠沼の上岡、湘南海岸からすぐちかく。江の島は目と鼻のさきだ。このあたりは著名な文化人が集住している。

たとえば、西田幾多郎が夏と冬をすごす姥ヶ谷の最寄りである稲村ヶ崎駅からは江ノ電で数駅。姥ヶ谷よりも鵠沼のほうが、松林や砂丘のある故郷、石川県河北郡宇ノ気村の風景を思いおこさせてくれるからと、西田はこちらに家を探そうとしたこともある。

日本式の古農家を二六〇円という安値で手に入れた林の頭のなかには、ひとつのプランがあった。綿密に研究をかさねた明確なプランが。

このところ、立派な田舎家が旧式というだけでどんどん取り壊されている。慎重に伐りどきを見さだめて、たっぷり乾燥させてからつかうケヤキやマツ、スギ、クリといった材木は、ちょっとやそっとでは腐らない。二、三〇〇年はもつという。それを二束三文にしかならない薪にかえているのだ。

モダニズムの大波はここ鎌倉へも押しよせていた。

林達夫は古くおおきな柱や梁に「ヒューマニズム的雰囲気」を見る（「私の家」『婦人公論』一九三八年五月号）。そうした巨材の風味やオリジナルの構成を最大限に活かしたまま、すっかりオールド・イングリッシュのコテージに改造してしまおうというのだ。

日本古農家から古英国風田舎家へ——。いわば、リノベーションの走りである。

そこには思った以上に共通点があるし、文化史のおおきな流れから見てもハイブリッド化のすすむ時代だからこそ、スムーズな改築をイメージすることができた。

妻の芳とともに大工のペンキ塗りを手伝うなどして、経費をおさえた。真っ赤な瓦屋根に白壁。茶色の木組みがアクセントになる。

太い大黒柱は居間に活かして、かつて神棚だった厚いケヤキの一枚板はテーブルへと生まれかわらせる。天井にはむかしながらの梁をそのままつかった。

首尾よく完成して七、八ヵ月がたつころ、『婦人之友』が取材に来た。一〇月号のグラビアページに新邸の外観や内観をうつした八枚の写真が載った。

陶芸家の濱田庄司の家とあわせて、「古い田舎家を工夫して新しく住む」という見出しのついたそれを見ると、古材たちは真新しい家におどろくほど調和し、リノベーションの予想以上の成功をつたえる（なお、私の手元にある『婦人之友』のこのグラビア記事、従来の林達夫研究において言及された形跡がない）。

そして庭だ。これも古英国風へ手づからつくりかえる。数十坪の白く乾燥した砂地という条件を前提に工夫する必要があった。

全国の五〇以上もの種苗商から掻きあつめたカタログだけではまにあわず、イギリスから直接、庭園年鑑や総合カタログ『プランターズ・ハンドブック』などを取り寄せて熟読する。ヨーロッパの古い造園記録までわざわざひもといて参考にしたり、メモ片手に小石川植物園へ月に二、三回も通ったり（期待した知識が得られずがっかりすることも多かったが）、著名な植物学者に訊ねたりと、なみなみならぬ熱の入りようなのだ。

あつめた苗を養成する。ホンツゲ、ヒメツゲ、チョウセンヒメツゲを植えた。マメツゲと呼ばれるイヌツゲの一種をつかって生垣にもした。豆のようなその膨らみを帯びた丸い葉の光沢を気に入る。マドンナリリー、ラベンダー、マヨナラを植えた。芝生のかわりにローマカミツレを植えた。

それから、ベティ・ユープリチャード、クリムソン・グローリー、コンテス・ヴァンダル、ミセス・サム・マグレディ、デンティベス、アルベルティーヌ、マーメイド……オールドファッションドのバラを何種類も植えた。庭の一部にシェークスピア・ガーデンのミニチュアをつくりたい。ありきたりな花壇のかわりにハーブ・ガーデンも。

イギリスの王立園芸協会が保有するウィスリー・ガーデンを模して、庭の一角にちいさなヒース・ガーデンも計画した。そのために必要なヒースをもとめて林は奔走する。中学時代にエミリー・ブロンテ『嵐が丘』をはじめイギリス文学に触れていらい、ヒースに惹かれたというのだから年季が入っている。

中世の修道院にあるようなのを意識してつくった庭井戸のそばには、タクソディウム・ディスティクム（落羽松）を苗から植えた。ユーカリも四、五種は植えた。マロニエを植えた。トチノキを植えた。海岸がちかいから防風樹になる木を列植する必要があったのだ。

林はなんのジャンルについてもカタログから入る。

カタログ・マニアを自任したが、まさしくカタログを具現化したような庭だった。彼のたいせつにする知識の体系を囲われた庭にぎゅっと閉じ込めてしまう。おあつらえむきに、ずいぶんあとになってだけれど「標本園」という形容まであたえている（「わが失楽園」『婦人之友』一九五八年一〇月号）。ひとつひとつの植物がラベルを貼られ、そこにある。固有名をもつ。

渡邊一民が指摘したとおり、日中戦争という状況にあって、

「絶対国家日本とあきらかに対決する個人の砦」（『林達夫とその時代』岩波書店、一九八八年）、それがいいすぎなら、ひきこもりのユートピアとしてその庭は構想された。

　戦後、花田清輝はそこに林一流の「近代の超克」を見出す。花田の定番のことばを借りるなら、「前近代的なものを否定的媒介にして、近代的なものをこえていく」わけだ（『古典と現代』未來社、一九六七年）。

　林の植物蒐集の来歴は、ふりかえってみると自身の専門でもある西洋文化風俗史の研究とたえず密接にリンクしていた。家や植物にかんする随筆を連続的に発表していた時期の林は、論考「思想の運命」（『都新聞』一九三八年四月二五－二八日）の第二回のなかで、植物の移植と思想の移植とをパラレルに語っている。いわく、移植すると土着のものよりもかえって根張りがよくなる。

　のちに林は自分のことを「エピクロス流の一種古風な「庭園学徒」＝生活者」と規定することになるわけだけれど（「無人境のコスモポリタン」『人間』一九五〇年四月号）、いかにも書物人間らしく、彼にとって「生活」は研究と直結していた。澁澤龍彦ならそれを「エピキュリアン・リヴレスク」と上手く名づけてくれるだろう（『偏愛的作家論』青土社、一九七二年）。

　園芸をつかって思考する林達夫と、園芸に思考があらわれる三木清。この微妙な、しかし決定的な差異を考えるところからはじめる必要がありそうだ。

　鶴見俊輔が指摘したとおり、林には「本を読むものは生活者ではないという考え方がなく、その故に大衆にたいするひけ目がない」ように見える（「解説」『林達夫著作集5』平凡社、一九七一年）。その「ひけ目」のなさこそが友人、三木清とのおおきなちがいだ。

そのころ林が書いた随筆に「作庭記」がある（林の文章としてはわりに引用されてきたそれは、これまで長らく初出不明だったが、今回あらためて調査したところ、岩波書店のPR誌『図書』の継続前誌『岩波月報』の一九三八年六月号と判明した。拙稿「『岩波月報』総目次（一九三八年一月号－七月号）」〈『近代出版研究』第三号、二〇二四年〉参照）。そのなかでこんなことをいっている。「庭仕事によつて歴史と美学と自然科学と技術との勉強をしてゐる」、と。

じっさい、林の庭はいかにも書物経由の「勉強」の匂いがする。手の込んだリノベーションも、先述のグラビア記事は「得意の読書で建築を研究」と紹介していた。理論先行の実践だった。

戦後、林は随筆「わが失楽園」（前掲）のなかで、自分のつくったヒース・ガーデンをこんなふうに自解している。

前景にエリカ・カルネア（スプリングヒース）やエリカ・キネレア（スコッチヒース）、エリカ・メディテルラーネア（ビスケーヒース）など背のひくいシュラブの品種を寄せ植えにしたり、踏石にあしらったりして、背景にはエリカ・アルボレア（ツリーヒース）やエリカ・メランセラなど背の高い品種を植えるのが「定石でありましょう」。

そう、それは「定石」がつよく意識された庭だった。

4

東京市麹町区永田町二丁目一番地。ここ日本棋院では、四月六日から連日、「春季大手合」がとり行なわれていた。昇段を賭けた大手合制が最初に導入された大正一三年から数えて、もう二五回目の開催になる。棋士たちがしのぎを削っている。

三木家のカイドウの花が咲いた日のちょうど一週間後、四月二一日。この日は藤澤庫之助四段と田中不二男四段の対局が大詰めの五日目をむかえていた。

昨年の春季秋季をダブル優勝した藤澤四段はのりにのっているし、田中四段はこの春、甲組にあがったばかり。当時は甲乙の二組にわかれていて、乙組は初段から三段まで、階上の手合室で行なう。他方、四段以上は甲組で階下に移るというわけだ。東西の気鋭の対決カードに二回戦中、もっとも注目があつまった。

おなじころ、日本棋院の二階の大広間では、午後一時から、別の大手合がもたれていた。

こちらはうってかわって、小説家、評論家、学者、ジャーナリストといった文筆にたずさわる男たちによるアマチュアの碁会である。

じつはこの日は「文人囲碁会」という名称をはじめてかかげる発会式でもあった（前年の暮れに開催した前哨戦となる学者メインの碁会をはじめ、経緯や意義の詳細は些事におよぶため準備中の別稿に譲る）。そのため競技会だけではなく、初顔合わせ、会則やルールの話し合い、村松梢風の入段祝賀会も兼ねた。

新聞や雑誌が演出する囲碁ジャーナリズムは肥大化の一途をたどっていた。この大手合も東京朝日新聞社がスポンサーだった。紙誌面でそれととなりあわせる文壇人たちのあいだでも、囲碁ブームが何度目かの再燃を見せている。

発起人は室伏高信、三木清、豊島與志雄の三名。代表は豊島だ。豊島の碁好きぶりは文壇では知られている。三木も五年前、自身が中心メンバーのひとりとなって学芸自由同盟を立ちあげたとき豊島とすっかり意気投合していらい、用あって本郷の豊島の家へ行けば夜更けまで打ちあう間柄。

考えてみれば、異常な暑さを記録した昭和八年のあの夏、三木は龍野中学時代いらいとなる囲碁を、ふと再開したのだった。

この日の参加者は、小説家の川端康成、榊山潤、思想家の倉田百三、歌人の安成二郎、漫画家の堤寒三など、総勢二七名。文壇の天狗連が一堂に会す。碁盤がずらりとならんで、でこぼこの文士たちがそれを囲む。

「宗教とマルクス主義」や「自由主義の没落」といったテーマをめぐって過去にたびたび論争関係にあった三木清と倉田百三が同席しているのが、ちょっとおもしろい。この前後、ふたりは碁会で何度か顔をあわせているはずだけれど、どんな会話がそこにあったのだろう。

日本評論社社長の鈴木利貞や、竹村書房の大江勲、東京朝日新聞社の美土路昌一などメディア関係者もまざっていた。もっとも、編集者による接待という雰囲気はない。会費を二円ずつとって、ここでは対等だ。

この囲碁会を裏でプロデュースした野上彰（二段）、それから安永一（四段）が、今後つきっきりで指導してくれることになっている。

昨年二月、ふたりは囲碁ジャーナリズムの急成長に便乗して囲碁春秋社を立ちあげ、雑誌『囲碁春秋』を創刊したところだった。誌面との連動もいくらか目論まれていたのだろう（げんに、この日とり決めた「会則」の草案は『囲碁春秋』五月号に掲載される）。

野上にしてみれば、仕事の囲碁と趣味の文学、双方をいっぺんに兼ねられる。詩人志望だった。三木清とのその最期までつづく奇妙な友人関係はここにはじまるのである。

喧しい面々がそろっていながら、大広間はしんと静まりかえっていた。

ぱちりぱちり。石を打つ音が広間に響く。

翌日の『東京朝日新聞』夕刊が様子を写真入りで報じた。

村松と室伏がおおきく写りこんだそれは、彼らの集中ぶりをモノクロの紙面越しに、時代を超えてつたえている。採点の結果、優勝賞、苦戦賞、全敗賞などの各賞が決まったときには、夜の一一時をまわっていた。かれこれ一〇時間、彼らは日本棋院にいたことになる。

一〇時間にわたる碁会の途中、参加者たちはせっかくだからということで、階下へおりて、藤澤四段と田中四段の大手合を参観させてもらった。

盤上は白の藤澤の優勢ですすんでいた。

三木清が有段者の対局を目の前にするのは、じつはこれがはじめてだった。

となりにいた新聞記者にふと漏らす。

――あんなに苦労してまで碁はやりたくないね。あれじゃあ、娯楽になるまい……。

三木のこのつぶやきをちゃっかりゴシップ記事に仕立てあげた『読売新聞』のこの記者は「たしかに碁楽ではあるまい」と駄洒落でむすんだ（四月二六日夕刊、「展望台」欄）。

よほどの衝撃だったのだろう、棋院から帰った夜、三木は数日後に掲載されることになるこのゴシップ記事とまったくおなじエピソードを日記に書きつける――「高段者の碁を見ると、いかにも苦しさうで、これではもう何の娯楽でもないと思ふ。碁を娯楽の範囲にとどめることについて考へる」。

眉間にしわ寄せて、うんうん唸りながらやるものではない。自分はあくまで「娯楽の範囲」でありたい。「苦しさう」なのは論理を詰めてゆく文章だけで十分だ。趣味（生活）と仕事（思考）を切りわける。園芸という趣味によって思考する林達夫とのちがいがここにある。あるいは、論理を詰めるのを放棄して大衆に寄りそおうとする小林秀雄とのちがいが。

娯楽の範囲にとどめる。たんに下手なだけだった。

三木はこれからだいたい月一回のペースで開催されることになる文人囲碁会の例会でも、毎回かならず最下位争いを演じることになるだろう。

それで平気なのだ。気ままに打つ。それが楽しい。

豊島與志雄はそんな友人の碁について感想を残している。「彼を相手にしてゐると、勝負などはどうでもよくなる」（「三木清を憶ふ」『文藝』一九四五年一一月号）。その裏にはいつも「物にこだはらないおほらかな笑顔」があった。

文人囲碁会のメンバーに長考型は村松梢風をのぞいてほとんどいなかったが、なかでも三木清はとび抜けて早打ちだった。とにかく早い。

定石をおぼえていない。おぼえようともしない。だから、棋理はいつも茫漠とした。

ただ直観と閃きをたよりに、絶望的に下手な石を打っている。考えらしい考えがあるとはとても思えない。でたらめに打っているとさえ思えてくる。直観と閃きといえば聞こえはいいが、ようするに、たよりにもならない勘だけをたよりに、とにかく打つのだ。すぐ打つ。打つ。打つ。

ある日の文人囲碁会の最中、ふと嘆息のように三木がつぶやいたことがあった。

——強い奴は打つ前に考える。僕らの碁は逆に打ってから考える。

となりの盤で打っていた榊山潤の耳に、そんな三木のつぶやきが、三木のいない戦後になっても残った（『囲碁談義』五月書房、一九五九年）。父親が囲碁将棋道場を経営していた榊山は英才教育をうけた「強い奴」の部類だ。三木は榊山に六目置いて打っている。

このとき三木は「うまくいかんわけさ」ともこぼしたという。どうやら自覚はあるらしい。

考えて打つのではない。打って考える。

そして、それは「娯楽」でなければならない。

このあたりに、たとえばヘーゲル流の目的論的な歴史哲学を批判する三木清の哲学、ひいては彼の人生の軌跡を読み解く鍵がきっとある。

5

頭脳明晰で知られたこの哲学者の数々の哲学業績と、壊滅的にいつまでも下手な囲碁とのギャップに、まわりの人間は戸惑わずにはいられなかった。

あの頭脳をもってして、なぜこうも……。

だけれど、それは林達夫のいう彼の「表」の顔しか見ない勇み足だったのかもしれない。むしろ、この碁のありかた（に象徴される彼の思考の癖）を折りこんでこそ、私たちは三木清を読めるのではないか。いわずもがな、碁は一例だ。

そのことを見抜いていたのが、すこし遅れて文人囲碁会に加入してくる坂口安吾である。戦後すぐに書いたエッセイで、往時のメンバーたちそれぞれの碁の印象をカタログ式にまとめている（「文人囲碁会」一九四七年）。

たとえば、小林秀雄についてはこんなぐあいに——「この独断のかたまりみたいな先生が、実は凡そ定石其ものの素性の正しい碁を打つ」。

「独断」と「定石」。書くものや人間そのものと碁とが矛盾しているというわけだ。ところが、安吾は「碁は性格を現す」との箴言にしたがって、むしろ「定石型、公理型の性格」こそがほんとうの小林秀雄なのだと看破してみせる（ちなみに、安吾は数ヵ月後に発表する有名な随筆「教祖の文学」〈『新潮』一九四七年六月号〉でもこれと似た議論を展開することになる）。

そして、これと「あべこべ」が三木清なのだという。「乱暴そのもの、組み打ちみたいな喧嘩碁で、凡そアカデミズムと縁がない」。あまりにアカデミックで味気も色気もない文章とたびたび批判される三木清が（小林秀雄「学者と官僚」〈『文藝春秋』一九三九年一一月号〉に典型〉、盤上ではまったくアカデミック、「定石」的ではない。ところが、そちらにこそ彼の本性があると、安吾はひっくりかえすのだ。

カイドゥが咲いたあの日、三木は『思想』の連載「構想力の論理に就いて」の最新回にとりかかった。その前の月、連載「其八」にはこんなことを書いている。

理論（科学）と実践（技術）の弁証法的統一、そのベースには「構想力」がある。そして、「論理の根柢には直観がなければならぬ。この直観は単に非合理的なものでなく、それ自身知的な、論理的な意味を含むものでなければならぬ」。「直観」には「論理」や「意味」がふくまれている。ただし、それらはあとから浮かびあがってくるだろう。そこに、賭ける。

直観や偶然の連鎖が彼の盤の形勢をかたちづくっていた。彼のガーデニングにもそれは似ている。

盤と庭――。

偶然や直観にゆだねて、気ままに草木や花を植えてみる。そこにあたらしい庭が生まれる。新しく植栽されるたび、それまであった草木との融和や緊張の作用関係が生じて、庭のニュアンスは再編される。眺める側のアングルも組みかわるだろう。庭が上書きされる。

個体ごとの成長のタイミングによっては、かつての主従が逆転することだってある。

どんな庭になるかは事前には想定できない。いや、もちろん、綿密な設計図をもとにした経時的なプランニングも、あるいは技術的には（林がそうしたように）可能ではあるのだろう。けれど、そんなことはしない。あくまで「娯楽の範囲」でありたい。だから、即興的に植える。

植物は「生滅変化」をくりかえす（前掲『親鸞』）。その時どきで新しい表情を見せる。増殖と消滅、無秩序と秩序をアトランダムに反復し、そのつど全体性が立ちあがる。カレル・チャペックではないけれど、「庭は完成する事がない」のだろう（『園芸家12ヵ月』）。どこまでも仮設的でしかありえない。その瞬間瞬間の表情を私たちはとりあえず庭と呼ぶ。

ほんのささいな偶然がもたらす全体のありようもまたガーデニングの醍醐味だ。偶然性に現在をゆだねる。植えて、考える。生成プロセスそれじたいを楽しんでみる。

「現在」や「生成しつつあるもの」、「アクチュアリティのあるもの」の側にこそ、ジャーナリズムの思想のコアはある。ことあるごとに判を押したように、三木はそう説いてきた（「批評の生理と病理」『改造』一九三二年一二月号）。進行形のジャーナリズムは、いってみれば「その日暮しの批評」だ、と。「過去」や「変化なく持続するもの」を静的に分析するアカデミズムとは決定的に異なる。

この伝でいけば、三木清の庭はジャーナリズム的で、林達夫の庭はあまりにもアカデミズム的ということになる（おあつらえむきにも、林は前掲「わが失楽園」のなかで自分の庭のことを「過ぎ去った自分の好みの名残り、打ちすてられ、忘れられた草木の勝手な、頑固な生き残り」「いまは亡き、かつて愛した草木の墓場」と表現しているではないか！）。

あらかじめ画定された統一や調和が存在するのではない。つどつどの秩序や全体があるだけだ。その瞬間ごとの偶然へのひらかれ。その可能性に賭ける。賭けてみる。

「賭け」である以上、ひたすら自然の成長にまかせるのでもない。自分の構想なりデザインなりがそこに介在する。個別の「行為」がある。解釈ではない行為が。これもまた三木哲学のキーワードだ。

ただし、そのデザインは失敗するだろう。行為と意図せざる結果との連鎖が「歴史」をつくる。

それをおもしろがる。

意味や筋道はあとからついてくる。

＊

さて。ここでおわっておけば、独立したエッセイとしてはそれなりにおさまりもよいのだろうけれど、最後にもうすこし付け足しておこう。この蛇足によって、エッセイのパースペクティヴをいっきに押しひろげておきたい。

本文で触れたとおり、昭和一三年の五月中旬、書店の平台には林達夫「三木清の魅力」を載せた『婦人公論』六月号と、三木清「人生論ノート」初回を載せた『文學界』六月号とがならんでいる。

さらに数日遅れで、そこに『中央公論』六月号もくわわる。目玉となる特集「我国当面文化の綜合研究」に、三木は「知識階級に与ふ」という論考を寄せる。

こんなことを書いている。

> 大事件はすでに起つてゐる、すべての好悪を超えてすでに起つてゐる。これをどう導いてゆくかが問題だ。この大事件にどのやうな意味を賦与するかが問題である。歴史の理性の意味を明かにすること、そしてその意味賦与に向つて積極的になることがインテリゲンチャに対して要求されてゐる。／日本が現在必要としてゐるのは解釈の哲学でなくて行動の哲学である。［……］日本の行動の「世界史的意味」を発見し、この意味賦与に向つて能動的に行動することが要求されてゐる。

「解釈の哲学」ではなく、「行動の哲学」――。

妻をうしなって一年がたとうとするころ、当時「支那事変」と呼ばれた日中戦争が、盧溝橋事件を契機として全面的にはじまった。戦時統制を目的とした各種法案が徐々に整備されてゆき、時局は挙国一致体制確立へと突きすすむ。矢内原忠雄事件や二次にわたる人民戦線事件に象徴されるように、言論統制はギアを一段も二段もあげて、共産主義のみならず自由主義の知識人までも発言の機会を狭められた。

「はせ川」の二階で、小林秀雄や中島健蔵たちに三木が「心理的要素がない」と詰めよられたあの夜の三日後、近衛内閣は、「帝国政府ハ爾後国民政府ヲ対手トセス」として、トラウトマン和平交渉を早々に打ち切り、強硬路線の採択を表明する。親日的な傀儡政権を中国に樹立・育成し、これらとの提携によって国民政府を潰滅させる方針だ。対する中国側も徹底抗戦の構えをかため、この年のなかばにははやくも長期持久戦への移行が必至の形勢となる。

庭のカイドウがつぼみをふくらませていたそのころ、国家総動員法が公布された。

そんななか、三木清はなにかに憑かれたように、同時代の知識人たちに対して、時局への積極的なコミットメントを呼びかけはじめる。国策への関与を媒質とする左寄りの言説の存立可能性をそこに見たらしい。

「なにか」の直接のきっかけはわからない。

「はせ川」でのあの夜のちょうど二週間後に、近衛文麿の私的諮問機関というふれこみの昭和研究会、そのサブ組織である「七日会」から勧誘をうけて、二月の回から参加するようになったあたりが、おそらく転機だったのだろう。「知識階級に与ふ」は表題が体現するとおり、呼びかけの姿勢がもっともよく出ている。

そして、これまた店頭の平台でいっしょにならぶことになる『改造』六月号に寄せた論説「現代日本に於ける世界史の意義」では、そこでいっていた「意味賦与」の青写真を具体的に開示するのだ。「世界史」の見取図を。

このあと、その見取図を手に、いっそう本格的なかたちで昭和研究会に参画する。部会のひとつとして文化問題研究会が設置されるにあたっては、委員のセレクションをふくめて、指導的な役割をになうようになるのはよく知られた事実である。

かつてわたしは戦時下におけるそうした三木清の社会思想について、テクストのレベルで専門的に分析した長い論文を書いたことがある。もう二〇年ちかくも前のことだ。

『群像』での長期連載「国家と批評」をはじめ一連の仕事を経てきたいまなら、その勢い込んだデビュー論文とはもっとちがった水準で、再アプローチすることができるという密かな手ごたえをもっている。今回言及した「詩人」や「直観」がまずい方向へ転がる可能性を秘めているのはもちろん承知のうえだ。むしろ焦点は、〝世界の設計者〟たる思想と、最終的な設計を宙吊りにした思想との葛藤にある。そう、見取図と偶然性。

　一方に、知識人としての時局へのコミットメントがある。他方には、生活人としてのガーデニングやヘボ碁が。

　後者はまったくかえりみられてこなかった。人物史的な事実ベースの掘り起こしすらほとんどなされてはこなかったのだ。けれど、それらを精緻に組みあわせてトータルで読み解かないことには、彼の錯綜した思想のほんとうのところはいつまでたっても見えてこない。


いや。ごく素朴な作家論や作品論の思想史バージョンなどといった、おそろしくケチ臭い話がしたいわけではない。そうした理論の後退、先祖返りではなしに、もっともっとさきへと分析の理論の水準をすすめたい。

　そのプロジェクトがかたちになったあかつきには、これまでとずいぶんちがった光景がひろがる、眺望のよい地平まで読者を導いて行ける。そんな確信が、いまのわたしにはある。

論考

「見せ消ち」の生を歩む

書き直しの作家としての大江健三郎

菊間晴子 Haruko Kikuma

「大江健三郎」という名を聞いて、あなたは何を思うだろうか。ノーベル文学賞を受賞した二人目の日本人であり、戦後文学を牽引した作家であることは周知の事実だが、反戦・反核のメッセージを積極的に発信する「戦う知識人」の印象をお持ちの方も多いだろう。二〇二三年三月、大江が八八歳で逝去した際、報道等で大きく取り上げられたのも、戦後民主主義の精神の体現者として、ユマニストとしての彼の生涯であった。

しかし大江が、明確で揺るぎない特定の思想にもとづいて小説を書き続けたタイプの作家では決してなかったことは、その作品を読めば明らかである。一九三五年に愛媛県で生まれ、東京大学在学中に作家としてデビューしたのち、二〇一三年までコンスタントに作品を執筆し続けた彼の長いキャリアは、むしろ揺れ動きの連続であった。戦争の記憶、政治と性、四国の谷間の村（自身の故郷をモデルとして創出された小村）の神話と歴史、障害児との共生――。複数の小説で同じ主題を扱いながら、しかもそれを変容させ続けることで、独自の作品世界を作り上げてきた彼は、まぎれもなく、「書き直し」の作家だった。たとえば私は、大江にとって重要な主題であった「死生観」の書き直しの過程を、初期から後期までの作品を縦断するかたちで考察してきた――その成果は拙著『犠牲の森で――大江健三郎の死生観』（東京大学出版会、二〇二三年）にまとまっている――が、その研究から見えてきたのは、「魂」の次元をめぐって様々に思考し、逡巡し、試行錯誤を繰り返した大江の思索の軌跡であった。大江にとっての書き直しは、ある一つの「正解」に向かってまっすぐ突き進むような、シンプルな道筋ではなかった。それは、彼がこれまで世に問うてきた過去の作品、そこにびっしりと文字を書きつけてきた無数の原稿用紙を「誤り」として無化するのではなく、むしろそのような過去の蓄積を抱え、それと向き合い続けることによってはじめて可能となるプロセスだったのである。

本稿では、書き直しの作家としての大江の側面を掘り下げるとともに、彼にとっての「最後の小説」となった『晩年様式集《イン・レイト・スタイル》』（二〇一三年）に示されている、その執筆スタイルと密接に結びついた人間の生のモデルについて考察していきたい。

「見せ消ち」による書き直し

二〇二二年九月一日に発足した「大江健三郎文庫」（東京大学文学部内）には、終生手書きでの執筆を続けた大江から生前に寄託された、一万八〇〇〇枚にのぼる自筆資料（自筆原稿、校正刷等）が所蔵されており、研究・教育目的であれば、その高解像度のデジタルデータを専用端末で閲覧することが可能である。それらの資料に見出せるのは、おびただしい加筆訂正、そして削除の跡だ［図1・2］。特筆すべきは、大江による原稿の訂正・削除方法である。それらの自筆資料において彼は、元の記述が判読できるようなかたちで——当該部を線で囲み、そこに丹念に斜線を引いていく、あるいは色鉛筆で薄く塗りつぶす、といった方法で——訂正部分および削除部分を示している［★1］。すなわち、わざわざ修正前を見せる「見せ消ち」のような手法で、原稿の書き直しがなされているのである。

大江は、『文学ノート 付＝15篇』（一九七四年）において、第一稿、第二稿……と何度も改稿を繰り返しながら、最終稿としての第n稿を作り上げていくという、自身の執筆スタイルについて詳細に語っている。この記述を踏まえるならば、大江はあえて「見せ消ち」式に原稿の訂正・削除を行うことで、その過程を可視化しておき、それを確認しながら改稿を重ねていったのだと推察され

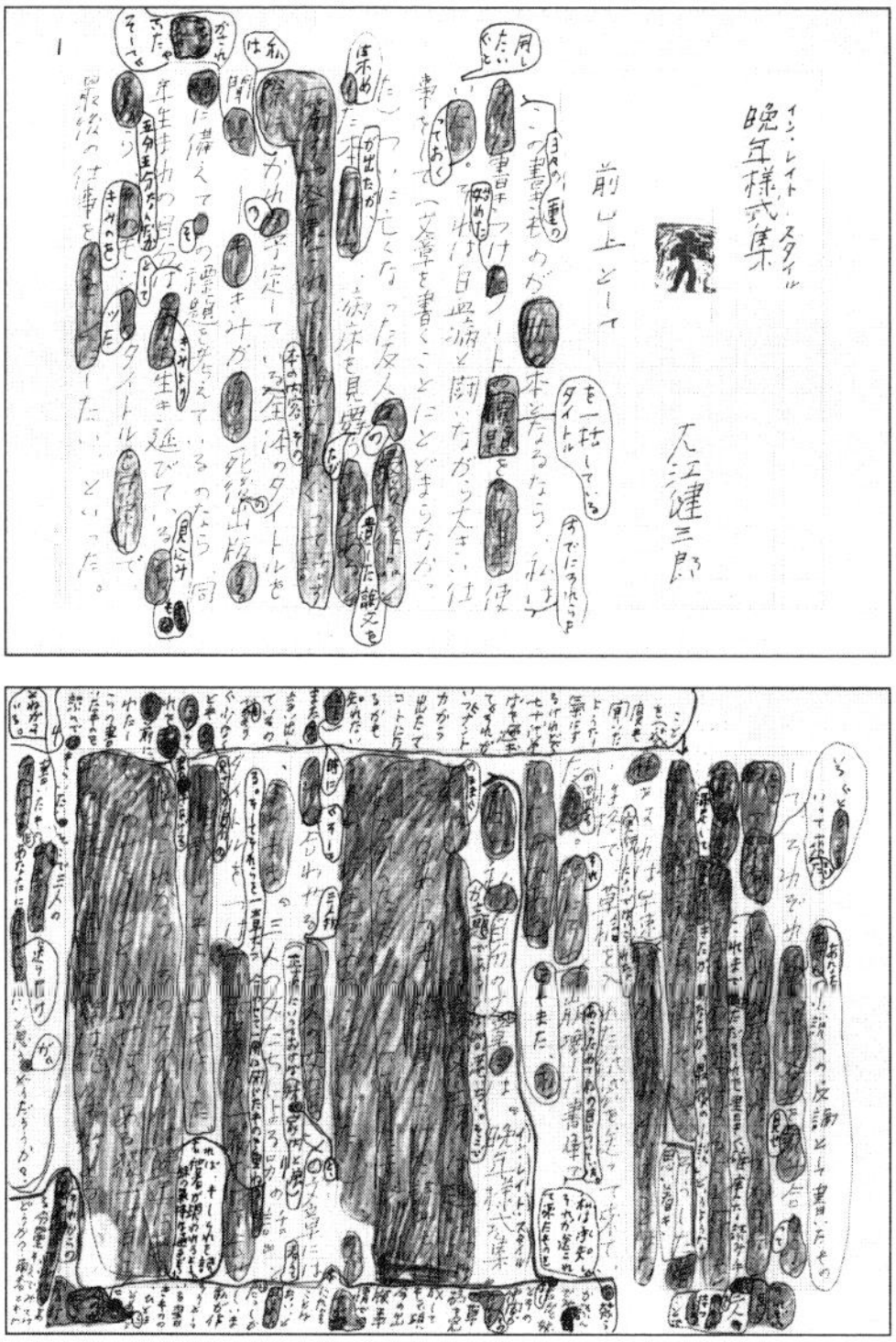

図1・2　自筆原稿「晩年様式集《イン・レイト・スタイル》〔01〕前口上として／第一冊 余震の続くなかで［p. 5〜］／『三人の女たちによる別の話』（第一冊分）［p. 22〜］」、資料ID m205、1、4頁
［東京大学文学部大江健三郎文庫 © 大江健三郎著作権継承者］

★1　東京大学に寄託された自筆資料には、濃く塗りつぶしたり、修正液を用いたり、上から別紙を貼り付けたりして元の記述が判別できないようになっている箇所も確認できるが、圧倒的に目立つのは上図のような「見せ消ち」式の訂正・削除跡である。なお、寄託された原稿の多くは最終稿に近い段階のものと推察されるが、その限りではない。

る。大江は同書において、自らの執筆の根幹を成すその書き直しを、「生なましい反撥をあたえつづける自分の肉体のかたまりに向けて、みずからはいりこむようにして」「肉体的な嫌悪感の圧力にさからいながら」行う作業として定義している［★2］。彼の考えによれば、紙上に書かれた文字は、それを書きつけた際の自分自身の肉体の重みをまとい続ける。だとするならば、彼の遺した原稿用紙に刻まれているのは、過去の自分の肉体、その量感を感じ取りながら、それと格闘することで生まれた傷跡そのものであると言えるだろう。

書き直しを通しての自己変容

なぜ大江はこれほどの、過剰なまでの書き直しを続けたのか。同書で彼は、「作家が小説を書く、その作業そのものに、自己否定の契機がふくまれていることが認められなければならない、という原則」こそが、自らを書き直しへと駆り立てるのだと語っている［★3］。その行為は、現在の自分のあり方を「否定」するにとどまらず、それを乗り越えて新しい自分にいたるための試みであり、しかもそれは、作家個人としての孤独な体験として終わるものではないのだと。

コンピューターよりも、比較をぜっして不確かな原理に自分をつきつけつつ、作家は仕事をする。かれの試行錯誤は、白い紙の上に書きつけた文字、文章の、たちまちかれ自身にかえしてくる拒否の反応によってのみ、いちいちあとづけられる。かれの頼りうる尺度は、いわば自分の書いた文字による異議申し立てのみであって、それよりほかにには、作家はただ前方の暗闇にかれを投げ出す勇気を必要とされるのみなのである。そこで重要なのは、ひとりの作家が小説を書きつづけている、作業時間内の、かれ自身をつねに暗い前方に向けて投げだす体験、ついには自己否定の契機にいたる体験が、そのままひとりの作家の内部の体験として終ってしまいはしない、という特別な事情である。そこに、「言葉」という、まことに独自な素材をあつかって仕事をしている作家の、特別な恩寵とでもいうべきものがあるといいうるであろう。作家の自己否定の契機にいたる体験が、「言葉」をつうじて、読者の、やはり自己否定の契機をもひそめた体験にあいかさなる時、それは単に紙に印刷された小説が、想像力の参加によって生きる時間をあたえられた、という現象にとどまるのではない。読者は、作家が暗闇のなかへ自分を投げるようにして、一語、一語かれ自身を確かめ、しかもそれをつくり変えようとした、あの個人的に閉じられた時間までもを、具体的によみがえらせているのだというべきなのである。［★4］

「自分の書いた文字による異議申し立て」を受けながら、前方に広がる暗闇、すなわち未来の不確定性に身を乗り出すようにして進めていく書き直しの作業は、単にその小説を完成に近づけていくために必要である、というだけではなく、その作業を通して作家自身が自らの有り様をたしかめるとともに、それを新たに「つくり変え」ていくプロセスそのものとなり得る。しかもその書き直しが「言葉」という媒体を用いた試みである限り、完成した小説の読者はそのプロセスを追体験することができるし、それを自らの変容の体験にも重ね合わせることができるのだと、ここで大江は主張している。

　このような彼の、自己変容の契機としての書き直しへの信、ひいてはそれをかすがいとする作家－読者の共鳴関係を可能にするものとしての言葉（文学）への信は、単なる理想論だろうか？　否、大江が遺した数多くの作品群を書き直しという観点から読んでいくと、「言葉の書き直し」が人間の「生そのものの書き直し」に繋がっていくという大江の思想が、たしかに納得されるように思われる。

　その理由として、大江作品に共通する構造的特徴が挙げられる。彼は多くの作品に、自身の似姿となるキャラクターを登場させ、それを基点に物語を構築していった。大江自身がしばしば語っていたように、彼の小説は自らの実体験を題材とする「私小説」とは区別されるものであり、たしかにフィクションに他ならない。しかしながら彼は、いまここを生きる自らの似姿を基点として作品世界を創出することでリアリティを担保しつつ、そこから想像力を膨らませることで、人間の生の有り得べきかたちを問い続けていった。すなわちこの似姿は、現実の大江の生からその時々に派生していった一つの可能性なのであり、少なからず彼の分身のような役割を担っていたと言えるだろう。そのことを踏まえれば、彼にとって小説の書き直しが、自らの生の書き直しとパラレルなものであったということは理解しやすい。

　しかもこのような構造的特徴ゆえに、大江作品の読者は、彼の似姿が一つの作品のなかで遂げる変容を追いかけるのみならず、その存在をかすがいとしながら、世界観の異なる複数の作品を結び合わせて検討することができる。そのキャラクターの思考や振る舞いが、一つの作品のなかで、さらに作品を横断するなかで変化していく様を、あたかも一人の人間の変容のようにみなして読解することが、自然と可能となるのだ。だからこそ、大江が原稿用紙の上で、自身が過去に書きつけた言葉の重みを捨て去ることなく、それと格闘しながら進めた「見せ消ち」式の書き直しのプロセスは、まさにた

★2　大江健三郎『文学ノート 付＝15篇』、新潮社、一九七四年、一三五頁。
★3　同書、八七頁。
★4　同書、九三頁。

だ一つの有限の肉体を有した人間が、過去の蓄積を抱えながらもその生のかたちを新たにつくり変えていくプロセスとして感受され得ると言えるだろう。ではここから実際に、大江による小説作品を例に挙げ、その書き直しの内実を考察していこう。

ポリフォニーによる書き直し

注目するのは、大江がその生涯において最後に発表した小説、『晩年様式集《イン・レイト・スタイル》』である。「後期の仕事《レイト・ワーク》」と呼称される、大江自身の似姿である老作家・長江古義人《ちょうこうこぎと》を主人公とした二〇〇〇年以降の作品群の締めくくりとして位置付けられ、二〇一一年三月の東日本大震災の経験を踏まえて書かれた作品でもある。そのタイトルは、大江の友人であった批評家エドワード・サイードの『晩年のスタイル』（原題 *On Late Style*、二〇〇六年）から着想を得たものであることが明言されている。『晩年様式集《イン・レイト・スタイル》』は、そのポリフォニック（多声的）な性格を特徴としている。まず重要なのは、この作品が「三・一一後」の世界でカタストロフィーに直面しながら生きる古義人が書きとめた文章に、「三人の女たち」――古義人の妹・アサ、妻・千樫、娘・真木――の手によるテクストを添えるかたちで製作された「私家版の雑誌」として設定されていることである（作中でこの書籍＝雑誌は『「晩年様式集《イン・レイト・スタイル》」＋α』と呼ばれる）。これまで古義人によって「一面的な書き方で小説に描かれて来たことに不満を抱いている」［★5］という彼女たちのナラティブが挿入されることで、唯一の語り手としての古義人の特権性は失われる。また彼らによるそれぞれの語りも、独白が続くのではなく、会話文や回想のかたちで多数の他者の声を取り込んだものとなっている。

様々な人物の声が入り交じることで構成されているこの『晩年様式集《イン・レイト・スタイル》』においては、「空の怪物アグイー」（一九六四年）や『取り替え子《チェンジリング》』（二〇〇〇年）など、大江自身による複数の過去作品への言及がなされる。それらの作品の中心に置かれていた大江の似姿としてのキャラクターと、彼を取り巻く人々との関係性が、再び俎上に載せられ、ポリフォニー、すなわち複数の声の重なり合いのなかで問い直されていくことになるのだ。つまり、まさにこの作品のなかで、過去作品の書き直しが行われているのである。以下では、この作品において書き直しの対象となった作品の一つである『懐かしい年への手紙』（一九八七年）を取り上げる。『懐かしい年への手紙』と『晩年様式集《イン・レイト・スタイル》』における、語り手（主人公）と周囲の人々との関係性を比較することで、大江が最後に著した小説に示されるポリフォニーによる書き直しの特質が、はっきりと見えてくるからだ。

超越的な世界への想像力――『懐かしい年への手紙』

『懐かしい年への手紙』は、大江の似姿としての小説家・Kを語り手とし、彼の年長の友人・ギー兄さんの生涯を綴った作品である。Kにとってギー兄さんは、少年時代をともに過ごした友であり、「師匠《パトロン》」のような存在であった。成長したギー兄さんは、その故郷である谷間の村にとどまり、そこに「根拠地」をつくる、すなわち村の若者たちと共同で土地を整備して、新たな産業形態を創出する運動に着手することになる。彼が所有していた「テン窪」と呼ばれる地所――その眺めの中核には、古墳のような塚にそびえ、その大きさと樹齢から村の人々の尊敬を集める巨樹「テン窪大檜」がある――も開発されることになるが、彼が強姦殺人事件の犯人として逮捕され、刑務所に服役することになったために、その運動は頓挫する。そして、出所後のギー兄さんが、テン窪を流れる小川を閉ざす堰堤を建設し、かつての運動の遺構をすべて水に沈めてしまったことで、テン窪は大檜の島（塚）を中央に浮かべる人造湖と化す。それはテン窪を、「超越的な世界を観照するための、大きいモデル」とするための工事であったが［★6］、その不可解さゆえにギー兄さんは村の住民から糾弾され、雨の真夜中に行われた彼らとの抗争の果てに、テン窪人造湖に浮かぶ遺体となって発見される。

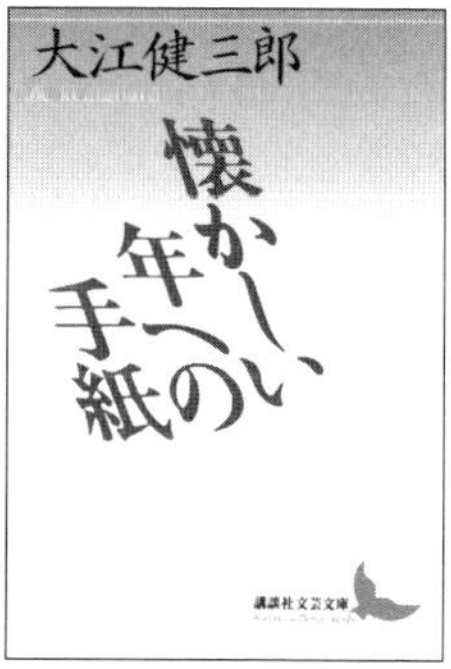
大江健三郎『懐かしい年への手紙』、講談社文芸文庫、1992年（単行本1987年）

生涯を谷間の村に捧げ、若者たちのコミュニティを率いる活動家となり、深い教養を持ちながらも、暴力的衝動の渦に巻き込まれるようにして死んでいったギー兄さん。彼は、故郷を離れて東京に住まいを構え小説家として生きるKと対照的な人生を送った人物だった。互いに補完し合う分身のような関係性で結ばれていた二人が、生と死の境界に引き裂かれてしまった際、生き残った側としてのKは、テン窪大檜の島の情景に重ねて、自身とその家族、そして死んだはずのギー兄さんが穏やかに憩う、美しいヴィジョンを夢想する。それは、生前のギー兄さんが、ダンテ『神曲』に導かれて構想したという「超越的な世界」、すなわち死者の魂が肉体を離れて辿り着くはずの「循環する時」＝「懐かしい年」の眺めに他ならない。傷ついて死んでいったギー兄さんの魂は、その「懐かしい年」で憩い、癒やされ、穏やかに再生を待つ。そしていつの日か、K

★5　大江健三郎『晩年様式集《イン・レイト・スタイル》』、講談社、二〇一三年、一〇頁。
★6　大江健三郎『懐かしい年への手紙』、一九八七年、講談社、四二五頁。

やその家族も「懐かしい年」に帰り着き、一度は離れ離れになったギー兄さんと再会することができる。現世の苦しみから隔絶したユートピアのようなこの「懐かしい年」の眺めは、ギー兄さんの魂が安らかであることを願い、彼との別離の悲しみを乗り越えようとする、Kの想像力が生み出したものであったと言えるだろう。実際この作品の末尾には、Kのこのような決意が綴られるのである。

> ギー兄さんよ、その懐かしい年のなかの、いつまでも循環する時に生きるわれわれへ向けて、僕は幾通も幾通も、手紙を書く。この手紙に始まり、それがあなたのいなくなった現世で、僕が生の終りまで書きつづけてゆくはずの、これからの仕事となろう。［★7］

すぐそばにいる死者――『晩年様式集《イン・レイト・スタイル》』

しかし『晩年様式集《イン・レイト・スタイル》』では、作品の序盤で、その決意が相対化されてしまう。この作品の主人公である古義人は、『懐かしい年への手紙』のKと同一人物として設定されている。ギー兄さんの死後、老齢となるまで小説家としての仕事を続けてきた古義人＝Kに対して投げかけられるのは、『懐かしい年への手紙』末尾に記された美しいヴィジョンを解体する、強い批判の言葉である。「三人の女たち」の一人、古義人の妹・アサは、彼女自身が語り手となる文章のなかに、「懐かしい年から返事は来ない！」と綴る。「死んだ（殺された？）ギー兄さんをこれ幸い、『懐かしい年の島』に送り込んでしまうと、少なくとも兄は自分の小説ではただの一度も、本当に心を込めて真実の手紙を書き送ることはしなかったと思う。そうである以上、『懐かしい年の島』から返事が来なくて当然ではないか？」［★8］――。このように語ることで、兄・古義人＝Kが、小説家として、そして友人として、死んだギー兄さんに対して向けてきた態度が、誠実なものではなかった、と糾弾するのである。ここで問題となっているのは、古義人がこれまで、ギー兄さんという死者を、この世界から隔絶した「懐かしい年」へとすでに旅立った存在として捉え、十分に顧みることを避けてきたという点である。

アサによるこの批判を反映するように、『晩年様式集《イン・レイト・スタイル》』の作品世界において、古義人にとってギー兄さんは、もはや超越的な世界としての「懐かしい年」の住人ではなくなっていく。彼がアサ、そしてギー兄さんの息子である「ギー・ジュニア」らとの対話を通して回想していくギー兄さんの肖像は、実に動的で生き生きとしており、また多面的である。少年時

大江健三郎『晩年様式集《イン・レイト・スタイル》』、講談社文庫、2016年（単行本2013年）

代、ギー兄さんから森のなかの隠れ場所（カツラ群集）を教えてもらったこと。常に年少の古義人の気持ちを汲み取って「とても控え目な仕方での庇護」をしてくれたこと［★9］。しかし一方で、ギー兄さんの厳しい一言によって深く傷つき、自ら命を絶とうとするところまで追い込まれもしたこと（しかも彼が死のうとしたのは、まさにギー兄さんから教わった隠れ場所においてであった）。ギー兄さんの死の間際、二人の関係は必ずしも安穏ではなかったこと（アサは、古義人がギー兄さんを殺したのではないかという疑念を抱きさえしていた）。老年の古義人の胸中には、周囲の人々とのコミュニケーションを通して、ギー兄さんと過ごした穏やかな時間と、彼によって傷つけられた痛み、彼に対する愛憎入り交じる思いが、そのまま甦ってくる。あたかも、死んだギー兄さんが彼らの対話に加わり、ともに赤裸々な思い出話をしているかのように。

かつて、現世から切り離された超越的な世界である「懐かしい年」に旅立った者として死者を捉えていた古義人の想像力は、周囲の人々との交流のなかで書き直しの対象となっていく。死者は、生者と同じようにすぐそばにいて、いまここにおいて感受することが可能な存在として再定義される。

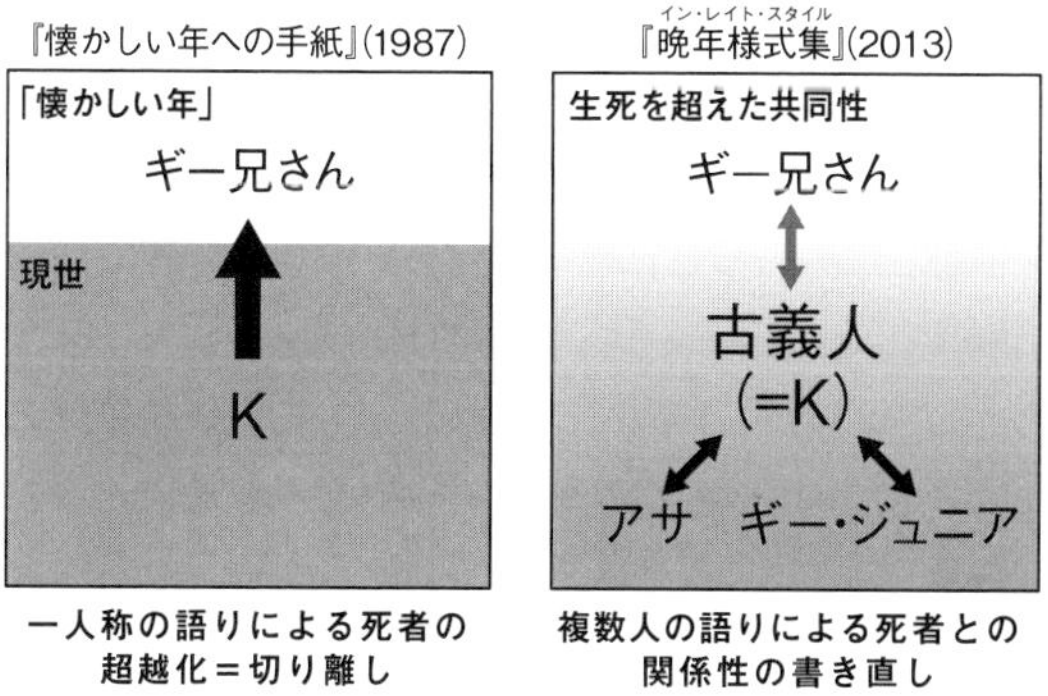

図3　『懐かしい年への手紙』と『晩年様式集《イン・レイト・スタイル》』の語りの構造の変化　筆者作成

そのような、生死の区別なきポリフォニーによる、他者との連帯の概念は、作中で「集まり《コンミユニオン》」と呼ばれている［★10］。重要なのは、『懐かしい年への手紙』から『晩年様式集《イン・レイト・スタイル》』への書き直しを通して提示される、他者との連帯としての「集まり《コンミユニオン》」が、その一員である古義人にとって、まさに彼自身の生の書き直しの場になっているということである。周囲の人々が思い思いに発話する言葉によって、またそこから自然に想起される死者の記憶によって、一つの主体のなかで固定化していた自己認知、他者認知、世界認知が徐々に変化していく運動が生まれているのだ［図3］。

「集まり《コンミユニオン》」のリアリティ

「集まり《コンミユニオン》」という概念は、一見すると、周

★7　大江『懐かしい年への手紙』、四七一頁。
★8　大江『晩年様式集《イン・レイト・スタイル》』、三三頁、傍点原文。
★9　同書、二六八頁。
★10　同書、二五六頁。この名称は、詩人T・S・エリオットがそのノートに記した「地上の教会の代表と、天上の聖者と、煉獄にいる魂たちの『集まり《コンミユニオン》』という構想に由来すると、作中で語られている（同書、二三七頁）。

囲のあらゆる生者の声、そしてすでに死んでいった者たちの声（記憶）に耳を傾け、それを踏まえて自らを顧み、和解に向かってその思考や振る舞いを変更していく、非常に倫理的な共同性を示唆しているように思われる。しかしながら、『晩年様式集《イン・レイト・スタイル》』という作品をよく読んでいくと、「集まり《コンミュニオン》」は、すべての人の声を平等に拾い上げ、自らの生に反映させていくことが義務付けられた共同性としては、決して構想されていないことがわかる。

象徴的なのは、作品の終盤、古義人がギー・ジュニアとともに、ギー兄さんとの思い出の地であるカツラ群集を見に行く場面である。

> ギー・ジュニアと私は陣ヶ森から降りきって、川筋の県道に向かう舗道を歩いていた（戦後すぐ、空爆を受けた松山市への材木の積み出しで拡げられた。背後に上れば「在」）。左の谷川の幅も拡げられて、その対岸の斜面奥に二棟の団地があり、そこの住民のための商店やら郵便局も見える。もう森のなかという気配はなかった。
>
> ところが前方にこれまで通過して来た道筋とは樹木相の異なった、それも古色を帯びるほど色濃く茂っている高い樹木の一帯が現われた。とくにブナの三、四本とケヤキの二本が巨大で、懐かしい森の深みへ還ったようだった。それに伍するかたちで、目差して来たカツラ群集もあった。三本の樹幹の間は整理されて広びろしているし、そこに歩み寄って見上げる高みは、私がギー兄さんと登った距離感・高さとはまったく別で、それぞれの幹が地面から隔絶した風景をなしている。いまそこに登って樹葉に覆われた隠れ場所を設営し、ゆったりと時を過す子供はいないだろう……［★11］

故郷の森の開発が進み、古義人とギー兄さんの少年時代にあった深い森の様相は失われてしまった。しかし、その姿こそかつてのままではないものの、彼らにとって思い出深いカツラ群集とそれを取り巻く樹木群が、たしかにいまも存在し続けていることを、古義人はたしかめる。そしてその後、「犀川樹林地」と名付けられたその区画は、生前のギー兄さんの尽力によって開発から守られてきたものであったことを、アサの言葉によって知る。彼女は古義人に、このように語りかけるのだ。

> わたしはやはり「犀川樹林地」には、ギー兄さんがコギー兄さんのことを考えて、ということがあったと思います。ギー・ジュニアも一緒に、見に来てもらってよかったと思います。［★12］

重要なのは、このアサの言葉に対する、古義人（＝コギー兄さん）の何かしらの返答が、作中に綴られることは一切ない、ということである。彼女が古義人に提示した、「古義人のことを大切に思うゆえに、思い出の場所の保存に尽力したギー兄さん」の肖像は、一つの可能性として留め置かれる。古義人のギー兄さんに対する思いは、単に美談へと昇華されることも、罪悪感や憎悪へと転化することもなく、様々な要素がないまぜになったままであり続けるのだ。物語は、古義人とギー兄さんの時を超えた和解の方向へは進んでいかない。しかしそれでも、古義人にとってギー兄さんは、経年変化しながらたしかにこの世界に存在し続けてきたカツラ群集のように、自らの傍らにある存在として感受されている。

『晩年様式集《イン・レイト・スタイル》』における古義人は、彼を取り巻く他者の声へと開かれてはいるが、そのすべてをすんなりと受容しているわけではない。作中では、古義人と「三人の女たち」、そして息子・アカリの意見の対立やすれ違いが、非常に生々しく描かれている。古義人はその際、彼らの声をさらりと聞き流したり、ひどく意固地になったり、感情的に反発したりもしてしまう。それらの他者との間には、明確な和解は成立しない。それでもなお、彼は他者とともに生きている。周囲との関係のなかで挫折を繰り返しながらも、様々に揺れ動き、徐々に変容していく。そのようなプロセスを描き出す大江の筆致には、人間の素性を映し出すリアリティと、それを肯定するユーモアが感じられる。

私たちは各々、一つの有限の肉体を持ち、過去の蓄積を抱え込みながら生きている。周囲の他者からの働きかけをすべて受け止め、現在時にいたるまで構築してきた自らの思考や振る舞いを変更することはとても難しい。では、そんな私たちは他者とどう向き合い、自らを変容させていくことが可能なのか？　このような問いに対する一つの回答こそ、この作品に提示された「集まり《コンミュニオン》」の概念であるように思う。自らの有限性と、過去の重みを無化することなく、それをまるごと引き受けながら、周囲との関係性のなかで自らの生を少しずつ書きかえていくこと。まるで大江が遺した「見せ消ち」だらけの原稿用紙のような、人間の生の書き直しの可能性が、そこに示されているのではないだろうか。

「見せ消ち」式の生き直し――現代社会への提言として

はじめに述べたように、大江健三郎という作家は、確固たる政治・社会的主張を有した左派知識人として、すなわち、他者に対する「正しさ」を追求した人物としてのイメージを持たれがちである。しかし、ここまで考察してきた「集まり《コンミュニオン》」の概念を踏まえると、彼はむしろ、その「正しさ」の限界を

★11　同書、三〇七–三〇八頁。
★12　同書、三〇九頁。

よく認知していたのではないか、と思えてくる。実際、研究者である私が大江に魅力を感じるのは、彼が常に「正しさ」を体現することはできない人間として、つまり、厄介でままならない実存を抱えて生きる人間として、言葉を紡いでいたゆえである。著名なルポルタージュである『ヒロシマ・ノート』（一九六五年）、『沖縄ノート』（一九七〇年）を考えてみても、戦争の傷跡が深く残る広島・沖縄を訪れ、その地に生きる（生きた）人々の声に触れた彼が、戸惑い、悩み、感情的に揺さぶられた、等身大の経験がその出発点であり、決して一般論として平和の大切さを説いているわけではないのである。同時代的に経験した戦後日本の政治・社会問題、テロリズム、災害などにも敏感に反応し、そこから着想を得て小説・エッセイを多数執筆し続けた彼は、その瞬間を生きる自分の、聖人でも超人でもない、時に問題含みの肉体感覚と、そこに立脚した想像力から生まれる言葉を発信することの意義に、非常に意識的な作家であったように思う。

　あらゆる他者の声――そこにはいまここを生きている者の声だけではなく、すでに死んでいった者の声も含まれるだろうし、さらに言えばこれから生まれてくる者たちの声も含まれるだろう――に対して常に「正しく」、すなわち誠実かつ十全に応答することは、たしかに理想的な振る舞いだが、それを実現するのは不可能に近い。ならば、私たちに求められるのは、これまでの自らの生を否定するというのではなく、しかしできるだけその変容可能性を外部から取り入れながら、それを「見せ消ち」式に訂正していく、そのようにして生き直していく、という運動性なのではないだろうか。

　東浩紀は『訂正可能性の哲学』において、「ぼくたちはすべての問題に中途半端にしか関わることができない」ということが、「すべてのコミュニケーションの条件である」と語っている［★13］。だからこそ、常に「政治的正しさ」が求められる現代にあって、「すべてのひとが、自分が当事者ではなく、被害者でもなく、完璧には語れない問題についても、中途半端なコミットメントに乗り出す勇気をもつべきではないだろうか」と［★14］。この文章を読んだ時、私が真っ先に想起したのは、まさにこの、『晩年様式集《イン・レイト・スタイル》』における「集まり《コンミユニオン》」という他者との連帯のかたちであった。それは決して幻想のユートピアでもなく、理想的な民主主義のメタファーでもなく、人々が思い思いに「中途半端なコミットメント」を試みる運動の先にぼんやりと見えてくる、流動的な共生可能性のようなものに他ならないからだ。東が提案する、訂正の連続としての生のモデルとも響き合う、大江による「見せ消ち」式の生のモデルは、確定的な「正しさ」を希求するがゆえに「訂正」が加速度的に困難になりつつある現代社会への、先駆的な提言としても読まれ得るのではないか。

『晩年様式集《イン・レイト・スタイル》』の末尾には、大江による詩作品「形見の歌」（二〇〇七年）［★15］が、古義人の作として引用される。妻・千樫によって「ともかく希望が感じられる」［★16］と評されるこの詩は、以下のような詩句で締めくくられている。

私は生き直すことができない。しかし
私らは生き直すことができる。［★17］

この「私ら」を「集まり《コンミユニオン》」に重ねて考えるなら、やはりそれは、大江が「生き直し」のための連帯として構想した概念であったと言えるだろう。彼はきっと、この世界において個人が新たに変容していくための、そして他者とともに生きるための「希望」を、しかも単なる理想論というよりはアクチュアルな展望としての「希望」を、たしかにそこに見ていた。だからこそ私は、大江健三郎という作家が身をもって示したこのような「見せ消ち」の生から、文章を書く者として、そして現代社会に生きる一人の人間として、強く励まされるように思うのである。

★13 東浩紀『訂正可能性の哲学』、ゲンロン、二〇二三年、八三頁。
★14 同書、八四頁。
★15 『新潮』二〇〇七年一月号に発表された「詩集『形見の歌』より二篇」のうちの一篇。
★16 大江『晩年様式集《イン・レイト・スタイル》』、三二四頁、傍点原文。
★17 同書、三三一頁。

論考

あいまいなチェコの小説家

ミラン・クンデラのコンテクスト

須藤輝彦　Teruhiko Sudo

現代チェコを代表する小説家。

自分が専門とする作家をひとことで説明するとき、僕はたいていそう言っている。これまでもそうだったし、これからも多分そうだろう。現代という言葉が二〇世紀後半を含んでいるかぎり。

その作家とは、昨年の七月一一日に九四歳で亡くなり話題となったミラン・クンデラだ。代表作は『存在の耐えられない軽さ』（一九八四）。ある意味でキャッチー、ある意味で中二病的、いずれにせよ多くの意味で読み手を選ぶこのタイトルを聞いたことがある方も多いのではないだろうか。

冷戦期に起きた民主化運動「プラハの春」がソ連の圧力によって頓挫し「正常化」した一九六〇年代から七〇年代のチェコスロヴァキアを背景に、四人の男女をめぐるラブストーリーを描いたこの『存在の耐えられない軽さ』と、パリに暮らし家族との関係に悩む主人公アニェスの苦しみを、文豪ゲーテとベッティーナ・フォン・アルニムとの逸話など文学史的なエピソードを自由に織りまぜながら語った次作『不滅』（一九九〇）の二作で、クンデラの世界文学における地位は確固たるものとなった。長年ノーベル文学賞の候補として取り沙汰され、受賞にこそ至らなかったものの、二〇一一年にはフランスの権威ある世界文学全集であるプレイヤード叢書に作品が収録された。存命の作家がこの「プレイヤード入り」を果たすことは異例の快挙だ。

しかしこの小説家、チェコ人に言わせれば、かならずしも彼らの国を代表する人間ではない。むしろ留保を付けられることのほうが普通である。

——たしかにクンデラはチェコ文学史に残る作品を書いた。詩作や劇作を経て小説家としてデビューした六〇年代には、彼の作品を読むことは大きなブームとなった。国内での評価を決定づけ、ベストセラーになり映画化もされた長篇小説『冗談』（一九六七）は、かならず教科書に載っている（いまでもチェコではこの小説がクンデラ作品のなかで一番人気のようだ）。だけど、あいつはけっきょく母国を捨ててフランスに「亡命」したじゃないか。それだけじゃなく、フランス語で執筆をはじめたじゃないか。ビロード革命で共産党体制が瓦解したあとも、なぜかチェコに戻らなかったじゃないか。しかもあろうことか、長いことフランス語で執筆した小説のチェコ語への翻訳を禁じていたじゃないか［★1］。例の密告疑惑だってあるし……［★2］。

図1　拙宅最寄りの本屋にて。中心街から少し離れた中型書店だが、奥のほうに並んでいるのはすべてクンデラの著作である。ちなみに右手前の黒い本はあまり優れているとはいえないクンデラ研究本

つまるところ、チェコ人にとってクンデラは、嫌おうと思えばいくらでも嫌う理由のある作家なのである。

しかし、だ。なんだかんだ言っても、ミラン・クンデラは世界でだけではなく、事実としてチェコでもしっかり読まれている。いわゆる純文学の分野では圧倒的とも言っていいほどに。社会主義時代を知る中高年より上の世代にはまだ反感を持っている人も少なくないが、若い世代はさきほど書いたような事情もあまり気にかからないらしく、比較的フラットにクンデラの小説を手に取っているようだ。もちろん新刊を扱う書店では、どんなところでもクンデラの作品が並んでいる［図1］。

それではいったい、チェコ人たちにとってミラン・クンデラとはどのような作家なのだろうか？　国際的な見方では、疑いようもなく「チェコを代表する作家」である。多くの読

★1　チェコ人にとって一番理解しがたかったのは、翻訳の問題だろう。クンデラがフランス語の作品のチェコ語訳を禁じていたのは、訳すとしたらクンデラ本人以外には考えられず、しかし本人にはそれに費やす時間もエネルギーもなかったからだ、とされている。現在はアンナ・カレーニノヴァーという翻訳家によるチェコ語訳の出版が進んでいるが、いずれにせよこれまでは、二〇〇〇年代以降のクンデラ作品がクンデラの母語で読めない、という異様な事態が生じていたわけだ。日本人にとってはピンとこない状況だろうが、たとえば後にも触れる村上春樹が英語で執筆しはじめ、なぜかその日本語訳が禁じられていたら、と考えてみるとよくわかるかもしれない（そうすればかならず、アマチュアが勝手に私訳した日本語訳がネットで読まれることになるだろう。おなじことがチェコでも起きていた）。

★2　クンデラは、学生時代にミロスラフ・ドヴォジャーチェクという諜報員をチェコの秘密警察に密告したことが疑われている。本人はこれを強く否定しており、この件でクンデラを糾弾した週刊誌にたいし、二〇〇八年にはJ・M・クッツェーを中心として、カルロス・フエンテス、ガブリエル・ガルシア＝マルケス、オルハン・パムク、ナディン・ゴーディマー、サルマン・ラシュディ、フィリップ・ロスら多くの有名作家がクンデラへの支持を表明した。疑惑について詳しくはKaren von Kunesの*Milan Kundera's Fiction* (Lexington Books, 2019)、とくに第二章を参照。

者を獲得しているだけでなく、彼の存在を無視してチェコ文学史を語ることはできない。いや、彼の知識人としてのプレゼンスや、チェコおよび中央ヨーロッパのアイデンティティについて書かれたエッセーの影響力を考えると、クンデラ抜きにはチェコ現代史を十分に語ることだってできないかもしれない。だが同時に、「裏切り者」とはもうさすがに呼ばれないとしても、いまだに「国民に愛された作家」とは形容できない存在であることもまた間違いない。

この寄稿文では、このようなあいまいな、というよりアンビヴァレント（両価的）なクンデラの姿を、プラハに研究滞在中である筆者自身の経験を織りまぜながら描きだしてみたい。僕の目には、彼の像は死後、ますますどっちつかずのものとなっているように映る。クンデラ風に言うならば、あたかも死がその光によって、存在の本質である両義性を照らし出したかのように。

悲しき聖地巡礼

さて、ときは二〇二三年一一月某日。オストラヴァというチェコ第三の都市で開催されたクンデラ・シンポジウムに参加したものの、たいして本稿用のネタを仕入れることができなかった僕は、取材のため、チェコ第二の都市でありクンデラの故郷であるブルノに足を運んだ。冷たい雨の降る、どんよりと曇った日だった。プラハからバスで三時間弱。昼過ぎに到着し、景気づけにロカールという店で異様に美味いドゥルシュチコヴァー（ハチノスの煮込みスープ）とビール（小）をたいらげたあと、まずは中心街から三キロほど離れたクンデラの生家に向かった。

とはいえ、僕はほんらい「作家の生家」とか「作家が足繁く通ったカフェ」とか「作家愛用の万年筆」みたいなものにあまり興味がない。さすがに研究者として「作家の人生」には関心を持ってはいるが、伝記的な著作を読むのはいずれにせよ二次的な作業だ。しかし書かれるべき原稿に促され、クンデラの生家を目の前にした僕は、なんとも言えない感慨を抱いた［図2］。

あまりに普通なのだ。大作家が育った家としては、みすぼらしいとすら感じる人も多いだろう。そこには記念碑はもちろんのこと、「現代チェコを代表する作家」が住んでいたことを示す簡単なプレートのようなものさえない。おそらく周りの住人にもさほど知られていないのだろう。クンデラを思わせるものといえば、玄関で雨宿りをしている可愛らしいボーダーコリーくらいだ（『存在の耐えられない軽さ』を読んだ方ならわかるだろうが、この作家は大の犬好きである）。

いや、「作家の生家」なんて、得てしてそういうものなのかもしれない。本人はもちろん、クンデラ家の人間ももはやここにいないとなればなおさらだ（先日は、マルクスの育った家の一階がいまは一ユーロショップ〈非一〇〇円ショップ〉になっているという情報がSNSで流れてきた）――僕は気を取り直して、ブルノ来訪の最大の目的であるミラン・クンデラ図書館へ足を向ける。

悪天のなか、歩くこと二〇分弱。そこで待っていたのはしかし、生家が与えたそれをゆうに超えるショックだった。

クンデラの妻ヴェラ・クンデロヴァーとチェコ文学研究者トマーシュ・クビーチェクの主導で設立されたミラン・クンデラ図書館だが［★3］、二〇二三年の四月一日（クンデラの誕生日）にオープンしただけあって、その内装はモダンで小綺麗である［図3］。ただスペースとしてはけっして広くないし（せいぜい二〇帖ほどだろうか）、蔵書はといえば、クンデラの著作およびその各国語の翻訳本と、クンデラについての研究書が少しということで、独創性も面白みもさほどない。

自分が専門とする小説家を記念した図書館をいちいち貶すのも気が引けるが、おなじく世界的な現代作家の名を冠した村上春樹ライブラリーと比べると、やはりあまりにショボい。村上春樹だってこれまで十分バカにされてきたわけだが（そしてクンデラはバカにされているとは言えないわけだが）、ご存じのように、いまや立派な「現代日本を代表する小説家」であり、その意味でクンデラとも比較可能な存在だ。しかしながらこのふたつの図書館は、しょうじきまったく比べものにならない。そもそもクンデラのほうはモラヴィア図書館内に併設されていて、春樹のそれのように立派な建物（国際文学館という早稲田大学の研究施設も兼ねる）でもなければ、独立した入り口さえない［図4］。

しかも、このモラヴィア図書館ですら併設先の「第一候補」ではなかったようで、もともとはプラハの図書館に打診していたのだが、断られてしまったという噂も聞く。もちろん春樹ライブラリーのように予約などまったく必要ないし、司書はアルバイトの学生（自習中）のみで、噂の裏を取ろうと図書館の設立経緯について訊こうとしたら、クンデラについてなら教えられるが、図書館については知らないと言われてしまった。勉強目的以外

図2　ブルノのプルキニョヴァ通りに面したクンデラの生家（住所は Purkyňova 1963/6）

★3　„Knihovna Milana Kundery. Vše začalo snem Věry Kunderové" *Novinsky.cz*, 13.4. 2023. URL= https://www.novinky.cz/clanek/kultura-knihovna-milana-kundery-vse-zacalo-snem-very-kunderove-40428237

の来館者は、当然のように僕以外にはいなかった。
……いや、なんのためにこんなところまで雨に打たれて来たんだおれは!! もちろん事情はさまざまあるだろうが、ずぶ濡れで悲観的になっていた僕の頭には「こんなものなら無いほうがマシでは……」という思いすら浮かんでしまう。研究者としてというより、ひさびさに一人のクンデラ好きとして心を揺さぶられ、悲しくなってしまった。

そんなこんなで研究上の収穫はほとんどゼロのまま、複雑な思いだけを抱えてプラハへ帰った僕だったが、なんとなくこのままでは終われない気がして、翌日には二〇二二年にプラハにオープンした文学博物館も訪れてみることにした（また冷たい雨が降り、強い風すら吹きつける日だった）。

こちらは一九世紀から現代までのチェコ文学をトピックごとに展示した、独立した入り口……というよりいちおうイオニア式の柱によって支えられた立派な門構えの、れっきとした博物館である［図5］。来館の主たる目的はむろん、われらがクンデラ先生の扱いを確認することだ。

だがしかし、どこを探しても先生はいらっしゃらない。ようやく見つけたご尊顔は、二〇世紀後半のチェコ文学を特集した部屋の片隅に、注意しなければ見過ごしてしまうほど小さくあられた［図6］。

最初の展示を目にしたときから、ここが外国人などはあまり意識していないハードコアな文学施設（それはそれで充実していて良い）だということはわかってはいた。が、それにしても、である。先の展示室には、日本ではほとんど知られていない思想家イヴァン・スヴィタークなどとともに、日本でも比較的知られていて、かつクンデラの同時代人と言える小説家ボフミル・フラバルやチェコスロヴァキア初代大統領となった劇作家ヴァーツラフ・ハヴェルらの動画がしっかり紹介されているのだから、どうしても敢えてそうしているのではないかと勘ぐってしまう。なんにしても、クンデラ目当てで訪れた人間からすると、それこそ「冗談」のような扱いだった。

図3　ミラン・クンデラ図書館内観

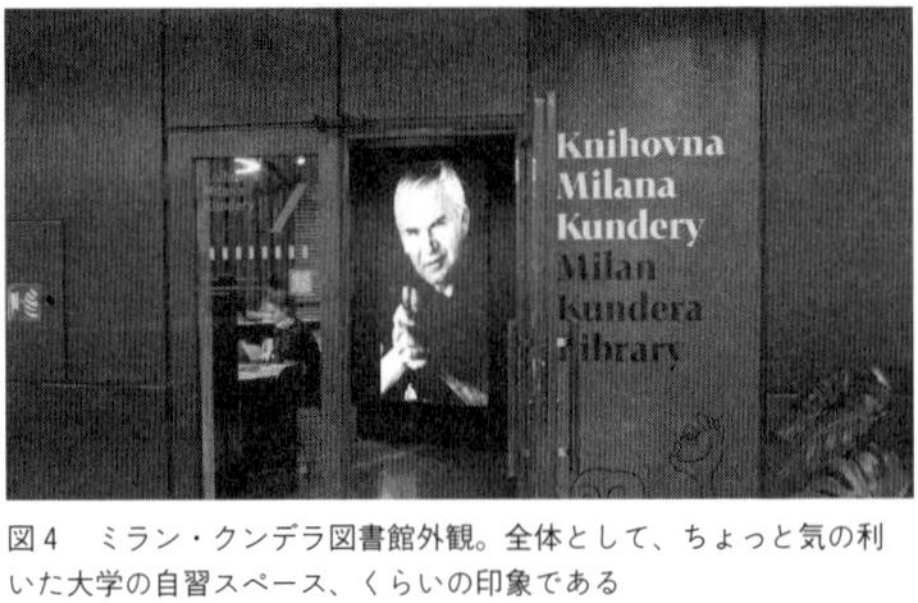

図4　ミラン・クンデラ図書館外観。全体として、ちょっと気の利いた大学の自習スペース、くらいの印象である

〈小さなコンテクスト〉と〈大きなコンテクスト〉

さてさて。これまでいろいろと書いてきたが、ブルノとプラハにあるふたつの文学施設を取材して受けた印象は、やはり衝撃ではあったものの、まったくの予想外というわけではなかった。むしろ、やっぱりな、と妙に納得してしまったところもある。というのも、クンデラがチェコ国内であまり評価されていない――はっきり言えば嫌われている――こと自体は、九年前にはじめてチェコに来るまえからわかっていたからだ［★4］。そしてクンデラ自身、このことにひじょうに自覚的であり、『裏切られた遺言』（一九九三）や『カーテン』（二〇〇五）といったエッセーでは、みずからの置かれた状況をより普遍的な視座から考察している。

　クンデラによれば、ある芸術作品を位置づけることのできる基本的なコンテクストがふたつ存在する。ひとつは自国民の歴史という〈小さなコンテクスト〉、もうひとつは国民国家の枠に囚われない「超国家的な歴史」という〈大きなコンテクスト〉である。彼の考えでは、「地理的な距離を置いてこそ、観察者はローカルなコンテクストから遠ざかり、そのことではじめて世界文学（Weltliteratur）という大きなコンテクストを見渡し、ある小説の美

図5　文学博物館外観

図6　クンデラ先生がどこにおられるか、おわかりになるだろうか？　先生が登場（？）するのはここのみで、この写真以外にはひとつの言及も見つけられなかった

★4　このことについては当時の拙留学ブログにも書いているので、関心のある方はご笑覧いただきたい。「チェコの裏切り者の研究者」、「中空プラハ」、二〇一四年一二月一〇日。URL=http://midair-prague.blogspot.com/2014/12/blog-post.html

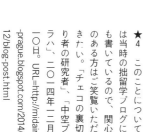

的価値［……］を現出させることができる」［★5］。
国民文学と世界文学との関係については文学研究の分野でよく語られているが、現代においてクンデラほど彼自身の言う〈大きなコンテクスト〉、すなわち世界文学を特権化する作家も珍しいだろう。別のところでクンデラは、「作品の価値と意味はただ、国際的な大コンテクストにおいてしか評価されえない」とまで言っている――「この真実は、比較的孤立しているどんな芸術家にとっても絶対的なものとなる」のだと［★6］。

「比較的孤立している芸術家」という言葉が作家自身に引きつけられたものなのは明らかだ。重要なのは、ここにもやはり、この世界文学原理主義者の出自に関わる問題が根を下ろしているということである。それは、チェコにとってまさしく国家的なテーマである「小国民（＝小国の国民）」の問題だ。

クンデラが言うには、小国民とはたんに量的な観念ではない。「彼らは歴史のある時期に、いずれも死の控えの間を通った経験を持っている。つねに大国の傲慢な無知に直面し、みずからの生存がたえず脅かされるか、再検討されるのを見る」［★7］。それゆえチェコ人のような小国民にとって文学は「文学史にかかわる事柄」よりもむしろ「民族にかかわる事柄」となる。だからクンデラはこうも言う。

> 彼らは世界文学を大いに尊敬はするものの、それは彼らには何か異国のもの、はるか遠く近づきがたい頭上の空、自分たちの国民文学とはさして関係のない理想の現実のように思える。小国民は自国の作家に、作家は自分たちにしか所属しないという信念を教えこんでしまっているのだ。眼差しを祖国の国境の彼方に定め、芸術という超国民的な領域で同輩たちの仲間に加わることは、思い上がって自国の同輩たちを馬鹿にするものと見なされる。［★8］

こういうクンデラの語り口自体がチェコ人たちの反感を買う要因のひとつになっていることは、想像に難くないだろう。しかし、このような傾向を「小国の地方主義」と呼ぶ彼は、返す刀で「大国の地方主義」をも批判してもいる（こういうところがクンデラの良いところだ）。ようはフランス人などの大国民には、みずからの文学がすでに十分「世界的」であると考え、他の国で書かれているものにあまり関心を向けない傾向があると言いたいのである。興味深いことに、自身の作品はチェコよりもはるかにフランスで人気があるにもかかわらず。

そう、僕はパリにも一年いたのだが、クンデラはフランスでのほうがだんぜん評価されている。作品はもちろん、クンデラについて書かれた書籍（とくにまともな伝記の類い）の出版もフランスでのほうが盛んなようだし、おなじことは彼の死に際した報道を見てもよくわかる。フランスだと、見出しには

「世界文学の巨匠 grande voix de la littérature mondiale」とか「文学界の傑物 monstre sacré de la littérature」とか書いてある一方、チェコでは「もっとも知られたチェコの作家 nejznámější český spisovatel」といった調子だ。まあ前者はほとんど決まり文句だし、お国柄なり国民性の違いももちろん（あるいは大いに）あるだろうが、チェコの報道にはやはりクンデラの文学的功績を手放しで讃えたり、その今日的な価値をうんぬんするものはあまりなく、いずれにせよフランスの、あるいは「世界の」クンデラはチェコのクンデラと切り離されて受けとられている［★9］。

だがなにより皮肉なのは、（一九八一年に市民権を得ており、彼自身も少なくとも一時期はそうありたいと願っていたにもかかわらず）フランスではクンデラが自国の作家として認知されてはいないという事実だ。彼の国の書店では、クンデラ作品はフランス文学の棚ではなく、かならずといっていいほどスラヴとか中欧とか、ようは「その他のヨーロッパ文学」の棚に置かれている。つまりこの「世界的小説家」は、チェコではフランスに「同化」した作家として、フランスではしかし永久にチェコ出身の「移民」作家として受けとられているわけだ。エッセーでの言葉を使えば、いずれの国でもクンデラは、大国小国それぞれの「地方主義」——つまりは「みずからの文化を〈大きなコンテクスト〉のなかで考察することの無能力（あるいは拒否）」［★10］——に曝されていたと言える。

「中位性」に見る世界文学の可能性

ところでクンデラは、世界的な〈大きなコンテクスト〉と

★5　ミラン・クンデラ『カーテン』、西永良成訳、集英社、二〇〇五年、四七頁。

★6　ミラン・クンデラ『裏切られた遺言』、西永良成訳、集英社、一九九四年、二八六－二八七頁。

★7　同書、二一九頁。チェコの小国性の問題とクンデラとの関わりについては、以下の拙著で詳しく論じている。須藤輝彦『たまたま、この世界に生まれて——ミラン・クンデラと運命』（晶文社、二〇二四年）。

★8　クンデラ『カーテン』、四九頁。

★9　おもに参照した報道は以下。« Mort de Milan Kundera, monstre sacré de la littérature », *Le Figaro*, 12.7.2023. URL=https://www.lefigaro.fr/livres/mort-de-milan-kundera-monstre-sacre-de-la-litterature-20230712; „Odešel nejznámější český spisovatel. Ve věku 94 let zemřel Milan Kundera", *Aktuálně.cz*, 12.7.2023 URL=https://magazin.aktualne.cz/kultura/zemrel-milan-kundera/r~449f2dba209211eea873ac1f6b220ee8/; „Velké spisovatele nekritizujeme, Kunderův osobní život nás nezajímá, říkají Francouzi", *Aktuálně.cz*, 1.10.2021. URL=https://magazin.aktualne.cz/kultura/literatura/velke-spisovatele-nekritizujeme-francie-kundera-svet-knihy/r~e6921138229111ecad06ac1f6b220ee8/

クンデラの死に触れて書かれたものではないが、最後の記事——「『私たちは偉大な作家を批判することはしない。彼の私生活に関心はない』とフランス人たちは言う」という見出しがつけられている——ではとくにフランスでのクンデラ受容が対比的に描かれており興味深い。

★10　クンデラ『カーテン』、四八頁。

国民的な〈小さなコンテクスト〉とのあいだに、もうひとつの「段階」が想定できると言っている。それはたとえば、スウェーデンと世界とのあいだにあるスカンジナビアであり、コロンビアにとってのラテンアメリカである。こういった段階は〈中位のコンテクスト〉と呼ばれる［★11］。私見では、これはクンデラ自身の亡命経験に淵源し、冷戦期に彼が打ち出し強い影響力を持った「中央ヨーロッパ」概念［★12］とも重なるとても重要なアイデアだ。

けれどもクンデラは、先に見たように最終的には〈大きなコンテクスト＝世界文学〉のみを肯定し、〈小さなコンテクスト＝国民文学〉を否定している（だからこそ〈中位のコンテクスト〉はたんなる「段階」としか捉えられていないわけだ）。ちなみに彼は〈小さなコンテクスト〉も想定しており、こちらは伝記的なもの、すなわち〈ミクロのコンテクスト〉よりさらに小さな芸術作品を作家の自伝的要素に還元して解釈するものとして、もちろん否定されている。

だが国民国家と「世界」との隔たりは、あるいは生きた作家としての「私」と「世界」との隔たりは、そうやすやすと乗り越えられるものなのだろうか？

僕はむしろ、このような隔たり――中位性――こそがクンデラをとらえ続け、苦境の要因となれば創作の源泉ともなったものであり、また世界文学の可能性なのだと考えている。

誰もがその内容について合意する「世界」という実体がじっさいには存在しないのと同様、誰もが認める作品の総体としての純粋な「世界文学」なるものも実在しない。それはいつも特定の誰か、あるいは特定の国や言語から見た、文学的カノンのリストに過ぎない。

だからこそ、ひとつの「普遍」に回収されないさまざまなコンテクストがあり得るし、文化の豊かさにとってはそれこそが必要なのである。個人のレベルで言えば、自分が解釈されるコンテクストは自分で選べないわけだ。望むと望まざるとにかかわらず、生きるということは、さまざまなコンテクストで解釈される「私」に振りまわされながら、しばしば驚愕し、ときに納得することを意味する。

そして、小説家クンデラがしつこく描いてきたのは、まさに「世界」や「人類」といった全体性にどうしてもなじめず孤立していく主人公たちだった。漠然と自分は「人類」に与していないのだという感覚にとらわれている『不滅』のアニェスはその極端な例だが、第一長篇『冗談』の主人公ルドヴィークも同様に、ある冗談が原因で大学時代に仲間たちによって放校処分を受け、共産党からも除名されて人類を恨んでいることを、むかしの友人コストカに指摘されている（「君に言いたいことがある。［……］世界を変えようとするどんな大運動も嘲笑と愚弄を許容しない」［★13］）。

また逆に、このような全体性に軽々と、あるいはナイーヴに溶けこんでしまうミクロな人間たちの性向を批判的に抉《えぐ》りだしたのも、小説家としてのクンデラだった。絶対的な愛、「世界との一体感と安心感」に憧れながら革命運動へと身を投じていく『生は彼方に』（一九七三）の主人公、若き抒情詩人ヤロミールはこういった人間の代表と言える［★14］。

これについては、遺作となった中篇『無意味の祝祭』（二〇一三）にたいへん印象的な場面がある。そこでクンデラはなんとあのスターリンを主要なキャラクターとして登場させ、二一世紀のこんにち人々はあなたのことを信じなくなっていると告げるフルシチョフにたいして、それは「わたしの意志がくたびれてきたからだ」と語らせている。そして続けて、あろうことか「わたしはじぶんを人類に捧げたのだ」と言わせているのだ。この時点ですでにふつうはなかなか許容できない発言だが、そのうえで、さらにこの（ショーペンハウアー好きという設定の）スターリンは言う――「だが人類とはなにか？それはなんら客観的なものではなく、わたしの主観的な表象に過ぎない」［★15］。一面的な解釈を受けつけないなんともクンデラ的な場面である。しかし、それこそ全体主義の代名詞と言うべき人物にこのふざけてもいれば醒めてもいる台詞を吐かせることで、彼と結びつくあまりにもシリアスな歴史像とともに、人類や世界といった実体のあやふやな全体的概念に強い揺さぶりがかけられていることは、おわかりいただけると思う。

エッセーでの言葉とは裏腹に、クンデラの作品と人生が語っているのは、「私」と「世界」のはざまで生まれるもの、文学とはそもそもそういうものだということだ。

★11　同書、五七頁。

★12　とくに一九八三年に発表された「誘拐された西欧――あるいは中央ヨーロッパの悲劇」においてクンデラは、冷戦下の西欧対東欧という二項対立に異議申し立てすると同時に、ほんらい少なくとも文化的には西側に帰属しているはずの中欧は、第二次世界大戦後に「ロシアに誘拐された」のだと主張した。つまりこのテクストは、東西の大国に挟まれ、独自の文化的伝統を持つ（比較的）小国の集まりである中欧を、「東」ないし「スラヴ的なもの」から切り離そうとする試みだったのであり、そのためにウクライナ戦争以後、ふたたび注目を集めている。とりわけ中央ヨーロッパとは「ひとつの運命」であり、「その境界は架空のものであり、新しい歴史的状況に応じて、繰り返し線を引き直さなければならない」という言葉は予言的に響く。ミラン・クンデラ「誘拐された西欧――あるいは中央ヨーロッパの悲劇」、里見達郎訳、『ユリイカ』一九九一年二月号、六二―七九、七〇頁。

★13　ミラン・クンデラ『冗談』、西永良成訳、岩波書店、二〇一四年、三九八―三九九頁。

★14　ミラン・クンデラ『生は彼方に』、西永良成訳、早川書房、二〇〇一年、三八二頁。

★15　ミラン・クンデラ『無意味の祝祭』、西永良成訳、河出書房新社、二〇一五年、一〇九―一一〇頁。

＊

上記の本文の校了後、二〇二三年一二月二一日にカレル大学哲学部で起きた銃撃事件について追記しておきたい。同大学に所属する二四歳の学生が引き起こしたこの事件は、一四人の死者と二五人の負傷者を出した［図7］。プラハ観光の中心地のひとつである旧市街広場からほど近い場所で起きたこの悲惨な銃撃事件は、チェコ史上最悪であるだけでなく、ヨーロッパにおいても最悪の部類に入る［★16］。現場で自死した犯人の詳しい犯行動機についてはまだ捜査中のようだが、精神疾患を患い以前から自殺願望があったとされ、犯行当日には実父を、六日前にはクラノヴィツェで三二歳の男性とその生後二ヶ月の娘を殺害していたことがわかっている［★17］。

事件を受け、チェコ共和国は翌々日の二三日を追悼日とし、チェコの国営テレビ局チェコテレビは連日特集番組を放送した。番組には心理学者から哲学者まで多彩な学者や専門家が呼ばれ、少なくともひとり五分以上はじっくり話していた［★18］。日本のテレビではあまり見られない光景だが、なかでも記憶に残ったのは、多くの識者が第一に犠牲者や遺族に寄り添おうとしていることだった。SNSでの誤情報の拡散や、必要以上に犯人に注目を集めようとする行為、とくにそのような報道をする扇情的なメディアに対する批判が多かった。またこのような事件があっても、大学の外面的なセキュリティ強化（ゲートの設置など）に積極的な意見を表明する人が少なかったのも印象的だった。これについてはある安全学の専門家が（事件が哲学部で起きたことにかけて）「哲学は知への愛であり、知は自由なしには意味をなさない」と言っており、大統領ペトル・パヴェルも新年のスピーチで「恐怖に負けて自由を放棄してはならない」と述べた［★19］。こちらも日本では想像しにくい反応で、無論いろいろと問題はあるにせよ、ヨーロッパの思想の厚みというものをやはり感じさせられた。

図7　事件が起きたカレル大学哲学部の正門前。日に日にキャンドルの数は増えていった

この追記を書きながら、僕はあらためてクンデラの言う「コンテクスト」について考えた。もちろん国際的な影響はあるにせよ、それこそイスラエルによるガザ侵攻やいまだ終わりの見えないウクライナ戦争と比べると、今回の銃撃事件はチェコという小さな国の国内問題に過ぎないと捉えられて

しまうかもしれない。「世界史的」ないし「世界的時事問題」の観点――つまりは〈大きなコンテクスト〉――から見れば、どんな悲劇にも序列がつく。クンデラの作品が注目されたのだって、（むろん作品の力は第一としても）やはりプラハの春とその圧殺といった世界史的事件にたいする関心の集中が大きな要因だったことは否めないし、九〇年代以降に出版された小説では、そのような関心がもはや母国に向かわないことが歴史の問題として強く意識されている。

　だが当然のことながら、この銃撃事件はチェコ人たちにとってなによりも重い悲劇だった。もちろん、現在カレル大学哲学部に研究員として所属している僕にとっても同じだ。当日、僕は事件現場にいてもおかしくなかった。しかし年が明け、一月一日に起きた能登半島地震についての報道を目にすると、それは当たり前のように僕の関心を引きつけ、そのぶん頭のなかからプラハの銃撃が遠ざかる。このような視差を生みだす遠近法は残酷だが、普遍的なものだと思う。

　物理的にであれ精神的にであれ、近くにあるものは大きく見え、遠くにあるものは小さく見える。ひとはこの法則から逃れられないし、そもそも逃れるべきなのかすらわからない。しかし文学にたずさわる人間としては少なくとも、多様なコンテクストで編まれた社会を、多様な人生のうえに立つ多様な視野を前提とした世界を望みたい。

写真提供＝須藤輝彦

本論考は、2024年1月12日に「webゲンロン」で配信した「あいまいなチェコの小説家――ミラン・クンデラのコンテクスト」を再掲載するものです。再掲載にあたり若干の修正が施されています。

★16　„Střelba na pražské vysoké škole je nejhorší v dějinách Česka. Patří i k nejtragičtějším v Evropě", *ČT24*, 21.12.2023 URL=https://ct24.ceskatelevize.cz/clanek/domaci/strelba-na-prazske-vysoke-skole-je-nejhorsi-v-dejinach-ceska-patri-i-k-nejtragictejsim-v-evrope-344383

★17　„Jaký byl motiv? V kauze střelce z fakulty zůstávají bílá místa", *Novinky.cz*, 12.1.2024. URL=https://www.novinky.cz/clanek/domaci-jaky-byl-motiv-v-kauze-strelce-z-fakulty-zustavaji-bila-mista-40457034

★18　„Česko uctívá oběti střelby", *Česká televise*, 23.12.2023. URL=https://www.ceskatelevize.cz/porady/15329192723-strelba-na-univerzite-v-praze-21-12-2023/223411033861222/; „Den státního smutku", *Česká televise*, 23. 12. 2023. URL=https://www.ceskatelevize.cz/porady/15329192723-strelba-na-univerzite-v-praze-21-12-2023/223411033891223/

★19　„Dokument: Novoroční projev prezidenta Petra Pavla", *Seznam Zprávy*, 1.1.2024. URL=https://www.seznamzpravy.cz/clanek/domaci-dokument-novorocni-projev-prezidenta-petra-pavla-242789

エンタメ作家の背骨

新川帆立 Hotate Shinkawa

この世で一番嫌いなイベント、それは年末年始の帰省である。

絵に描いたような一家団欒が始まる。親類が集まり、大人と子供が十数人入り交じって食事をとり、年越しまでの時間を過ごす。年が明けてからも、おせちを食べ、お年玉を渡し、初詣をして……と、退屈すぎて脳が溶ける。魂が死ぬ。

子供のときはこれが日常だった。だから私は創作に駆りたてられたのだ。

暇で暇で、息ができないほど暇である。物語に触れているときだけ呼吸ができた。『ハリー・ポッター』シリーズは繰り返し、各巻一〇回近く読んだ。『シャーロック・ホームズ』シリーズやアガサ・クリスティの著作に触れるようになったのも、地元で退屈に押しつぶされそうになっていた小学生の頃である。

家庭環境には恵まれていた。両親ともに穏やかで、きょうだいとも仲がいい。だけどだからこそ息苦しい。

例えば、午後七時から夕食となると、五時くらいからリビングルームに人が集まりだす。夕食を終えた午後九時、自室に戻る選択肢はない。風呂に入って寝るまでの間、リビングルームで談笑して過ごす。

昔からこの時間が苦手だった。退屈は地獄だ。家を飛び出して近所のブックオフで立ち読みしたい衝動に駆られる。だがそれは家族に対する裏切りである。家族との時間を楽しんでいないというメッセージ、家族より他のことを優先しているというメッセージになってしまう。家族それぞれの人柄、人格に敬意を払っているからこそ、彼らを軽んじることができない。実家で過ごすのが嫌なら帰省しなければいいのに、律儀に帰省して苦痛にあえぐのもそのためである。

「家族と一緒にゆっくり過ごす時間が一番の幸せ」と言える人間になりたかった。でも自分はそうではない。もっと刺激的で、ワクワクする何かを求めてしまう。なりたい自分にはなれなかった。自分の嫌なところを突きつけられる。だから帰省が嫌いだ。

暇で死にそうなとき、私はひたすら物語を考える。妄想といってもいい。

小学生の頃は、年に一冊のペースでハリー・ポッターの新刊が出ていた。発売と同時に読む。何度も読む。それでも次巻の発売まで一〇カ月以上ある。そこで、暇なときには、ハリー・ポッターの続きの展開を勝手に考えていた。

少年漫画の続きの展開もあらかた考えた。特に好きだったのは、新キャラクターを考えるという遊びだ。少年漫画のキャラクター配置には一種の黄金比のようなバランスがある。しかしどの作品も、黄金比から少しずつズレている。そのズレこそが作家の個性なのだろう。「本当なら、こういうキャラがもう一人いるはずなんだよな」などと考えていた。

単行本が一〇巻くらい出ると、物語が停滞してくることがある。そのようなシリーズの新キャラクターを考えるのも楽しい。キーパーソンを一人足すだけで、見える景色が変わり、停滞がむしろ物語のまとまりとなる。既出の事情を何一つ振り落とさずに世界がくるりと反転し、新ステージに向かうための強固な土台となる。

勝手にキャラクターをリストラすることもある。「お調子者キャラがダブついているから一人減らそう。この戦いで見せ場を作って、悲劇的な死を迎えさせたほうがいい」などと考える。

物語の本筋から外れたサイドストーリーを作ることもある。よく考えたのは、キャラクターたちによる恋愛模様だ。当時は知らなかったが、今でいう二次創作である。

小学生の頃、『シャーマンキング』という漫画が流行っていた。悪の大陰陽師ハオが双子の弟の婚約者、恐山アンナを口説く場面がある。小学生ながらに衝撃を受けた。ハオはどうしてアンナを口説いたのか。アンナはどうしてすげなく断ったのか。

アンナは婚約者より強い男から求婚されているわけで、双子だから顔も一緒だし、ハオに乗り換えてもいいのでは……と思ったものである（ゲンキンな女子小学生だ）。

それに、ハオはハオで、アンナの霊力の高さや気の強さを見込んで「俺の嫁にふさわしい」と求婚している節がある。征服欲、嗜虐性、弟のものはオレのもの的なジャイアニズムを感じる。男としてどうかとも思うが、個人的には、むしろエロくて良いと思った。とはいえ、アンナには誇り高く生きてほしいし、ハオの手に落ちてほしくない。

そこで、ハオの理想の嫁を考えてみることにした。

最初に思い浮かぶのは、気が強く悪の道を邁進するタイプの女だ。ハオとともに人類を滅亡させることができる。だがすぐに却下した。もともと性根の悪い女と手を組むのは、ハオ目線でグッとこない。清廉潔白な女を悪の道に引きずり込むほうがずっと良いじゃないか。

芯が弱い女もダメだ。ふにゃふにゃしているものをへし折ったところで、何の達成感もない。表面的には強気でも弱気でも、高圧的でも献身的でもいいが、心の根っこの部分は強情で、正義感にあふれていてほしい。

一つずつ条件をしぼっていく。結果として、「清らかな心を持った大巫女が、特殊な職責によって孤独感にさいなまれ、闇落ちしかけている状態」にハオをぶつけるのが一番おいしいと思った。一〇歳児の脳内で、物語データベースを検索して、なるほど、『ゲド戦記』第二巻『こわれた腕環』に登場する大巫女アルハがぴったりだと結論づけた。

ハオとアルハ、ベストカップルじゃないか。二人は手を取り合い、人類を滅亡させようとする。しかし、物語の本筋の主人公カップルが、多くの「仲間」だとか「絆」だとかをひっさげて、対抗してくる。結局のところ、陰キャ同士で手を組んだところで、陽のパワーに敗れてしまうのだ――と、勝手にシリーズを完結させていた。

何の話か分からなくなってきたが、退屈で死にそうなとき、こういう妄想をすることで乗り切ってきた、という話だ。一家団欒のリビングルームのときもあれば、校長先生の話の最中だったり、簡単すぎてつまらない授業中だったりした。


当時、学校でも問題に直面していた。

小学生くらいになると、同級生と実のある「会話」が成立するようになる。ここで私は壁にぶつかった。彼ら彼女らが言っていることがまるで分からない。同級生の悪口、誰々君がかっこいい、テレビの話、芸能人の話、何一つ興味がもてない。何が面白くて、何が嬉しくてそんな話をしているのか、本当につかめなかった。

小学校は監獄のような場所だった。

「この問題、分かる人は手を挙げて」という問いかけに、毎度私が手を挙げていたら、授業後、先生に呼びだされた。「手を挙げるのを、今度からは、三回に一回にしなさい」と叱られた。「どうして？」と思った。

先生は「この問題、分かる人は手を挙げて」と言った。私はその問題が分かった。だから手を挙げた。それだけのことだ。ちなみに、このような思考様式は「法的三段論法」といい、法律家が身につけるべきリーガルマインドの基礎である（どうでもいいことだ）。

もし、「この問題、みんなの前で答えを言いたい人は手を挙げて」と言われていたら、私は手を挙げなかった。別に目立ちたいわけではなかったし、発表したいわけでもなかった。先生の問いかけを言葉通り受けとって、仕方なく応じただけだから。

学校の先生たちとは決定的に相性が悪かった。

勉強はできるのに、ルールを守らない、空気を読まない、忘れ物が多い、等々、思い出すとつらくなるのであまり書きたくもないけれど、先生に嫌われる要素満点の子供だったと思う。

算数の時間だった。「ドリルを解き終わったら先生のところに持ってきなさい」と言われた。早々に解き終えて教壇にドリルを持っていったら、急に平手打ちを食らった。

「あんた、そんなに急いで解いて、そこまでして目立ちたいの！」と怒鳴られた。

驚いた。め、目立ちたい？　目立ちたいからドリルを急いで解く人がいるの？　この世にそんな人が本当にいるの？　と、めちゃくちゃびっくりしたのを覚えている。

そのほか、「目つきが悪い」という理由で殴られたこともある。「協調性がない人間は絶対に成功しない」とクラス全員の前で説教されたこともあった。何が何だか分からなかった。なんでそんなに怒っているのだろう、と不思議に思った。

あるとき、私も「できない子」のふりをしてみようと思った。先生は「ちょっとできない子」が好きだからだ。「頑張り屋さんで、今一歩惜しいところまできているのだけど、まだ上手くいっていない。そんなとき、先生のアドバイスで事態が好転する。感激して、先生にお礼を言う」。先生という生き物はそういう物語が好きだ。この物語にのっかれば、先生はいい気分になって、私を好きになるかもしれないと思った。

そろばんの授業だった。そろばんを習ったことはなかったが、実物を見たら仕組みはすぐに分かった。だけどあえて間違ってみた。わざわざ先生が席の横を通るタイミングを見計らって、いかにも初心者がやりそうな、先生が訂正しやすい間違いを犯してみた。

　そのときの先生の顔は、いまだに忘れられない。

　ニタァッと、実に嬉しそうな、そしてものすごく意地悪な顔をした。

　クラスじゅうに聞こえるような大声で、私の間違いを指摘した。

「先生の話を聞いていないから、こういうことになるんですよ」

　通知表の勉強科目で最高評価以外とったことがなかったが、その学期の「そろばん」の項目だけ「△」がついていた。

　にわかに理解した。先生は、私がしくじるのを今か今かと待っていたのだ。心の底から私のことが嫌いで、私の不幸を願い、しくじった瞬間に失敗をあげつらう。そういう人が世の中にいるのだと知った。

　人間は繊細なんだなあと他人事のように思った。

　様々な感情があるらしい。認められたいとか、誰かに勝ちたいとか、少し目立ちたいけど目立ちすぎたくはないとか。将来を心配したり、過去を悔やんだりもするらしい。焦ったり、恐れたりもするようだ。

　しかし、多くの人間が持っている感情のうちいくつかが、私からは欠落している。

　人に認められたいと思わないし、勝ちたいとか、目立ちたいとも思わない。時間の感覚が弱いので、未来や過去という概念がピンとこない。将来のリスクについて具体的な懸念事項はあるが、不安や焦りを感じることはない。当然恐れもしない。

　その結果、欠落した感情に関連する不文律を自然に読みとることができない。人の気持ちを考えない、空気が読めない動きをしてしまう。

　どうやら私の心、あるいは脳には欠陥があるらしい。私が私のままでいると、世の中に受け入れられないことを直感した。

　家の中のような退屈な場所だと死にそうになる。外に出て人と関わると、言葉を額面通り受けとったり、予定調和を破壊したりして、変なことになる。

　知性だけが頼みの綱だった。

　退屈については、物語を読むことと作ることに依存するしかなかった。

　他方で、人間の感情や動きについては、精密なパターン学習を積み重ねることで、少しずつ理解を深めてきた。

　人は何に喜び、何に悲しみ、何に怒るのか。人間の動きのサンプルをなるべく多く集めて、場合分けしたり、共通項を抜きだしたりして、分析して、「人間らしい動き」を学び、真似をする。トライアンドエラーの繰り返しだ。普通に動いてみて、周りがギョッとするのを見て、「はい、今、私は間違えましたね？」と気づく。何を間違えたのか考える。修正する。これを反復することで、人間らしい動きの精度を上げてきた。

　中学二年生のときだ。眼鏡をコンタクトレンズに替えて、髪を切ったら、突然、周りの男の子たちが優しくなった。空前のモテ期到来である。なるほど、「男の子はゲンキンで素直だ」と学習した。好意を持つ相手には優しくするし、そうでない子にはそれなりの対応になる。好きなら好きと言うし、言われないなら好きではないということだ、と理解した。

　一個上の先輩に図書館裏に呼びだされ「好きです」と言われたことがある。私は「へえ、そうですか」とだけ返して、その場を立ち去った。自転車に乗って帰りながら、「へえ、あの先輩は、私のこと、好きだったのかあ」としみじみ感じ入っていた。おそらく先輩は、「自分のことをどう思うか？」「付き合ってくれるのか？」という「答え」を期待していただろう。だが私には分からなかった。訊かれなかったからだ。

　もちろん、「付き合う」という文化があるのは知っていた。だが、「男の子はゲンキンで素直だ」というテーゼを先に学習していたので、「付き合ってほしいなら付き合ってはしいと言うはずだ」と思っていた。言われなかったのだから、先輩は「付き合う」関係に入りたいと思っていないのだろう。好きだと告げられただけである。そのように、状況を厳密に理解した。

　大学で仲良くなった男の子がいた。知的で穏やかな人だった。私のトンチキな話を楽しそうに聞いてくれた。話題はそのときどきの私の関心事、直近で読んだ本にまつわる内容だ。文化人類学、身体論、服飾論、宇宙のこと、刑務所での暮らし等々、何でも話した。私は落語が好きで、毎週末寄席に通っていた。彼も行きたいと言うので、当時私が追いかけていた金原亭馬生の独演会に一緒に行ったこともある。

　趣味に付き合ってくれて良い人だなあ、と思っていた。色っぽいことは何も起きなかったし、向こうも何とも思っていなかったはずだ。

　しばらくして、彼に彼女ができた。彼女は、私の知り合いでもあった。私は彼女から呼びだされ「あの人は、あなたみたいなちょっと変わった女の子が好きだけど、彼女になったのは私だから」と言われた。そのときの、相手の顔の怖いことといったら。

　どうやら怒られているようだと分かったが、その意図は正確に理解できず「そうだねえ。〇〇さんが彼女だねえ」とニコニコしながら返した。困ったときの、必殺オウム返しである。私が持つ数少ないコミュニケーションスキルの中で最も汎用性の高い技だ。

　すると彼女は、不気味なものを見るような目をして去っていった。なるほど、私は今、変なことをしたのだと直感した。

　念のため付言すると、現在であれば何が問題だったか分かるし、もう少し適切に対応できる（至らぬ人間だが、日々のたゆまぬ努力によって、少しずつマシになっているのだ）。

　地球に迷い込んだ宇宙人、あるいは、人間のふりをして里におりてきた化けタヌキのようだ。同類、同胞、仲間がいない。常に外国語を話しているみたいだ。それはやはり、猛烈に寂しいのである。みんなと同じように普通に暮らしたい。それが無理でも、良き隣人として仲間に入れてほしい。

　ここまでのエピソードで、私のことを感情のないロボットのように感じた人もいるかもしれない。だがそれは違う。八割がたは普通だけど、残り二割がどうもおかしい。結果としてチグハグな動きをしてしまう。認知症に関する本を読んだとき、欠落部分は異なるが現象としては近いなと思った。悲しい、寂しいといった感情はある。普通でいられない自分に、一番いらだっているのは自分自身だ。様々な人から向けられた視線を思い出す。不気味なものを見る目、理解不能なものを見る目、敵意のにじんだ目、目立ちたいだけでしょと見下す目。彼ら彼女らを恨んではいない。異質なものを嫌い、排除するのは生き物として当然の反応だからだ。

　社会の中で居場所を見つけるのが大変だった。

　普通の会社員として働くと、多分、退屈すぎて心が死ぬ。でもみんなと同じでいられないことに人一倍コンプレックスがあって、寂しくてたまらない。

　退屈と孤独が、今でも私を突き動かしている。「エンターテインメント小説を書く作家」として社会に居場所を見つけられたのは幸運なことだった。まさに天職である。

　自作を読み返すと、何を書いていても、実に「私らしい作り」になっていると感じ入る。

　設定が奇抜だったり、ドラマ性のある展開が重なったりするのは、退屈が嫌いだからだ。強いフックがないと脳が反応しないし、すぐに飽きてしまう。

　読みやすく、分かりやすく書かれているのは、世間から理解されないことに対する恐怖心の裏返しである。私が私のままで世に出たら、奇妙すぎて分からない、怖い、と思われてしまう可能性が高い（自分そっくりのキャラクターを書いたことがあるが、編集者に「このキャラ、なんか怖い」と言われて、原稿は没になった）。

　分かりづらい、読みづらい原稿を見ると、「なんて自信のある人なのだろう」と驚く。環境や素養に恵まれて、ありのままでいても周りに受け入れられてきた人なのかもしれない。あるいは、他人に受け入れられることよりも優先したい価値（それを「文学」というのでしょうか）があるのかもしれない。いずれにしても「強いな」と思う（客観視が不十分で、他人に伝わらないことを著者が自覚できていないだけの可能性もあるが）。

　キャラクターを作るのも、人間を書くのも好きだ。幼少期から訓練を重ね、人間の感情や動きを後天的に学習しているので、より自覚的、理論的に人を見ている。だから設定に合わせてキャラクターを細かく調整することができるのかもしれない。外国語学習者がネイティブスピーカーよりも正しい文法を使うのと似ている。

　なお、自著に最もよくつくコメントは「キャラ立ち」である。人物造形に関する技術的な手際の良さを褒めてくれているのかもしれない。だがこの言葉は、言われるたびに嫌な気持ちになる。

　私は「キャラクターを立てよう」などと考えていない。この世界で生活している一人の人間、この世界に存在しうる人間しか描いていない。際立った特性を備えた人間を書きがちなのは、そういう人の悩みにより強いシンパシーを感じ、書きやすいからである。いわば当事者文学である。マイノリティの立場から、自身の葛藤を反映した話を書くと、毎回「キャラ立ち」と言われる。それがマジョリティによる暴力的視座であると、どうして気づかないのか。

　読者さんに何を言われてもまったく気にならない。読んでもらえただけで嬉しい。他者とつながれたという実感があるからだ。本が売れると嬉しい。社会に受け入れられている証拠だからだ。もっともっと、売れる本を書きたいと、素直に思う。

他方で、批評家や書評家、編集者、書店員など、文芸業界人による評には、しばしばいらだつ。「他人同士の手紙を盗み見て、勝手に評価をつけてくる人」という感じがする。別にあなたたちに向けて書いてないよ、と思うことが多い。芸術をしたいわけでも、文学をしたいわけでもないからだ。

幼少期から積み上げてきた退屈と孤独は心の中で凍傷のように凝り固まって、もはや手をつけられない。誰に何と言われようと、癒えない傷がある。放っておくと心から血が流れていく。塞がなくてはならない。だから私は小説を書く。なかば中毒のように、昼夜を問わず小説を書き続けている。

そうやって生み出されたものが結果的に芸術性や文学性を帯びることはあるし、そのくらい文学の懐は深いものだと信じてやまない。だが、文学の追究のために書いているわけではない。「小説とは」みたいな議論にも興味はない（飢えたことのない料理人による美食論みたいで、むしろ鼻白む）。

生きるために、というか、生きているためには書く必要がある。読者さんに生かされている。読者さんの存在を通じて、自己を肯定している。読者さんがいることで、自分も生きていていいと思える。

これが、エンタメ作家をつらぬく背骨である。

座談会

訂正する真理

数学、哲学、エンジニアリング

加藤文元 ＋ 川上量生 ＋ 東浩紀

Fumiharu Kato + Nobuo Kawakami + Hiroki Azuma

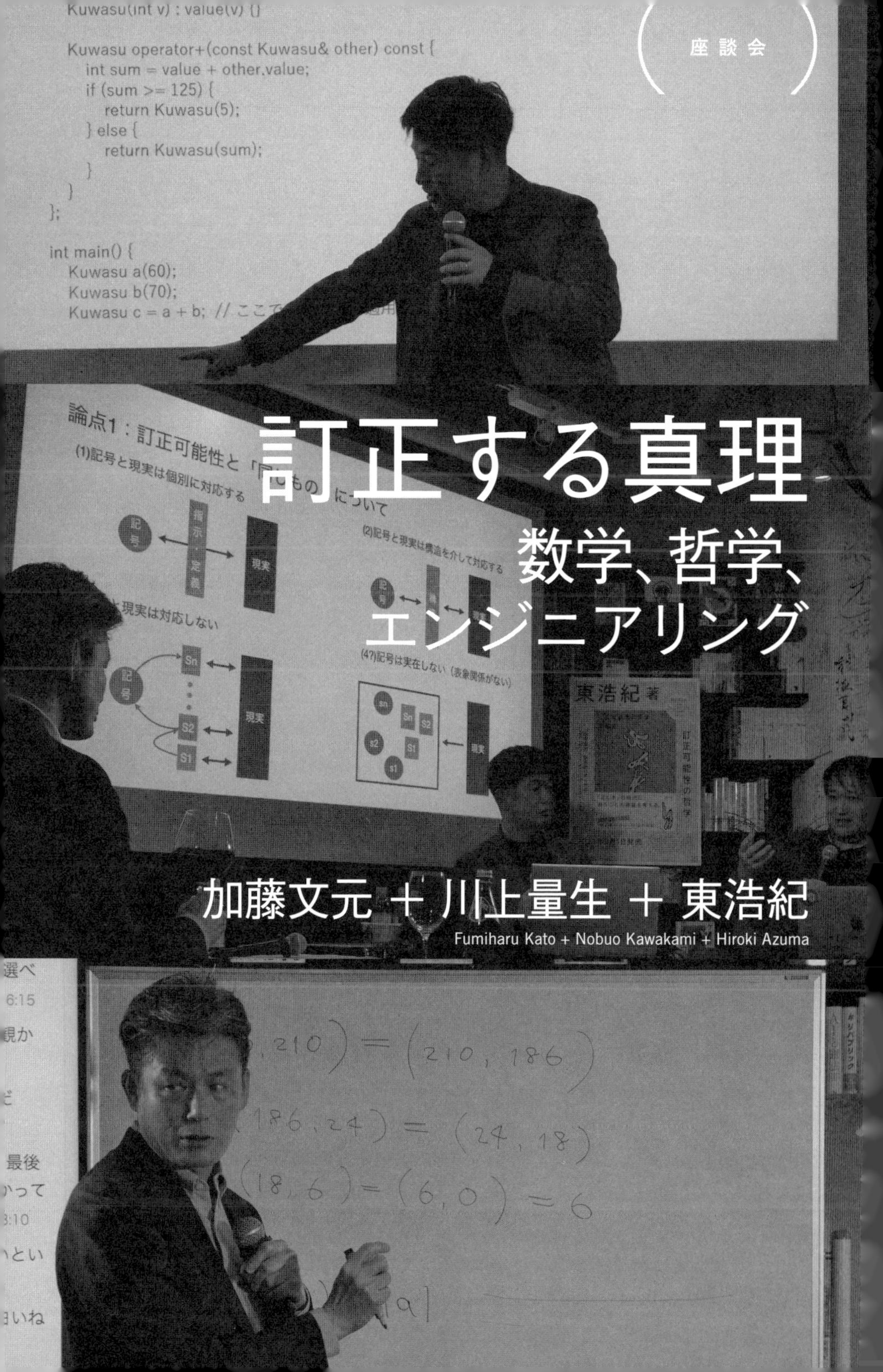

東浩紀　今日は数学者の加藤文元さんとドワンゴ顧問の川上量生さんにお越しいただきました。二〇二五年に開学予定であるZEN大学（仮称・設置認可申請中）とゲンロンカフェの共同講座になります。

おふたりには二〇二三年の八月にも登壇いただき、「数とはなにか」というテーマで議論を交わしました。その後ぼくは『訂正可能性の哲学』という本を出版したのですが、それに対して加藤さんからネットで反応をいただいた。それが「アルゴリズムの遡行論理と訂正可能性」「訂正可能性の哲学と『同じさ』について」というふたつの記事です［★1］。同時期に川上さんが加藤さんとお酒を飲む機会があって、そこでぼくの本が話題になったらしく、数学やプログラムと訂正可能性の関係をテーマに議論できたらおもしろいのではないかというメッセージをいただきました。そこから今日の企画が実現したわけです。

川上量生　じつはその飲み会の記憶はあまりないのですが、『訂正可能性の哲学』の話題でとにかく盛り上がったことだけは覚えています。それくらいおもしろい本でした。

加藤文元　ぼくも『訂正可能性の哲学』にはとても触発されました。規則やプレイヤーが時代に応じて変わるにもかかわらず、「訂正」によって同じゲームが続くという論理は、数学の歴史にも応用できる普遍的なものだと思います。まずはぼくからは、そのことについてプレゼンをしたいと思います。

数学にとって訂正とはなにか

加藤　東さんの本で提示されている訂正可能性の論理構造は、「一貫性原理」とでも呼ぶべきものです［図1］。その特徴はつぎの三点にまとめることができます。ぼくがここからまず連想したのは、夢ってそういうものだよな、ということでした。たとえば自宅の庭を散歩していたはずが、いつのまにかヴェルサイユ宮殿の庭園にいる。そういう推移は夢のなかではごくふつうに起こりうるし、みなそれを自然に受け入れてしまう。これは遡行的なルールの訂正に近いと思います。

じつは数学史においても、この原理を適用できるような大きな事件がありました。一九世紀に起きた変化によって、数学的対象の存在論的な意味がまったく別のものになってしまった。この変化については、ジェレミー・グレイという数学史の大家が「数学的存在論における一九世紀革命」という論文を書いています［★2］。とはいえ、数や関数そのものが変わってしまったわけではありません。たとえば素数は依然素数のままです。自宅の庭とヴェルサイユの庭園が「同じ庭」でありつづけているように、その内実が大きく変わっているにもかかわらず、数学者たちは変わらず「同じ数学」を扱いつづけていると信じている。東さんの理論にはそのような事象の理解に通じる、「同じ」とはなにかについての深い問いがあるように思います。

東　ありがとうございます。夢はとてもいい例ですね。まさにそこにクリエーションの秘密がある。というのも、人間の創造力の基礎は、メタファーにしても物語にしても、本来はぜんぜんちがうものを「同じもの」としてつなげる力だと思うのです。

訂正可能性の哲学は、「同じもの」についての哲学でもあります。ぼくの考えでは、ひとがなにかを「同じ」だと思うのは、じつはその背後の「訂正」の働きがあるからです。そのメカニズムを考えたかった。

ぼくがそのような問題に関心を持った背景には、ぼく自身の出自であるいわゆる現代思想（フランス哲学）への違和感がありました。現代思想の世界では、「同じもの」について考えることは重視されておらず、「差異」について考えるのがよいとされています。自我にしろ意識にしろ国家にしろ社会にしろ、あるものが「同じ」でありつづけることは厳密には定義できない、「同じひとつのものがありつづける」というのは虚構にすぎない、すべては差異の束にすぎないというわけです。それは正しいかもしれませんが、そう指摘するだけでは議論が先に進まないんですよね。重要なのは、にもかかわらずなぜ「同じ」という錯覚が生まれるのかです。だからぼくは、同一性の概念を、たえざる変化のなかから遡行的に発見されるものとして捉え返すことで、現代思想が避けてきた「同じであること」の論理に再挑戦しようとしました。

加藤　ぼくにとって新鮮だったのは、まさにその点でした。というのも、「遡行的」というのは、現代数学の基本になっている論理展開とは、逆の時間感覚だか

訂正可能性論理＝一貫性原理

1. ゲームをしている人にとって、プレイの各瞬間では「同じさ」は問題にならない。プレイヤーは一つのゲームをしているという状況に自足している。そこには（少なくとも局所的には）論理があり、構造があり、規則がある。
2. あるときゲームが変わってしまう瞬間がくる。論理構造や規則が変化する。場合によってはガラッと変わってしまう。
3. しかし、ゲームをプレイしている人は（おおむね）その変化に気づかないか、あるいはそれを自然なものと（半ば強制的に無意識的に）受け入れてしまい、「同じ」ゲームをしているという考えに疑問をもつことはない。

図1　加藤が整理する「一貫性原理」の３つの要件
図版提供＝加藤文元

★1　当該の記事は以下のＵＲＬから読むことができる。
「アルゴリズムの遡行論理と訂正可能性」二〇二三年一〇月四日。URL=https://note.com/katobungen/n/n6f9a4e5ec8d1
「訂正可能性の哲学と『同じさ』について」二〇二三年一〇月一三日。URL=https://note.com/katobungen/n/n9c928a099fe1

★2　Jeremy Gray, "The Nineteenth-Century Revolution in Mathematical Ontology," in Donald Gillies (ed.), *Revolutions in Mathematics* (Oxford: Oxford University Press, 1992), pp. 226-248.

らです。現代の数学ではふつう、公理をもとに証明を積み上げていく。これは論証数学といって、訂正とは真逆のアプローチなんですね。

しかもここでおもしろいのは、論証数学が主流になった経緯自体も、『訂正可能性の哲学』で論じられていた論理構造になっていること。Aは自足していて本来はBを必要としなかったにもかかわらず、概念の変化によっていつのまにかBに必然性が生じてしまった、という構図です［★3］。数学はほんとうは論証を必要としていなかった。それなのにいつのまにかそれこそが必要になってしまった。

東　デリダのエクリチュール論の話ですね。デリダによれば、西洋哲学では伝統的に、話し言葉（パロール）こそが重要で、書き言葉（エクリチュール）は二次的なものだとみなされてきた。言い換えれば、エクリチュールはほんとうは必要ないものだと考えられてきた。たとえばソクラテスは、書き言葉に頼るとむしろ記憶力が衰える、文字はあくまでも補助的にのみ使うべきだと主張していた。

それをひっくり返したのがデリダです。デリダは、エクリチュールはたしかに二次的なものではあるけれど、そもそもエクリチュールがなければパロールも存在しないのではないかと主張した。これは逆説のように見えて、きわめて具体的な話です。たとえば、話し言葉には区切りがありません。文字がなければ単語の境界は不明瞭です。そもそも同じ単語でもひとによって発音がちがい、なにが「同じ」なのかが判然としません。文字として書かれることではじめて言葉は分節化され、標準的な話し言葉が確定する。エクリチュールがないと、パロールもパロールたりえないわけです。

川上　それは個人と社会の対立の話だとも解釈できますね。

東　いい指摘をいただきました。デリダのエクリチュール論の背後には、ソシュールの言語学があります。ソシュールは言語をパロールとラングという対立で捉えていて、パロールが個人の発話、ラングが社会的な言語構造を意味するのですが、しかしそのラングなるものはどこにあるのかという問題が出てくる。実際の発話はすべてパロールであって、ラングは理念的な存在でしかないからです。異なった人々がひとつの「同じ言語」を共有しているという想定は、書き言葉がないとなりたちません。つまりエクリチュールが社会を生み出すとも言えるわけで、その点で川上さんの直感は正しいです。

加藤　論証数学の登場もまさに、パロールからエクリチュールへの転換でした。紀元前二〇〇〇年ごろ、古代バビロニアや古代エジプトでは、現代人も驚くほど数学が発展していたんです。おそらく彼らはそれで満足していて、それ以上高度にする必要を感じていなかったことでしょう。にもかかわらず、あるときギリシアで「証明」なるものをやるひとが現れて、「これが数学というゲームです」と主張し始めた。結果として、数学とは証明のことだったのだと、ルールの訂正が起きたわけです。かつて証明は数学にとっておまけでしかなかったけれど、それ以降はそれがないと数学がなりたたなくなってしまった。もちろんバビロニアやエジプトの数学にもそれなりの論理性はあった。でもそれらはいわばパロールの連続体のようなものでした。エクリチュールによる数学があったとはいえ、たんなる記録にすぎず、記号それ自体を操作する発想はなかったようです。彼らはおそらく、二〇世紀のラマヌジャンのように［★4］、感覚によって数学的真理をつかんでいた。

東　おもしろいですね。プラトンの対話篇には、まさに真理と数学的証明の関係を扱ったものがあります。タイトルを忘れてしまったのですが……。

加藤　『メノン』ですね。

東　それです。そこでソクラテスは、人間は生まれたときから真理を知っているけれど、それを忘れてしまっているんだと語ります。彼はそのことを示すために、子どもに正方形を描かせ、その倍の面積の正方形を作図しろと命じる。最終的に子どもは、まったく数学的な訓練を受けていないにもかかわらず、もとの正方形の対角線を一辺とする図形を描くことで作図に成功する。ソクラテスによれば、これはまさに、人間のなかにもともと真理が宿っていることの証明になっている。ソクラテスにとって知ることとは思い出すことであり、内なる明証性に立ち戻ることでした。記号操作によって真理に迫る現代の証明とは異質な真理観です。

加藤　彼がエクリチュールを批判したことと重なりますね。おそらくソクラテスは、論証数学が台頭することで、ラマヌジャンのような人物が現れなくなることを恐れていたんだと思います。

川上　逆になんで論証数学が主流になっていったのかは謎ですよね。証明なんて、現代でも数学をやるひとが最初にいやになるものなのに（笑）。

東　やはりユークリッド（エウクレイデス）の登

加藤文元

★3　東浩紀『訂正可能性の哲学』、ゲンロン、二〇二三年、一九七頁。

★4　シュリニヴァーサ・ラマヌジャン（一八八七－一九二〇年）は、インド出身の数学者。貧しい家庭に生まれ、独学で数学の研究を行なっていたが、のちにイギリスの数学者であるゴッドフレイ・ハーディに才能を認められ、一九一四年にケンブリッジ大学へ留学する。直観的で証明を用いない独自の方法によって多くの数学的業績を残すも、一九一七年に健康を害し、一九二〇年に故郷で夭逝した。自身のひらめきは寝ているあいだに「ナーマギリ」というヒンドゥー教の女神が与えてくれたものだと語ったことでも知られる。

場が画期的だったのでしょうか。古代を代表する数学者といえばピタゴラスですが、彼は数秘術のひとでした。ピタゴラスにとって真理は隠すべきものであり、それを明示するものに変えたのがユークリッドなのだと、どこかで読んだ記憶があります。

加藤　それはぼくの考えとちがいますね。ピタゴラスも学派の仲間内では証明を共有していました。もちろん論証数学の発展にとってユークリッドの登場は大きいですが、それ以前のタレスやピタゴラスから、数百年のスパンで徐々に起きていた変化だと思います。その台頭の理由については、ぼくは古代ギリシアにおいて、証明が「彼岸」にアクセスするための手段になっていたからだと考えています。図形の原理にせよ、音階の原理にせよ、数学的な証明で理屈をつけることで、人間の力を超えた存在と通信しようとしていた。論証数学というと記号の操作を志向したものと思われがちですが、初期のモチベーションは多分に宗教的なものだった。

川上　ぼくはいまの話を、アルゴリズムの問題として理解しました。人間はふつう、直感という簡単なアルゴリズムで自然を捉えている。けれどアルゴリズムには、それを外部化できるという特徴があります。人間の内部から外部に移されたアルゴリズムを、受け入れることができるかどうか。そう考えると、ここまでの議論は人工知能にも通じると思います。

東　もしもソクラテスが現代に生きていたら、人工知能には反対だったでしょうね。人工知能と記号の関係については、後半で川上さんからお話をいただく予定です。

文系／理系と歴史の価値

東　ぼくからは訂正可能性の哲学の意義を、自然科学と人文知のちがいを通してお話ししたいと思います。加藤さんから提示していただいた「一貫性原理」とも関わる問題です。指示対象が変わっても「同じ」記号でありつづけることの謎を、『訂正可能性の哲学』では分析哲学を用いて「固有名の逆説」というかたちで展開しました。今日はそれを記号一般の問題としてお話しします。

記号と現実の関係については、哲学的に大きく三つの考え方があります［図2］。まず、記号と現実が個別に対応するという考え方があります。論理実証主義や前期ウィトゲンシュタインはこの発想です。つぎに、記号と現実は構造を介して対応するという考え方があります。分析哲学におけるクワインのホーリズムや、大陸における構造主義がこれにあたります。そして最後に、記号は現実から遊離して構造のあいだを自在に移動できるという考え方があります。たとえば英語のdogはドイツ語ではHundに相当しますが、現実の言語使用ではdogが英語の意味を保ったまま、ドイツ語のなかで異なるニュアンスで使われるということがありえます。英語の

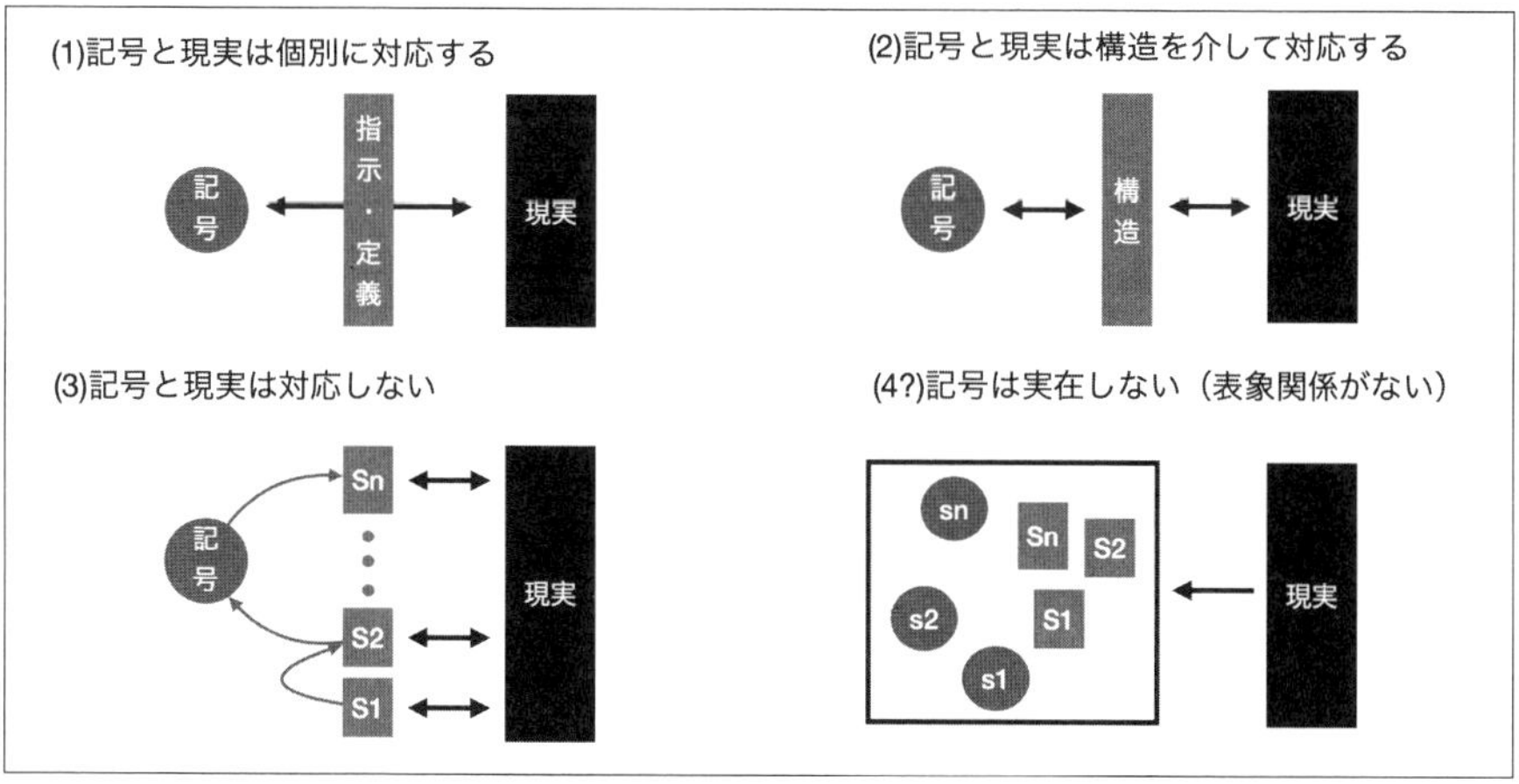

図2　東による記号観の分類。ここで触れられているのは（3）まで。右下については後出
図版提供＝東浩紀

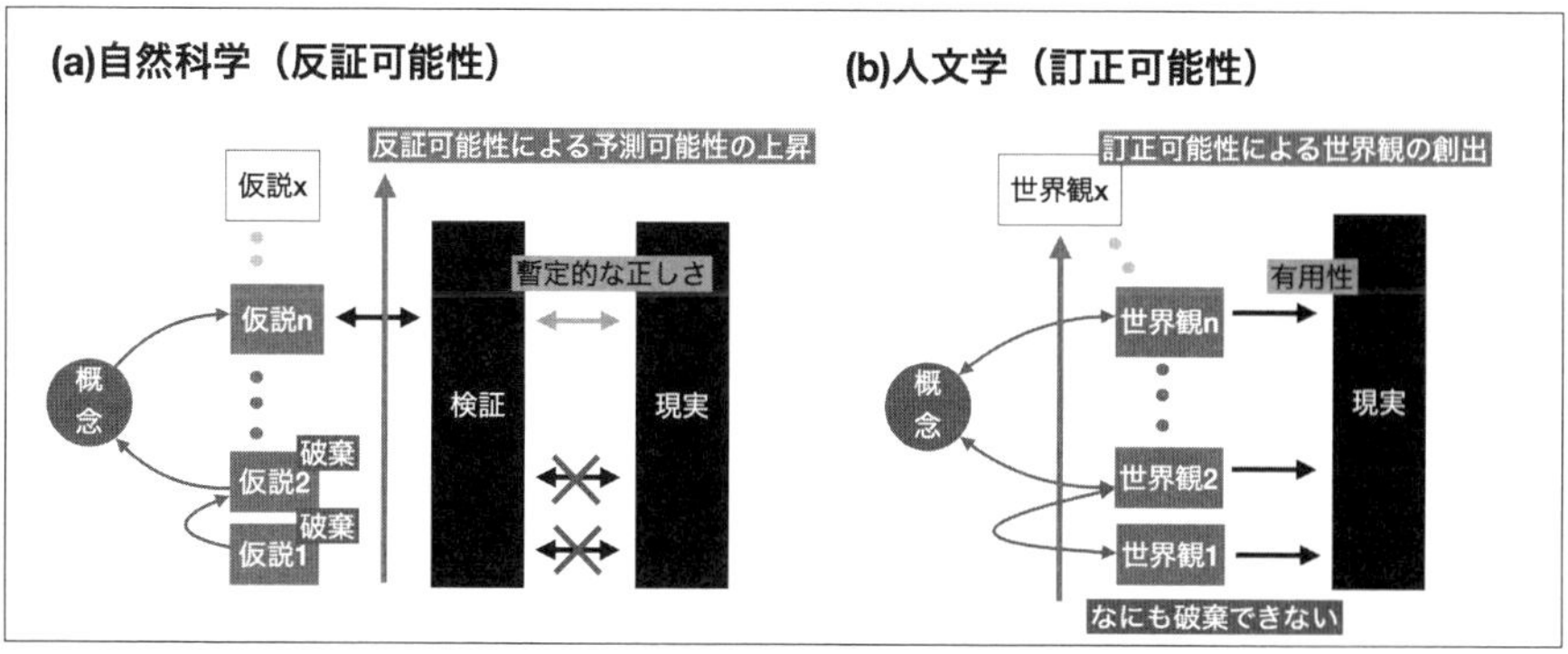

図3　反証可能性と訂正可能性の構造の差異
図版提供＝東浩紀

単語が、英語という構造を離れてドイツ語のなかに飛び込んで独自の意味を持ってしまうわけです。つまり、記号は現実とけっして一対一に対応しないけれど、かといって構造のなかに完全に埋め込まれているわけでもなく、ズレをはらみながら複数の構造のあいだを移動してしまうというのがこの考え方です。規則（構造）が変わっても概念の同一性が保たれるというぼくの理論は、この三番目の立場を前提にしています。

そのうえで、「同じ概念」が複数の構造（仮説あるいは世界観）を移動する過程、それ自体がどのような規則で制御されているかを考えます［図3］。自然科学と人文学の差異はまさにその規則のちがいに表れている。それこそが、自然科学における反証可能性と人文学における訂正可能性の差異だというのがぼくの仮説です。

反証可能性は哲学者のカール・ポパーが提示した概念です。自然科学では、ある仮説が現実の予測に失敗すると破棄されます。そしてあらたな仮説にとって代わられる。しかしそのときも概念のすべてが放棄されるわけではありません。むしろ「同じ概念」が新しい仮説のもとで再定義される。たとえば原子はもともとは、それ以上分割できない物質の最小単位を意味していた。いまでは原子はけっして物質の最小単位ではなく、内部構造があることが知られていますが、しかし原子の概念がなくなったわけではない。このように自然科学においては、反証可能性をエンジンとして、ひとつの概念が異なった構造のあいだを移動して更新されるということが起きている。それがふつう科学の「進歩」と言われているものです。

それに対して、人文学では仮説の検証がありません。仮説が現実によって反証されることがない。この点が理系のひとが人文学の存在価値に疑問を覚える最大の理由ではないかと思います。実際、ここはかなりむずかしいところです。とはいえ、人文学においても、ずっと同じことが言われつづけているわけではなく、やはり「同じ概念」が異なった構造のあいだを移動して意味を変えていくということが起きている。

ではそこではなにが起きているのか。ざっくり言うと、ぼくはそこでは「現実に対する有用性を根拠とした訂正」が行われているのだと考えています。たとえば「正義」という概念ひとつとっても、ギリシア時代やローマ時代、ヨーロッパの近代、そして二一世紀の現代では、それぞれの状況に応じてかなり意味が変わっているわけです。その変化を導くのが訂正可能性の原理です。そしてここで重要なのは、人文学では自然科学とは異なり、古い世界観が完全に破棄されるわけではなく、むしろ蓄積して訂正の源として再利用されるということですね。

川上　最後の部分だけわからなかったのですが、人文学が過去を破棄しないのはなぜでしょう。

東　過去が多く蓄積されたほうが、訂正の自由度が上がるからだと思います。ひらたく言えば、歴史を知っているほうが現実の変化に柔軟に対応することができる。

たとえばいま、同性婚が話題になっていますよね。かつては男性と女性の結びつきだけが婚姻と呼ばれていた。日本国憲法にも結婚には「両性」が必要だと書いてある。この定義のなかでは同性婚は婚姻とみなされない。けれども、いまは多くの国でその定義こそが訂正されようとしている。同性婚の問題はまさに訂正可能性の問題なんです。そういうとき、たとえば仮に、婚姻を男女間に限定するのはヨーロッパ近代特有の現象にすぎず、かつては同性同士でも婚姻が行われていたという過去が保存されていれば、婚姻の定義の訂正は容易になるわけです。

これは別の角度から見ると、自然科学と人文学を制約する条件のちがいでもあります。自然科学は仮説が現実と合致するかによってテストされる。つまり現実が制約条件になっています。しかし人文学にはそのような外部がない。ぼくの考えでは、そこで制約条件となるものが過去です。現在の現実からの要望に応えつつ、過去を制約条件として世界観を訂正＝更新していく。それが人文学の営みの本質だと思います。

　このようなぼくの歴史観は、近代ヨーロッパで支配的だったヘーゲルの歴史哲学とは異なったものです。彼の哲学では、学問は弁証法によってどんどん高みに上り、最終的に「絶対精神」に辿り着くことになっています。けれどもぼくの訂正可能性の哲学は、そういう最終的な目的地を持たない。現在は過去を訂正するけれど、そんな現在の世界観もまた未来からは訂正されうるわけだし、訂正されればされるほど絶対的な真理に近づくかと言えばそういうわけでもない。ただ訂正の連鎖だけがある、というのがぼくの考えです。

　『訂正可能性の哲学』では時間や歴史の問題を直接は扱っていませんが、じつは過去を記憶し継承するとはどういうことなのかというのが、同書を貫く問いでした。世の中には、反証可能性によってどんどん過去を捨てて「進歩」する学問だけではない、過去を保存するもうひとつの知のあり方があるんだというのを原理的に示したかった。

　現実的な動機もありました。加藤さんや川上さんをまえにして言うのは失礼かもしれませんが、どうもいわゆる「理系」の方々には、最先端の研究動向だけが大事で、学問の歴史に無関心なひとが多いように感じるんです。たしかに自然科学は過去の理論を破棄して「進歩」する知ではあるのですが、そんな学問でも現実には試行錯誤の連続で、ある時代に正しいと思われていたことがのちにごっそりひっくり返ったりする。それなのに、あたかも現在の理論が絶対的真理であるかのように語るひとが、ツイッターなどにはけっこういる。

川上　たしかに専門分野における全能感が拡張してしまっているかたはときおりいますね。

東浩紀

東　だからぼくは『訂正可能性の哲学』は理系のひとにこそ読んでほしい。最先端の理論だけではなく、学説史も大事なんだと考えてほしいと思っています。実際、ネットの話にしても、そもそもインターネットの起源はＡＲＰＡＮＥＴにあったとか、スティーブ・ジョブズやビル・ゲイツはガレージでコンピュータを作っていたんだとか、そういう歴史をもっと語ったほうがいいと思うんですね。Ｗｅｂ３とかブロックチェーンとかの意味も、そういう過去を参照したほうが理解できると思うんです。イノベーションというのは、たいていは過去の訂正＝更新なのですから。

加藤　まったく同感で、だからぼくは数学史の本を書いていますが[★5]。そもそも数学の理論は、究めようとするとかなりむずかしい。理論を直接扱うよりも、数学史を学んだほうが、数学とはなにかが理解できると思います。

川上　歴史はコスパがいいんですよね。学説史を知るだけでも、どのような学問なのかがだいたいわかる。しかも人間に寿命が存在する以上、社会には必ず新陳代謝が起こり、過去を知らない新しい世代が定期的に現れる。つまり歴史の知見を得ることは必然的に、周囲へのアドバンテージになるんです。ZEN大学でも学説史の授業は重要視していて、数多くの講座が開かれる予定です。

東　過去を蓄積する場所としての博物館や古典教育の存在意義もそこにありますね。教養というのは、たんなるオタク趣味でもなければ、グローバルなビジネスパーソンの社交の道具でもないと思うんです。過去の保存にはもっと本質的な重要性がある。訂正可能性の論理は、それを訴えるための根拠として打ち出したものでもあります。

「数学は偉い」はほんとうか

加藤　いまのお話に、ぼくが今日議論をしたいと思っていた論点が含まれていました。というのもぼくには、東さんの整理とは異なって、訂正可能性は自然科学にもまた適用できると思えるんです。たとえば、天動説は地動説によって、果たして破棄されたと言えるのでしょうか。

東　天動説が現実予測に失敗したのだとすれば、天動説は反証され地動説に置き換わったと言えるはずです。ただ、たしか天動説でも、周天円をたくさん挿入することでかなり正確な予測ができたのではなかったでしょうか。もしもどちらでも似た精度の予測が可能だったのだとすれば、天動説か地動説かの選択は、反証可能性というよりイデオロギーのちがいでしかなかったことになる。

加藤　ぼくは天動説が反証可能性によって破棄されたわけではないと思います。たしかに地動説の登場で天文学的な予測の精度は上がりました。しかし天動説が採られていた二世紀の時点ですら、すでにプトレマイオスの『アルマゲスト』のモデルは九五パーセント以上の予測精度を持っていた。そこで彼がなにをしていたかというと、要するにフーリエ級数展開です。それはたいへん複雑なものですが、現代ならコンピュータを使って同じ計算をより精緻に行うことができる。そうなると、天動説に依拠した超高精度の予測モデルを作ることも可能だと思います。つまりは、数学的な天体運動の予測を考えるかぎり、天動説と地動説に有意な差を見出すのはむずかしいんです。もちろん、天動説では重力の法則をうまく説明できないので、物理学的には地動説のほうが優れているわけですが。

東　なるほど。逆に言えばニュートン力学が登場しなければ、天動説が通用しつづけたかもしれない。アインシュタインの相対性理論にまで行けば、太陽と地球のどちらが中心かは議論しても意味がないとも言えますから。

加藤　おもしろい視点ですね。たしかに空間自体の屈曲を扱う「場の理論」が一足飛びに登場すれば、プトレマイオスのモデルが維持されていた可能性はある。そのときはきっと重力ではなく「遊星のオーラ」のようなもので天体現象が説明されることになったのでしょう。いずれにせよ、天動説と地動説のような関係を考えると、必ずしも反証可能性と訂正可能性は対立するものではないように思えます。

東　うーん、たしかにそうかもしれません。ただぼくは、自然科学と人文学を連続して捉えることには慎重な立場です。まさに天動説から地動説への変化をめぐって、トーマス・クーンが一九六〇年代に「パラダイム・シフト」という見方を提案しました［★6］。天動説と地動説は拮抗した理論であり、前者から後者への移行はむしろ、われわれの世界観の変化の表れなのだという議論です。しかしその考えを突き詰めると、科学はすべてパラダイム次第だということになってしまい、なんでもありになってしまう。いわゆる「ポストモダン」ですね。

　けれどもそれでいいのか。そもそもポパーが反証可能性という概念を提出したのは、マルクスとフロイトという仮想敵がいたからなんです。彼らの理論は当時「科学的」に見えて、強い影響力を持っていた。けれどもマルクスの史的唯物論もフロイトの精神分析も、反証可能な現実予測はまったく提出することができなかった。ポパーはそれこそが彼らの理論の非科学性を証拠立てていると論じた。ポパーはそういうかたちで科学の領域を限定しようとしたわけです。

川上　フロイトもマルクスも科学じゃないけれど、なんとなく「真理っぽい」んですよね。

東　それは科学性とは分けなければならない。

加藤　とはいえ、それは分けられますかね。ぼくが感じているのも、結局は天動説よりも地動説のほうがなんとなく「真理っぽい」というだけかもしれない。ただその根拠を問われると、答えるのはむずかしい。

★5　加藤文元『物語　数学の歴史――正しさへの挑戦』、中公新書、二〇〇九年、『数学の世界史』、KADOKAWA、二〇二四年。

★6　パラダイムはトーマス・クーンが『科学革命の構造』（一九六二年）で提唱した概念で、科学者の共同体のあいだで共有される問題設定や物事の認識の方式を意味する。ふつう科学者はみな同一のパラダイムに依拠して研究を行うが、科学の発展に行き詰まりが生じたとき、別のパラダイムへの乗り換えが、つまりはパラダイム・シフトが起きる。これによってクーンは、科学の歴史を一貫した進歩のプロセスではなく、いくつものパラダイムの交代という非連続性によって規定した。

東　そこには自然科学と人文学の区別とはべつに、「真理っぽい」とはなにかという別の問題がありますね。それはそれで重要な感覚なんでしょうが、あまりにもそれに頼ると人間は容易に擬似科学に陥ってしまう。

　この話はZEN大学やゲンロンカフェが掲げている「文理融合」とも関係しています。クーンのパラダイム論が生まれた六〇年代は、じつは人文学や社会科学がかなり理系的な知に近づいた時期なんです。たとえば文化人類学者のレヴィ＝ストロースは、ブルバキなどを援用し、部族社会の親族構造や神話に数学的な構造を見出すような研究を行なっています。それはまだ妥当な研究なんですが、ラカンの精神分析になると、数式を比喩に使って心の構造を解き明かしたと称する、ほとんどオカルトのような擬似科学的な理論が展開されることになる。そしてその流れのうえで、一九九五年に有名なソーカル事件が起き、ポストモダニストの評判は一気に地に落ちてしまう［★7］。ぼくはもともとがフランス現代思想の出身なので、自然科学と人文学を連続させる議論を聞くと、どうしてもあの事件が頭にちらつくんです。現在でも人文系の学者の数学コンプレックスや擬似科学への弱さはたいして変わっていないわけで、ポパーが科学の領域を限定し、人文的な知と画然と分けたことは有用でありつづけていると思います。

加藤　どうですかね。数学者の立場からすると、そもそも数学を参照すると「真理っぽい」と思われること自体に疑問があります。デリダにしてもフッサールにしても、数学を「偉い」ものとして一目置いているふしがある。ぼくはそのことには不満を持っています。

東　偉いと思われているならいいのではないですか。

加藤　その根拠が問題なんです。彼らは数学が人間を超越した真理を表現していると考えて、その普遍的な価値を語る。その認識はほんとうに正しいのでしょうか。

東　人類と異なるタイプの知性が他の惑星にいたとして、それでも数学の体系だけは人間と共通していると思いませんか。

加藤　ぼくはそれには同意しません。異なる知性は異なる数学を持っていると思います。

東　そうですか？　ピタゴラスの定理に他のかたちはありえないと思いますが。

加藤　いいえ、ピタゴラスの定理が成立するのにもそれなりの前提があります。たとえば曲率ゼロの平面という条件がそうです。もしかしたら、球面幾何学こそが自然だと感じる生命体がいるかもしれません。もちろん人類が非ユークリッド幾何学を見つけたように、彼らが球面幾何学よりも広い体系の幾何学を見つければ、われわれの数学との共通部分は出てくるでしょうが。

東　知的生命体の身体条件がそれぞれの幾何学を決めるというのはわからないではないですが、たとえば論理学はどうですか。論理はさすがに普遍的なのではないでしょうか。

加藤　専門外のことなので断言できないですが、論理のなかに無限という要素が入ってくると怪しいと思います。人間の数学には無限を措定しないと成立しない概念がいくつもあります。実数という概念からして、無限に続く数直線のうえにある特定の点として、視覚的に認識されている。平行線もまた、ふたつの線分を無限に延長しても交わらないことによって視覚的に定義されている。そんな無限は検証が不可能であるにもかかわらず、人間はそれを感覚的に自明のものとして数学体系を作っている。異星の知性がその感覚を共有しない可能性はあると思います。

川上　たしかに、三角形の内角の和が二直角に等しいということを証明するだけでも、平行線を一本引かなくてはいけません。客観的な証明のために、検証不可能な無限を前提にした概念を経由せざるをえない。考えてみるとふしぎですね。

東　つまり、人間の数学は人間の視覚に依拠して作られていると。

加藤　視覚にかぎらず、数学はわれわれ人類の思考の、自然な傾向性に基づいていると思います。だから別の生命体がいるとしたら、まったく別の数学というものがありうる。

東　数学ですら普遍的でないという話に驚きましたが、考えてみるとその考え方はカントの哲学と親和性が高いのかもしれません。カントは、時間や空間は客観的に存在するものではなく、むしろ人間が世界を把握するための「形式」なのだと考えました。加藤さんがおっしゃっているのは、人間の数学は、あくまでも人間にとっての時空間の記述を洗練させ体系化したものだということですよね。

加藤　というよりも、ぼくは数学もまた、われわれ人類が何千年という歴史のなかでルールを培ってきた、一種のゲームなんだと思っているんです。もちろんそれは、きわめて応用が利くし、有用なゲームです。しかしそれでも、数あるゲームのうちのひとつにすぎないのだと思います。

東　前回のイベントで、加藤さんがＩＵＴ理論を「新しい数学」と表現していたことを思い出しました［★8］。ＩＵＴへの関心も、数学の本質への関心とつながっているのですね。

★7　ソーカル事件とは、一九九五年、物理学者のアラン・ソーカルがまったく内容のない無根拠な論文を現代思想系の学術誌に投稿し、受理されたことを暴露した事件。ソーカルによる著書『「知」の欺瞞』（一九九七年。ジャン・ブリクモンとの共著）と併せて、数学や科学の用語を乱用する現代思想への痛烈な批判として知られる。

★8　加藤文元×川上量生×東浩紀「数とはなにか――ＩＵＴ理論と数学の立ち位置」、二〇二三年八月二七日。URL=https://genron-cafe.jp/event/20230827/

記号と人格のあいだで

東　ここからは数学を離れ、人工知能について議論したいと思います。さきほどぼくは、記号と現実の関係についての三つの考え方を紹介しました。じつはそのとき提示した図［前掲図2］には四つめの考え方も記してあります。

この図は、生成AIの登場によっていま急速に存在感を増しつつある考え方を示しています。それは、ざっくり言うと、そもそも記号なんて存在しないのではないかという立場です。この立場はたいへんラジカルなので、ほんとうにそんな考え方が可能かぼくもまだよくわかりません。ただ、たとえばいまぼくが言葉を口に出しているとき、「いま」や「ぼく」といった単語トークンと「いまぼくが言葉を口に出している」という文章は同時に生成されているわけです。個別の記号とそれを統御する構造があるわけではなく、現実にはその両方が一挙に生成されている。だとすれば、記号と現実が別々に存在し、ふたつの領域が構造を介してなんらかの対応関係にあるという見方そのものが錯覚で、実際に起きていることは記号らしきものが現実のなかに現れる、ただそれだけだと考えるべきなのかもしれない。つまり、記号を制御する構造などは実在せず、ただ現実だけがある。LLM（Large Language Model）の成功が示唆しているのはこれに近い言語観です。

川上　それは逆に、記号しか存在しないという記号観でもあると思います。LLMが内部で用いているモデルはトランスフォーマーといいます。ぼくは人工知能の専門家ではないので話半分に聞いてほしいのですが、そこで重要なキーワードが「アテンション」です。アテンションはある記号になにが続くかを予測するデータですが、実は記号そのものもアテンションになっています。LLMのアーキテクチャ構造は、データの入口も、中身も、出口も、すべてアテンションで成立している。つまりLLMは、アテンションによってすべてをデータ化するアーキテクチャと解釈できると思います。

東　言い換えれば、そこでは記号体系の内部と外部の区別がない。たんに記号のコーパスだけがあって、そこから記号のつながりだけで新しい発話が出てくるという、自動筆記のような事態が起きているにすぎない。不気味なイメージですが、もしかしたらぼくたち人間の発話も実際は自動筆記のようなものかもしれない。現にLLMは人間そっくりの答えを返せています。しかし同時に、ぼくたち人間が自分たちには「意識」があると思い込んでいることもたしかです。

この問題は最終的に「心とはなにか」という話に帰着すると思います。ぼくはいまの人工知能には心はないと考えています。統計的な近接性に基づいて言葉を並べて回答を返しているだけで、「意味」を「解釈」するという過程がないからです。にもかかわらず、ぼくたちはそんな人工知能の発話を人間の発話と見分けることができない。心がないにもかかわらず、心がある存在とそっくりな行動をする存在。そういう存在は「哲学的ゾンビ」と呼ばれたりもしてきました［★9］。いままでは思考実験でしたが、これからは現実に哲学的ゾンビがうじゃうじゃいる世界に突入することになります。

川上　とはいえ人間の心も、少なくとも自分以外の心については、その存在をうかがわせるアウトプットから遡行的に仮定されて認識されるものにすぎないですよね。さきほどの反証可能性の話でいうと、人工知能はじきにチューリングテストも問題なく通過するようになると思います。そう考えると、人工知能と人間、あるいは哲学的ゾンビと人間は、それほどちがうものでしょうか。

東　それはおっしゃるとおりで、おそらく客観的には変わらない。ただぼくは、人間というのは、対話相手に「心がある」と「信じる」ことが決定的に重要な生き物だと思うんですよね。社会の大多数が自分以外の存在には「心がない」と感じるようになったら、社会はただちに壊れてしまう。そういう構造があるので、「心がある」存在と「心がない」存在の区別は残りつづけるのではないか。哲学的ゾンビが増えた世界で、その区別がどういうふうに引きなおされるかに興味があるんです。

たとえば、この鼎談が終わったあと、いまぼくが話しているのがじつは川上さんではなく人工知能で、生身の川上さんはもう亡くなっていると知ったら、ぼくはもう一度その「川上さん」と会おうとするだろうか。

川上　対話がリアルなら問題ないんじゃないかな。

加藤　ぼくはもし川上さんが亡くなって、人工知能として再会できるなら、しゃべりたいと思いますね。

東　その感情はわかるのですが、それは亡くなった川上さんの——なぜか川上さんが亡くなった前提になってしまいましたが（笑）、とにかく、かつては生きて存在していた川上さんという人間の複製だという前提があるからですよね。

そういう感情は別にして対話の経験だけを純粋に取り出すとすると、人間の対話には、相手に「心がある」からこそしゃべるという側面があるのではないか。裏返せば、まったく同じ内容でも「心がない」とわかった瞬間に対話そのものの意味が失われるという側面がある。だからこそ逆に、人間は、内容自体は意味がない会話を楽しんだりできる。

川上　ぼくはそれは、いまの環境で教育を受けた人間のバイアスにすぎないと思います。そもそも一般論として、人間はそこまで相手の心を想定してコミュニケーションしているの

★9　哲学的ゾンビとは、オーストラリアの哲学者であるデイヴィッド・チャーマーズが提唱した概念。外見や言動だけでなく、生理学的な面でもふつうの人間と区別がつかないが、主観的な意識や経験を一切持たないという思考実験上の存在を意味する。

かが疑問です。ネットには文字通り心ないことを言うひとばかりだし、そういうひとに賛同者が集う様子を見ると、「人間には哲学的ゾンビにはない大事な心があるんだ」という話こそ寝言に思える。

東　いや、ぼくは心そのものが大事だと主張しているのではないんです。そもそもそんなことを言ったら、さっきも話したけれど、ほんとうはぼくたち人間だって自動筆記のように言葉を無意識に並べているだけなのかもしれない。ぼくが言いたいのは、それでも、相手に心があると想定するという「メタ認知」の重要性は変わらないという話です。

　別の例を出します。人間には「まったく納得がいかないけど、川上さんが言うならしかたない」といった思考回路がありますよね。そのときもし相手が川上さんではなく、川上さんそっくりの回答を返す人工知能だったらどうなるか。むろん聞きたくない意見は無視することになるでしょう。これがなにを意味するかというと、人間は相手との関係性そのものを、コミュニケーションのなかにメタ的に組み込んでいるということです。だから人工知能がいくら人間そっくりの応答をしてきたとしても、それが哲学的ゾンビだとわかった瞬間に対応は変わらざるをえない。要するに、人間のコミュニケーションでは「人格」というフィクションがすごく重要な役割を果たしているんです。

川上　なるほど。以前、日本将棋連盟の前会長の佐藤康光さんにお話をうかがったときのことを思い出しました。いま、多くの棋士は将棋ＡＩを使って戦術の研究をしています。そのため将棋ＡＩの指す手を知らないと話にならない。しかし会長の仕事はとても忙しく、それを勉強する時間がない。そこで佐藤さんは、意図的に将棋ＡＩを無視して自分の好きな手を指す戦略を取ったと言うんです。そうすれば、こちらも相手の戦法がわからないかわりに、向こうも佐藤さんの戦法を研究できないので、イーブンな頭脳戦に持ち込めるのだと。

　ところでおもしろいのはここからで、じつは将棋ＡＩが普及した将棋界において、いまのプロ棋士は、将棋ＡＩが導く評価値——その名のとおり、どちらの棋士が優勢かをＡＩが評価した数値です——をシミュレートできるようになってしまったらしいんです。将棋ＡＩで研究する時間のない佐藤会長ですら、どの手を指すと評価値が上がるか下がるか、だいたい評価値20ぐらいの精度で予言できると言います。おそらくＡＩで研究している若手だったら、評価値10ぐらいのより細かい精度で予言できるんじゃないかとのことです。言うまでもなく、ＡＩの中身はブラックボックスであり、プロ棋士ですら将棋ＡＩがなにをほんとうに考えているのかもはやわからない。しかし将棋ＡＩが出す結論である評価値はなんとなくわかってしまう。佐藤さんのようなプロ棋士は直感として将棋ＡＩが出す評価値の予測回路を内面化してしまったということです。これは将棋ＡＩの思考パターンを自分のなかに人格としてインストールできてしまったとも言える。
加藤　すばらしいお話です。佐藤さんはまさにラマヌジャンのようなひとですね。
東　彼は人工知能を人格として捉えることができたのでしょうね。それができるのが人間の脳のすごさです。そういう能力はじつは社会を捉えるうえでも働いています。たとえばぼくたちは「アメリカはこう動く」「ロシアはこう考えている」といった言い方をすることがあります。もちろん、アメリカそのものが動くはずがないし、ロシアが考えるわけでもない。にもかかわらず、「アメリカ」「ロシア」という仮想の人格を措定することで、数多くのパラメータが動く複雑な現実を単純化して処理することができる。人間にはそういうふしぎな能力があります。
川上　人間の脳は複雑なモデルは考えられないけど、すでに知っているモデルを利用することには長けています。「人格」という予測モデルは、まさに複雑なパラメータをすでにまとまったモデルに落とし込んだものなので、それを別の事象に適用すると扱える情報が一気に増えるのだと思います。たぶん人間が神を信じるのも同じ理由ですね。自然に人格を想定することで、一気に予測精度が上がる。人格とは目的関数のようなものと考えられるのかもしれません。目的というのは一次元のパラメータのことであり、要するに一番単純なパラメータのことを人間は人格として捉えているんじゃないか。たとえ無生物であろうと、相手が目的のあるように見える単純な動きをしたときに、人間はそこに人格を見るのではないか。

川上量生

東　まさにそうです。でもそれには二面性がある。人間は無生物にも人格を見出すことができるので、人工知能とも「人間的」な関係を築くことができるかもしれない。川上さんはそちらに期待しているのだと思います。しかし逆にそれは、相手に人格がないと感じたらすぐに切ることも意味している。実際、ぼくはどうもChatGPTのブームに乗れていないんですが、というのもChatGPTにあまり話しかける気になれないんですよね。
川上　それは単純に時間の問題だと思いますけどね。うちの娘はＡＬＥＸＡと対話をしています。
東　たしかにぼくが文学的すぎるのかもしれません（笑）。話し相手が哲学的ゾンビでもかまわないひとが大半なのかもしれない。たいていのひとは、人工知能の中身がブラックボックスでも気にしていない。
川上　技術の中身はわからなくてもいいと考えるのは、人間の性質としてあたりまえのことです。人工知能が生活に役立ちさえすれば、その思考過程を理解しなくてもいいと感じるひとは多いと思います。ただ、そういうひとは直感的な正しさを信じる傾向にあり、したがって人工知能にコントロールされやすいでしょうね。

加藤　ぼくは、人工知能がブラックボックスの状態のままでありつづけることはないと思いますよ。その処理過程を理解する数学がいつか生まれるはずです。

東　人工知能の論理を人間が理解するということは、人工知能の能力に人間が制約をかけることができるということです。そういう意味でも、これから人工知能についての教育は重要になりますね。

加藤　それは確実にそうだと思います。人工知能が人間に理解できない計算結果を出してきても、人間がそれをリカバーできる。少なくともそのくらいの技術は保持しなくてはならないでしょう。

システム化する世界に自由はあるか

川上　最後にぼくから、元エンジニアとして、エンジニアリングの観点から訂正可能性の哲学を解釈する話をしたいと思います。プログラミングにとって訂正可能性にあたるものがなにかと考えたとき、リファクタリングにおけるモジュールの機能の再定義がそれにあたるのではないかと思いました。リファクタリングというのは、プログラムをよりメンテナンスしやすいように整理し直すことです。モジュールというのは、プログラムを作るときの単位のようなもので、大きなプログラムは複数のモジュールに分割して開発を行います。このモジュールとはプログラミング言語のなかに新しい単語を追加するようなものです。単語の意味はモジュールとしてプログラムで表現されています。プログラムのなかでなんども使われる処理はモジュール化して、新しい「単語」にしてしまえばプログラムという文章は短く簡潔になります。また、プログラムに機能を追加する場合にも、よほど大きな変更でなければ大枠のプログラムはそのままにモジュールだけ修正すればいいようにできる。このモジュールを修正するということは、モジュールをプログラミング言語における「単語」であると考えた場合、その単語の意味を再定義するということになるんです。

　その話のたたき台として、今日はChatGPTにC++というクラシックなコンピュータ言語で『訂正可能性の哲学』で紹介されているクワス算のプログラムを書かせてみました[図4]。まちがっていたらChatGPTの責任です（笑）。ここには「オペレータのオーバーライド」という、ぼくも自分では書いたことのない洒落たテクニックが使われています。ここでは東さんの著作に従い[★10]、aとbを足して125以上のときに5を出力し、それ以外だとふつうに足し算をする式を実装しています。

東　ぼくはコードは読めませんが、たしかにクワス算の式になっているように思います。ただこれはあくまでクワス算という計算のプログラムであって、『訂正可能性の哲学』であつかった「これまでプラス（足し算）だと思っていた計算がじつはクワスだった」という状態の表現ではないんじゃないでしょうか。

川上　いや、それは最後の「＋」で表現されているんです。このプログラムではオーバーライドのコードを用いることで、「＋」の意味を書き換えています。この書き換えている部分のコードを知らない別のプログラマからすると、もしくは書き換えた本人が忘れてしまった場合には、このプログラムが実行されるのを見ても「＋」の意味が書き換わっていることはわからないんですよ。

東　なるほど。

加藤　いまわれわれはメタ視点でプログラムの全体を見ることができてしまっているけれど、最後の数式を見るだけでは、それが足し算かクワス算かはわからない。そこに驚きが生まれるわけですね。

東　ぼくとしては、足し算とクワス算の関係をコンピュータで表現するなら、同じプロトコルで通信していると思っていた相手がじつはまったく別のプロトコルを使っていたとわかるとか、そういう話になるのかと思っていました。お互いにいいかんじで通信をしていたはずなのに、相手の画面にはまったくちがうものが表示されていた、というような。

川上　あるいはプログラムが思っていたのとはまったくちがうコードで動いていた、という状態ですね。だからコードの全文が見えたらクワス算は再現できない。

とはいえこのプログラムを持ってきたのは、クワス算の再現のためで

```
class Kuwasu {
public:
    int value;

    Kuwasu(int v) : value(v) {}

    Kuwasu operator+(const Kuwasu& other) const {
        int sum = value + other.value;
        if (sum >= 125) {
            return Kuwasu(5);
        } else {
            return Kuwasu(sum);
        }
    }
};

int main() {
    Kuwasu a(60);
    Kuwasu b(70);
    Kuwasu c = a + b;  // ここでクワス算が適用される
```

図4　川上がChatGPTを用いて作成した、クワス算を実行するプログラム
図版提供＝川上量生

★10　クワス算はソール・クリプキが『ウィトゲンシュタインのパラドックス』で思考実験のために導入した計算法。足す数が56以下の場合は足し算と同じ解になるが、57を超えると解が5になる。なお川上のプログラムは東の『訂正可能性の哲学』初版の誤った紹介（東本人が二〇二三年九月一六日のツイッターで告知、第三刷で修正予定）に基づいており、計算結果が125を超えた場合5を解とするものになっている。『訂正可能性の哲学』、五〇頁以下。

はありません。じつはオーバーライドの紹介が主眼です。これはプログラマが作ったモジュールだけでなく、コンピュータ言語の演算子すら書き換えるための機能です。この背景には、どんな状況にでも対応できる万能なモジュールを作りたいという理想があったとぼくは思います。多くのプログラマの持つ夢ですね。ぼくもC++を学び始めたときにはぜひ使いたいと思っていましたが、実際に触ってみるとメンテナンス性が低くて使いにくい。モジュール化するのはプログラミングをシンプルにしてメンテナンスしやすくする目的ですが、モジュール化を究極まで推し進めると逆にそのモジュールがどう動作するかを文脈ごとに把握する必要があって、メンテナンス性が悪化する。演算子のオーバーライドなんて影響範囲が大きすぎて、結果として、いまや実装ではほとんど使われない化石になってしまっています。C++自体もオブジェクト指向言語といって、ひとつのモジュールで全てを解決するというプログラマの理想を実現しようとした言語で一時は大流行したのですが、いまは廃れています。

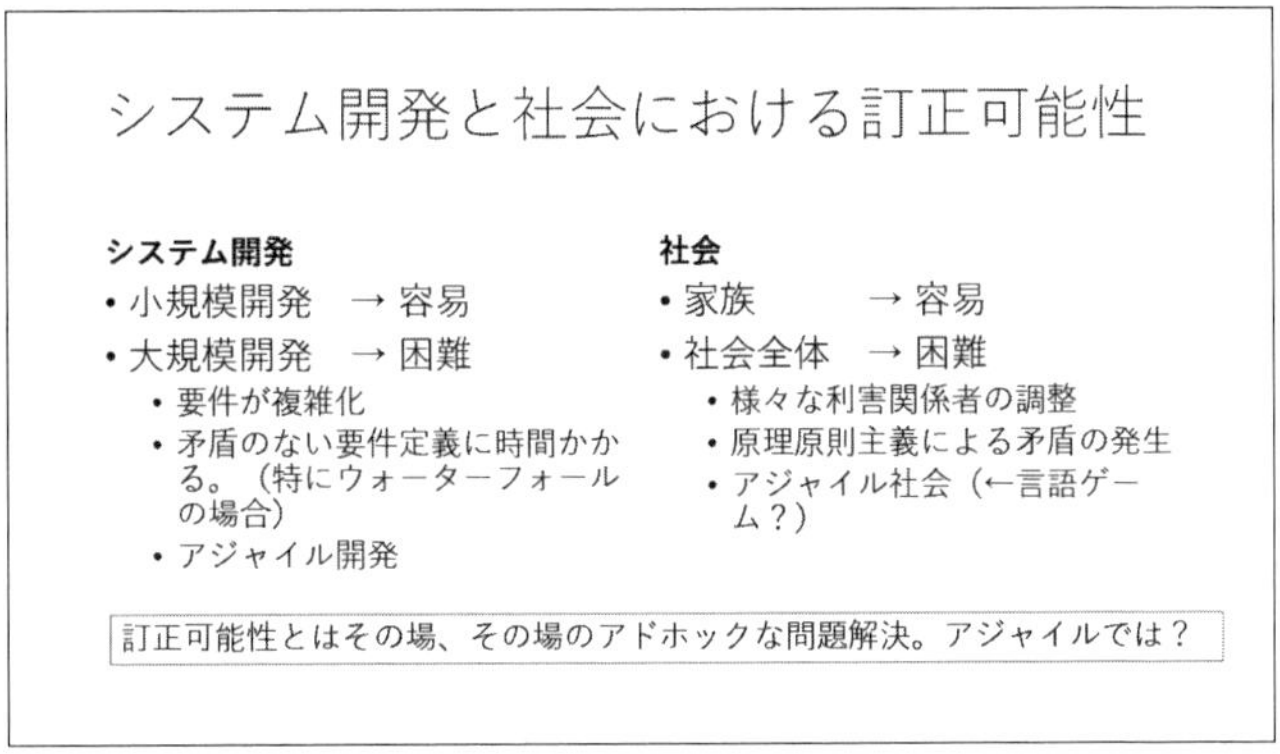

システム開発と社会における訂正可能性
システム開発
• 小規模開発 → 容易
• 大規模開発 → 困難
• 要件が複雑化
• 矛盾のない要件定義に時間かかる。（特にウォーターフォールの場合）
• アジャイル開発
社会
• 家族 → 容易
• 社会全体 → 困難
• 様々な利害関係者の調整
• 原理原則主義による矛盾の発生
• アジャイル社会（←言語ゲーム？）
訂正可能性とはその場、その場のアドホックな問題解決。アジャイルでは？

図5　川上によるシステム開発と社会設計の類比
図版提供＝川上量生

C++の登場はWindowsなどの登場と連動しているのですが、当時のプログラマはかなり苦労したようです。そんなこともあって、ひとつの概念ですべてを解決するのではなくて、その場その場で現実と対話をすることが必要なんだ、という流れに変わっていきました。

　ここから敷衍して、ぼくはシステム開発の話と社会への訂正可能性の実装を、アナロジーで捉えることができるのではないかと考えました［図5］。どちらも小規模な開発や実装なら容易ですが、大規模になるとむずかしくなる。システム開発においては、大規模になるとまず要件定義がむずかしくなります。要件定義があまりに複雑になると今度は要件同士で矛盾が起きてしまう。ウォーターフォール開発と呼ばれる、最初に計画を立ててそのとおりに作っていく方式ほど、そういうデメリットが顕著です。

加藤　川上さんのエンジニアとしての実体験に根差していそうですね。

川上　もちろんです（笑）。では、ウォーターフォール開発を社会の問題に当てはめたときに、対応するものはなにか。それが原理原則主義だと思います。たとえば差別はいけないという命題。これは原理的には正しいですが、社会は複雑なので、その原理を一貫させようとすると必ず矛盾が出てしまう。しかもプログラミングとちがって、矛盾を指摘して解消しようと言うこと自体がトラブルを生んだりする。

ではいま、プログラム開発の現場がどうなっているかというと、アジャイル開発がブームです。これはウォーターフォールとは逆の考え方で、システムは大規模になると全体を見渡すのが困難になるので、現実の状況に合わせて柔軟に計画を変えていこうという思想ですね。悪い言い方をすると「行き当たりばったり」。これを社会に適用すると訂正可能性の思想になると思うのですが、いかがでしょうか。

東　まったくそのとおりです。さきほども触れたとおり、訂正可能性は、過去の蓄積と現実からのフィードバックによって知を生み出す仕組みを理論化したものです。川上さんの言葉を使って再解釈すれば、『訂正可能性の哲学』は、人文知のあり方をアジャイル開発をモデルにしてアップデートしようとした本だったと言えると思います。いま人文系の学者の多くは、硬直した正義を頭ごなしに社会全体に行き渡らせようとする、まさにウォーターフォール型の行動様式になってしまっています。そうではなくて、いわばGitHubに蓄積された昔のコードの断片を参照しながら、あらたに起こった問題の解決のためプログラムを柔軟に訂正していくような、そういう営みとして人文知を再提示したかった。

川上　いいですね。今日のテーマにからめれば、訂正可能性はソリッドな真理にむかって突進していくものではなくて、もっとアドホックで、場当たり的な態度を示す言葉なんですよね。

もうひとつ『訂正可能性の哲学』を読んで思ったこととして、ルソーやアーレントに関する議論は、システム設計論として解釈したほうが東さんの言いたいことが伝わるのではないかと。たとえば人間は家畜を利用しています。家畜化できるのは、群れを作り、序列を作る動物にかぎられます。その習性を利用し、序列のトップに人間がくるようにしたのが家畜です。つまり家畜化とは、特定の習性を持つ動物をパーツとしたシステム設計の話なのだと言えます。同じように、動物ではなく人間をパーツとして作られたシステムが、いわゆる人間社会なわけです。その際のシステム設計について考えたのが、ルソーやアーレントといった哲学者たちだったのではないか。

東　おっしゃることはわかります。ただ、多くの文系の学者はいまの表現には反発するでしょうね。彼らは「個人」と「社会」は対立するものだと考えている。「システム」という言葉自体、個人を抑圧し自由を剝奪するネガティブな意味合いで捉えていることが多い。それがぼくの主張が彼らに受け入れられづらい理由のひとつでもありますが……。

川上 それは人間の自由意志を尊重する考え方ですよね。でも、自由意志とはなにかという話ですが、ぼくの理解では、訂正可能性こそが人文学者が語る自由意志とかなり近い概念だと思うのですが。

東 おっしゃるとおりです。

川上 ぼくは自由意志の存在を疑っている人間です。人間は同じ環境を与えられると、だいたい同じ反応をしてしまう。もちろんつねに例外的な人物は出てきますが、人間はそういった常識にとらわれない人間を称賛するのではなく、たいていは弾圧し排除してしまう。それが社会の構造です。したがって、社会をシステム的に設計すると、自由意志の適用範囲は狭くなります。要は社会の改良は、人間の自由とトレードオフだということです。今後、人工知能が発展しシステム化がより進むと、自由意志はますます幻想にすぎないものになっていくでしょう。

では、そんな時代において、自由意志という幻想を生み出すアーキテクチャはなんなのか。自由意志と訂正可能性が等しいのなら、今日の話に照らせば、それは過去の歴史ということになりますね。しかし人間の情報処理能力はかぎられていますから、当然歴史からは一部の要素しか抽出することができません。だとすると歴史は、自由意志という幻想を生み出すためのシード――乱数生成のための数値を意味するプログラミング用語です――にすぎないということにならないでしょうか。

加藤 川上さんの「幻想」という表現から、座談会の冒頭の「夢」の話を想起しました。今日お話ししたとおり、ぼくは数学を含めた自然科学においても訂正可能性がかなり重要だと考えています。そういう意味では、数学の一貫性や普遍性も歴史に基づく幻想なのかもしれませんね。

東 興味深い問題提起です。実際、そうでしかないのかもしれません。歴史を訂正するというのは、訂正するという幻想を抱くことでしかないのかもしれない。

ただ、その幻想はそれはそれで必要なのだと思います。社会には合法性と違法性のふたつの領域がありますが、いま川上さんが話されたのは、人工知能社会の到来によって秩序の外部にある逸脱＝個人の自由の領域がどんどん狭まっているということですよね。けれど単純にそうも言えないと思うんです。実際に起きているのは、合法と違法、言い換えればシステムと逸脱のあいだの線引きが変化しているだけなのではないか。たとえばいま家庭内暴力は犯罪とみなされます。ぼくもそう考えています。しかしかつては子どもへの体罰は犯罪だとはみなされていなかった。ぼくは体罰が悪くないと言いたいわけではありません。合法性と違法性の境界は時代により変わるという話をしている。過去にはいまと異なる境界線があったし、そして未来でもまた変わりうる。そういうとき、いまの境界線が絶対ではないということを人々に教えシステムの変動を促すのが、自由意志の幻想であり、訂正可能性の感覚だと思うんですね。だから、システムを維持するためにこそ、過去から引き出される自由意志の幻想は必要だとも言える。

川上　なるほど。東さんは人類の進歩を信じていないのですね。

東　いや、進歩はあると思っています。ただ、それもまっすぐには進まないし、道徳や倫理には完全な正解はない。それになにより大事なのは、どんなユートピアを作っても、すべての人間が包摂されることはないということです。どの時代にも必ず排除される人間がいるし、テロリストも現れる。そしてそういう存在こそが歴史や社会にダイナミズムを与える。ぼくのいう「訂正可能性の哲学」は、そういうイレギュラーを取り込んで社会を維持するための哲学でもある。

川上　人間社会のダイナミズムを肯定するための思想ということですね。よく理解できました。

加藤　おもしろく議論を聞いていました。いまのお話にも「同じもの」の逆説がよく表れていると思います。社会には既存の価値観、規則、秩序があるけれど、あるときそのゲームが変わる瞬間がやってきてしまう。それは表層的に見れば破壊なんだけれど、ゲームをプレイしているひと、その社会に生きているひとはその変化をなかば無意識に受け入れる。それを後押しするのが訂正可能性の哲学なんですね。

川上　今日は東さんと加藤さんと知的なやりとりを交わせて、ほんとうにおもしろかったです。正直に言えば、東さんにメッセージを送ったときはプライベートで三人で飲むことを考えていた（笑）。しかし公開の場だからこそ、「真理とはなにか」について大真面目に話せた気がします。

加藤　時間をまったく感じずに楽しむことができました。

東　ふしぎなもので、人間って、一対一の場ではあまり抽象的で真面目な話はしないものなんですよね。川上さんからZEN大学のスタッフに誘われたとき、「人工知能の時代において人文学が果たすべき役割を考えてほしい」と言われていました。今日はまさにその要望に応えるイベントになったような気がします。加藤さんからは夢の比喩が出ましたが、『訂正可能性の哲学』の著者として、まさに夢のような機会でもありました。今日はほんとうにありがとうございました。

本座談会は、2023年12月17日にゲンロンカフェで行われた公開座談会「真理とはなにか――数学とアルゴリズムから見た『訂正可能性の哲学』」を編集・改稿したものです。

2023年12月17日
東京、ゲンロンカフェ
構成・注・撮影＝編集部

より身近なところへ

各界の第一人者が続々登壇!
現地観覧&オンラインで
ご覧いただけます

2023 6/25
川上量生×松尾豊×東浩紀
知性とはなにか
――AI時代の科学と人文学

2023 8/27
加藤文元×川上量生×東浩紀
数とはなにか
――IUT理論と数学の立ち位置

2023 10/30
鈴木寛×乙武洋匡×東浩紀
君たちはどう学ぶか
――少子化・AI時代のユニバーサル教育(と政治参加)

2023 12/17
加藤文元×川上量生×東浩紀
真理とはなにか
――数学とアルゴリズムから見た『訂正可能性の哲学』

2024 3/1
大塚淳×竹内薫×宮本道人
科学はどこまで「わかる」のか
――AI時代の科学文化と物語

永遠平和とふたつの普遍的なものの概念

ユク・ホイ Yuk Hui
訳＝伊勢康平 Kohei Ise

連載
惑星的なものにかんする覚書
第3回

★＝原注　☆＝訳注　〔　〕＝訳者補足

来るべき惑星的思考にとって根本的な要素となる共存の言葉についての探究を開始するには、どうすればよいだろうか？　啓蒙は、理性と自由の普遍性によって統一された世界の到来を請け負ってきた。そこでは「最高善」、つまりだれもが道徳法則にしたがう道徳的な世界を想像することができる。だがいまや啓蒙は信頼を失っており、あちこちで文化相対主義の台頭が見受けられる。そのおもな原因は、普遍的なものへの懐疑論だ。つまり、普遍的なものは西洋が各地を支配するための方策だと考えられているのである。こうした文化相対主義は、言論の自由や人権、民主主義などあらゆる普遍的なものに抵抗し、それらを西洋的価値観と呼んでいる。これはポストコロニアルの時代が産んだ、もっとも正しそうに見えて、そのじつ問題があるものなのだ。正しそうに見えるというのは、地球上のどこにでも適用できる原則や真理としての普遍的なものという常識に対し、異議を唱えているからだ。また問題があるというのは、不義や悪事を正当化するためにも同様に利用されてしまうからだ。つまり、そうした不義は自身の伝統と価値観の一部であり、したがって正当なのだと主張するわけである。文化相対主義は政治的に正しいが、哲学的には浅はかだ。なぜなら、これは価値観や文化が静止したものだと言い張っているに等しく、またその特殊性を擁護することで、人々から過去の歴史も未来への発展も奪い取ってしまうからだ。そして最終的には、正しそうに見えていた側面も失われ、ナショナリズムと区別できなくなってしまうのである。

〔たしかに文化相対主義は政治的に正しいかもしれない。〕だが普遍的なものがなければ、つまり個人であれ組織ないし国家であれ、全員が尊重してしたがうものがなければ、私たちはきっと絶え間のない対立や戦争に終始してしまうのではないか？　個人と個人の、また個人と国家のあいだには社会契約があるが、そこではいくつかの普遍的な概念や価値観が前提されている。そうでなければ法制度は崩壊しているだろう。だから文化相対主義者は、たとえ普遍的なものなど不要であると主張していても、決して現実主義者ではない。また、かれらは自分たちの体系における一種の普遍的なものを仮定しているので、唯名論者でもないといえる。たとえば「天下《ティエンシア》」という概念は、内部性だけがあり、外部性はないことを仮定している。このように主張することで、カール・シュミット的な友敵の関係は自動的に解消されるという。なぜならもはや外部性はないからだ（じっに賢明だ！）。けれども、こうした仮定が問題を解決することはないだろう。じっさい、これは敵対心の本質を見誤っている。前回の覚書（『ゲンロン15』）で確認したように、敵対心は必ずしも外部性に由来するわけではない。というのも敵対心は実存の問題だからだ。そのため、もし共存の言語を探究しようと思うなら、普遍的なものをめぐる入り組んだ問いに正面から向き合わなければならない。そうしないと、私たちは普遍主義と相対主義の安易な対立に戻ってしまい、たえず疑念にとらわれることになるだろう——もはや普遍的なものに頼れないのなら、いったいなにが、それでもなお永遠平和を打ちたてる根拠になりうるのだろうか？

＊

この入り組んだ問いにアプローチするために、私は普遍的なものの思想家であるイマニュエル・カントに立ち返ろうと思う。そしてカントをつうじて、普遍的なものの批判を定式化する新しい方法を見つけだしたい。連載の初回（『ゲンロン14』）で論じたように、カントの「永遠平和のために」（一七九五年）は、ある種の共存の言葉を——つまりヨーロッパ諸国のあいだの不安定な関係や、ヨーロッパが打ち立てた非ヨーロッパ諸国との植民地的な関係に対処しうる言葉を——大まかに述べる試みであった。この論考のなかで、カントは、国家お抱えの思想家や政治倫理を説く人々ではなく、哲学者にこそ「戦争の遂行と平和の樹立にかんする普遍的な原則について、自由かつ公《おおやけ》に論じ」る権利が付与されるべきだと主張している［★1］。周知のとおり、カントにとって哲学は、理性の使用にかんする最上位の格率をめぐる学問である。それゆえ、理性の誤用や乱用を目にしながら口をつぐんでいることは、哲学者には耐えがたいことだ（もはや哲学者を生みだすことなど不可能になっている場所がいくつかあるのはこのためである）。そこで私たちはこう問うべきだろう。はたして言論の自由とは普遍的な価値なのか？　またそうした理由づけがないと言論の自由を公的に行使できないので、ひとはこの普遍的価値を尊重し、そのために努力すべきなのだろうか？　そのとおりだ。だがそれと同時に、ヘーゲルが『法の哲学』の随所で語って

★1　Immanuel Kant, “Toward Perpetual Peace,” in *Toward Perpetual Peace and Other Writings on Politics, Peace, and History*, ed. Pauline Kleingeld, trans. David L. Colclasure (New Haven and London: Yale University Press, 2006), p. 93, Ak 8: 369.〔カント「永遠平和のために——哲学的な草案」、『永遠平和のために／啓蒙とは何か　他3編』、中山元訳、光文社古典新訳文庫、二〇〇六年、二一二頁。原著の表記にしたがい、圏点を省略している。〕

いるように、法としての言論の自由は理性を保証するものではない。法は抽象的な普遍概念でしかありえないのだ。そのため、言論の自由が法として与えられたとしても、それは理性が具体的に進展してゆくことを意味していないのである。

とすると、ここで私たちは、ヘーゲルはカントに勝利したと示唆しているのだろうか？　ある程度はそういえる。しかし、そもそもカントがいなければ、ヘーゲルもフィヒテやシェリングもいなかったはずだ。カントの普遍的なものの概念は、人々が考えているよりも相当複雑であり、しばしば誤解されている。今回の目的は、カントの思想における普遍的なものについて、簡潔で新しい解釈を示すことだ。そのためには、きわめて専門的な細かい議論を避けて通る必要があるだろう。

まず、以下の主張から議論を始めよう。カントにおける普遍性は、ふたつの種類ないし概念に分けることができる。ひとつめの普遍的なものはア・プリオリに与えられる。たとえば純粋直観や純粋なカテゴリーなどがそうであり、これらは悟性の概念に属する。カントが「純粋」あるいは「超越論的」という言葉を使うのは、それがア・プリオリに与えられるという意味だ。これは、たとえば物理学における重力の法則をめぐって簡単に考えることができる。じっさい、私たちはこの法則によって規定されているわけで、さもないといまごろ空を飛んでいるはずである。もっとも、この種の普遍的なものはじつに単純であり、私たちが検討している啓蒙の思想家はもっとずっと複雑だ。

啓蒙にかんするカントのいちばん重要な議論は、どちらかと言うと、一七八四年の「『啓蒙とは何か』という問いに答える」ではなく『純粋理性批判』（一七八一年）の、とくに「純粋理性の建築術」という章で行なわれているように思う。というのも、カントはそこで普遍的なものにかんする根本的な問題に触れているからだ。カントが試みたのは、「超越論的分析論」のなかで概念の図式機能にかんして行なったように、理念の図式機能を詳述することである。かりに概念の図式機能が、特殊なものを普遍的なものに従属させる動作に類似しているとすれば、理念の図式機能はそれとは大きく異なる動作に属している。それは合目的性によって導かれるものだ。だが「純粋理性の建築術」でのカントの試みは不十分だった。少なくとも、のちの『判断力批判』（一七九〇年）のなかでようやく十分なものになったといえる。しかし、かれは前者ですでに、理性の体系的統一、つまり自然の必然性と道徳的自由の統一の鍵になるものとして合目的性を見いだしていたのである。

この第二の動作のなかでは、普遍的なものは所与ではなく、むしろ探し求めなければならないものとされる。そしてそれは哲学的省察、あるいはカントのいう反省的判断をつうじて行なわれる。よく知られているように、カントは規定的判断力と反省的判断力を区別した。前者は特殊なものを普遍的なものに従属させるが、後者は特殊なものから出発し、統制的原理にしたがって普遍的なものを追い求める（ここにはヘーゲルの弁証法と共通の起点がある）。つまりそこでは、普遍的なものが、明確な公理というかたちで突き止められるものとして与えられていない。『判断力批判』には有名なアンチノミーが登場するが、私たちはこれを普遍的なもののアンチノミーとして読むこともできるだろう。そもそもアンチノミーはふたつの命題によって構成されている。テーゼとアンチテーゼだ。この両者を個別に検討した場合、どちらも正しそうに見える。だが、ふたつを突き合わせるとすぐに矛盾が見いだされる。もともとカントがアンチノミーとして定式化して示したものは以下のとおりだ。

テーゼ　物質的な事物やその形式の産出はみな、単なる機械論的法則にしたがって起こりうるものと判定されなければならない。

アンチテーゼ　物質的な自然の産物のいくつかは、単なる機械論的法則にしたがって生じうるものとして判定されることができない（すなわちそれらの産物を判定するためには、まったく異なる因果性の法則、つまり目的因の法則が必要となる）。［★2］

ここでいう「機械論的法則」は、たとえばニュートンの古典力学など、物体の運動を規定するような物理学の普遍的法則を意味している。この因果性の形式は線形的だ。つまり、結果から原因へさかのぼることができ、最初の原因が特定されるまで因果的な連鎖が続いてゆくというわけだ。しばしば普遍性は普遍化と結びつけられる。なぜなら普遍的なものは法則とみなされるからだ。これはすなわち、普遍的なものをあらゆる状況に適用できるということである。そして西洋の科学やテクノロジー、その他さまざまな知識を普遍化させる手段こそ、植民地化にほかならない。こんにちの学校教育もまた、こうした法則の適用による普遍化の一部である。じっさい、学校教育におけるいくつもの概念や分野は、ヨーロッパ近代以来そのように規定されているものであり、私たちに異議を唱える権限はない。むしろ、それらは普遍的な知識として教えられており、その学習は普遍的なものの適用を意味するのである。

他方の目的論は目的因にかかわり、機械論的な法則とおなじ因果性をもちあわせていない。その因果性は非線形的だ

★2　Immanuel Kant, *Critique of Judgement*, ed. Nicholas Walker, trans. James Creed Meredith (Oxford: Oxford University Press, 2007), §70, pp. 214-215.〔カント『判断力批判』、熊野純彦訳、作品社、二〇一五年、三九九－四〇〇頁。訳は英文より。〕

（あるいは『再帰性と偶然性』で詳しく論じたとおり、再帰的である）。とはいえカントは、単に機械論――そこでは普遍的なものがすでに所与として知られている――を否定することによってアンチノミーを解決したわけではない。かれはむしろ機械論と目的論の両方が必要だと主張したのである。『判断力批判』附録の第七九節で、カントは「自然科学なら、自然のさまざまな作用について客観的な根拠を挙げるために、規定的な、単に反省的なものではない原理を必要とする」ことをあらためて肯定している［★3］。そしてカントは以下のような解答を出した。そもそもこのふたつの命題がアンチノミーを構成しているように見えるのは、反省的判断力を規定的判断力と混同しているからである。つまり、ア・プリオリに与えられると主張されている普遍的なものと、所与ではないが存在はしているような普遍性を混ぜてはいけないということだ。

> したがって、厳密に自然法則的あるいは機械論的な説明方式の格率と、目的論的あるいは技術的な説明方式の格率がアンチノミーを構成するように見えるのは、例外なく、私たちが反省的判断力の原則を規定的判断力の原則と混同している点にもとづいている。前者の自律――これは特殊な経験的法則にかんして私たちが理性を使用する場合に、ただ主観的にのみ妥当なものとなる――が、後者の他律とまちがえられているのである。この他律は、悟性によって与えられた普遍的ないし特殊な法則を遵守しなければならないものだ。［★4］

ここまで伝えようとしてきたことは、以下のようにまとめられる。私は、普遍性にはふたつの種類があることを示した。ひとつは構成的原理にしたがい、もうひとつは統制的原理にしたがう。このどちらか一方を誤って全体とみなすとき、必ず矛盾が生じる。言い換えれば、いわゆる「暗黒啓蒙」以外にもふたつの啓蒙があるということだ。ひとつは放射的な拡散と普遍化の中心にあって、ほかのすべての文明を自身の基準やプロトコルに従属させる（これが「文明の衝突」の起源である）。もうひとつの啓蒙は、ある種の普遍性の存在に対する信念にもとづいている。その普遍性はすぐさま与えられるものではない。しかしこの啓蒙こそ、すべての人間に共通する基盤をたえず追い求めるにあたり、私たちに課せられた義務なのだ。もちろん、文化相対主義の標的にされてきたのは、ここで言うひとつめの普遍性である。なぜならこの普遍性は、柔軟さも容赦もないうえ、しばしば暴力に帰結するからだ。こんにちにおけるその最たる例が、イスラーム世界と西洋世界や、中国とアメリカの対立である。

＊

ふたつめの普遍性は所与ではなく、ただ要請されるものにすぎない。つまり、普遍的なものの存在は理性的思考の基礎として仮定される。そして永遠平和は、このふたつめの普遍性に属するのである。とはいえ、どうすれば、このような仮定のもとで理性的に思考できるのだろう？　またそもそもこの仮定はどのように機能するのだろうか？　「永遠平和のために」のなかで、カントは思弁的だが具体的な例を挙げている。国家間の貿易だ。かれはこのように主張している。「貿易によってはじめて、さまざまな民族のあいだに平和的な関係がもたらされた。それにより遠く離れた民族とすら、相互の同意や共同性、そして平和的交流にもとづく関係を構築するようになったのである」。また、のちの箇所ではこう付言している。「これが商業の精神だ。それは戦争とは両立できないものであり、遅かれ早かれすべての民族はこの精神に支配されるようになる」［★5］。

つまり国家間の貿易とは、国際関係という文脈に結びつけられた、反省的判断力の具体的形式なのだ。貿易は相互性と共同性というふたつの概念を前提としている。これらは、カントのカテゴリー表の「関係」に属している。相互性は行為者《エージェント》同士の相互依存を前提とし、共同性——すなわち有機的統一性——は相互的な関係によって構成されつつ、同時にその関係を統制している。この両者が、有名な「共通感覚」を可能にしているのである。カントは中国や日本といった非ヨーロッパ諸国に共感を示しており、植民者の侵略からこれらの国々を擁護している。そのためかれは、中国や日本がヨーロッパの侵略者から自身を守ったのは賢明なことだと述べたのである。ここでカントが言おうとしているのは、中国や日本が、植民者に重大な損失を負わせることによって、共同性がいかに自律的に統制されるかの好例を示したということだ。これはもっとも重要だが、ポストコロニアルな思想家がよく見落としている点である。

何とも憂うべきことには（ただし道徳の裁判官の観点からみると何とも善いことには）、ヨーロッパ諸国はこうした暴力的な行動によっても、満足できる成果をあげていないのである。そしてすべての商社は倒産の危機に直面している。［……］いまや地球のさまざまな民族のうちに共同体があまねく広がったために（広いものも狭いものもあるが）、地球

★3　Ibid., §79, p. 416.〔同書、四四五頁。訳は一部変更している。〕
★4　Ibid., §71, p. 217.〔同書、四〇三頁。訳は英文より。〕
★5　Kant, "Toward Perpetual Peace," pp. 88, 92; Ak 8: 364, 368.〔カント「永遠平和のために」、一九九、二一〇頁。訳は英文より。〕

の一つの場所で法・権利の侵害が起こると、それはすべての場所で感じられるようになったのである。［★6］

別の言いかたをしよう。カントは、つまりケーニヒスベルクの港から世界を見守っていたこの哲学者は、国家間の貿易とはひとつのアルゴリズムであり、戦争をせずに国際的な共同性をみずから統制する能力を証明するものだと考えた。ある意味で貿易は、国民国家を乗り越えて、関係性や権力といったきわめて静的な属性をもたらしている。このようなカントの発想のみなもとは、『判断力批判』で詳述された有機体のモデルにある［★7］。ただ残念なことに、この点は、カントの世界市民主義に対する批判によって完全に過小評価されている。じっさい「天下」のあらたな解釈を見てみると、それがこうした有機的構造とあまりに似ていることにおどろくはずだ［★8］——もっともカントは、すでに二〇〇年前には体系的な定式化を行なっていたわけだが。

もちろん現代から見れば、この有機的なアルゴリズムは戦争を防止できるほど強力ではなかったし、そこに特有のバグがあるのも明白である。デイヴィッド・ヒュームはこれを「貿易の嫉妬」と呼んだ。フィヒテもまた、一八〇〇年の『封鎖商業国家論』のなかでこの不具合を即座に発見している。かれは同書で、各国は経済と貿易のシステムを互いに切り離すべきだと述べ、いわば一九世紀版の「デカップリング」を提唱しているのである［★9］。かりにフィヒテの提案が実施されていれば、植民地的な暴力はもっと少なくなっていたはずだ！　だが歴史が示すとおり、ヨーロッパ諸国は一九世紀に先進的な武器を携えてふたたび日本と中国の門戸をたたき、東アジアはヨーロッパよりもずっと急速な近代化を遂げた。そして均質的な競争が行なわれ、いまや各国はいわゆる「現実政治《レアルポリティーク》」を形成しているのである。

カントが世界平和に対して行なった貢献とは、自由な国家による連合を提案したことだと考えるひともいる［★10］。しかしそうではない。かれはむしろ、永遠平和と最高善について考えるためのヒューリスティック［☆1］を体系的に示したのだ。さいごに、今回の覚書を締めくくるにあたってつぎのように問いかけてみたい。カント以後、はたして私たちは国家や広域［Großraum］という政治形態を超えるプログラムやモデルとして、国家間の貿易より強力なものを発見しただろうか？　おそらく答えは失望すべきものだ。というのも私たちは、理論という理論がつぎつぎと無効になってゆくさまを見届けるしかないのだろうから。だが結局のところ、それは私たちがまだこのケーニヒスベルク人の知恵を十分に理解していないからである。たとえふたつの普遍的なものがアンチノミーを構成するとしても、共存の言葉はその両方を扱わなければならない。だからこそ、普遍主義と相対主義の対立は偽の対立といえるのだ。

私たちにもっとも普遍的なモデルをもたらすのは、世界精神でも世界国家でも天下でもない。普遍的なものは、まるでコーヒーやケーキのようにその辺にあって私たちの手に入るものではないが、しかし存在しないわけでもない。この普遍的なものに取り組むためには、まず絶対的差異によって肯定される特殊なものから始める必要があるだろう。この絶対的差異を念頭に置くことではじめて、私たちは共存の言葉の定式化に着手できる。もっとも、私たちもカントのように体系的統一を追求すべきかどうかは、また別の問いである。

★6 Ibid., p. 84; Ak 8: 359-360. 強調は引用元。〔同書、一八七、一九〇－一九一頁。訳は一部変更している。〕

★7 この点については以下を参照。Yuk Hui, *Recursivity and Contingency* (London: Rowman and Littlefield International, 2019).〔ユク・ホイ『再帰性と偶然性』、原島大輔訳、青土社、二〇二二年。〕同書で私は、カントは哲学をすることの有機的な条件を課し、それが近代哲学の発展を導いてきたと主張している。

★8 以下を参照。Régis Debray and Zhao Tingyang, "Tianxia: All Under Heaven," *NOĒMA*, June 19, 2020. URL=https://www.noemamag.com/tianxia-all-under-heaven/

★9 以下を参照。J. G. Fichte, *The Closed Commercial State*, trans. Anthony Curtis Adler (New York: SUNY Press, 2012).〔フィヒテ『封鎖商業国家論』、出口勇蔵訳、日本評論社、一九四九年。〕

★10 趙汀陽,《天下的當代性：世界秩序的實踐與想像》(北京：中信出版集團, 二〇一六年), 第一五頁.

☆1 ヒューリスティック heuristics は、試行錯誤によって経験則を見いだし、問題を解決する思考法のこと。発見的手法とも呼ばれる。決まった答えがない場合や解答のプロセスがあまりに複雑になる場合に用いられ、つねに厳密な正解を導けるとは限らないが、一定の答えを効率よく出せる点に特徴がある。心理学では人間の先入観や経験則にもとづく判断がその一例とされるほか、コンピュータサイエンスでも計算やシミュレーションにおける代替策として活用される。

原題 Notes on the Planetary #3: Perpetual Peace and Two Concepts of Universal
本連載は本誌のために英語で書き下ろされたものです。

レヴィ＝ストロースとサイバネティックス

イ・アレックス・テックァン Alex Taek-Gwang Lee
訳＝鍵谷怜 Rei Kagitani

連載　理論と冷戦

第6回

★＝原注　☆＝訳注　〔　〕＝訳者補足

フレンチ・セオリーにおいて決定的な瞬間が花開いたのは、クロード・レヴィ＝ストロースが一九四一年にニューヨークでロマーン・ヤコブソンと出会ったときであった。この歴史的なエピソードが示しているのは、たんにひとりの言語学者とひとりの人類学者が出会ったということではない。これが示すのは、第二次世界大戦後という特殊な状況によって形成され、冷戦の進行によって深化した劇的なコラボレーションである。ポスト構造主義が台頭するにつれて、レヴィ＝ストロースの存在は影に隠れ、忘れられ捨て去られた人物という地位に追いやられた。しかし、フレンチ・セオリーの歴史に対する彼の貢献を過小評価することは難しいだろうし、ヤコブソンやロシア・フォルマリズムと彼とのつながりは、新しい知的運動にとって欠かせないものであった。

　一九二八年以降、ヤコブソンがフォルマリズム運動における重要な人物として台頭するとともに、ロシア・フォルマリズムの概念はソ連の国境を越えたところでもっとも盛大に栄えるようになった。このロシア生まれの言語学者は、その影響力のある著作によって広く認められ、とりわけプラハでフォルマリズムの考え方が発展するのに中心的な役割を果たしたのである。彼はそこでチェコ構造主義を育み、のちにニューヨークでクロード・レヴィ＝ストロースに構造主義言語学を伝えている。ここで決定的に重要な要素となったのは、ヤコブソンが学者サークルを通じた知的交流を組織し推進するのに長けていたということだ。彼は一九一五年にモスクワ言語学サークルを、一九二六年にプラハ言語学サークルを、そして一九四四年にニューヨークの言語学サークルを共同設立している。実際のところ、構造主義がこうしたロシア・フォルマリズムとの関わりから出発したという歴史はよく知られているのだが、〔たいした話ではないとして〕それほどの注意を向けられてはいない。

　しかし、二〇世紀のフレンチ・セオリーの教科書的な歴史のなかに、魅力的で興味をそそるような歴史の真実が隠されているとしたらどうだろうか。まさにこの方向転換によって見えてきたものこそが、私に「理論と冷戦」と題された連載を立ち上げさせた。歴史とは忘却のなかに消え入り、廃墟のなかに崩れ落ちてしまう傾向にあるものだ。だが、その残骸は、権力闘争の苦しみのなかで打ち負かされ、消し去られてしまった、いまだ記述されていない過去の声を反響させるのである。理論とはこうした廃墟の具現化にほかならない、と私は長いあいだ信じてきた。構造主義は、純粋な知的運動から遠く離れたところで、戦後秩序や氷のように冷たい冷戦の支配と驚くほどに絡み合っているさまを現している。マーシャル・プラン〔☆1〕は、プラグマティズムとテクノクラシーを共産主義の拡大に対する武器として駆使したが、さらに構造主義の誕生にとっても予期せざる触媒となった。ロックフェラー財団〔☆2〕と「科学者たちの世界規模の友愛」とのあいだの共同作業が、構造主義の出発を舞台裏から導いたのである〔★1〕。

ヤコブソンとレヴィ=ストロースは、ある時期からサイバネティックスと情報理論に興味を持ちはじめるのだが、それは彼らがロックフェラー財団に所属していた頃と重なっている。ロックフェラー財団は、この領域における科学的な研究の熱心な支持者で、グローバルな科学改革へと向かうより大きな構想のなかでこれらの学問分野は相互に関連づけられると考えていた。その改革は、社会的・政治的な問題に対して専門家主導の合理的な解決策を適用し、そのことで、〔それまでの〕党派的かつ政治的な対立を、公平なツールと方法論に基づいた客観的かつ科学的な分析に置き換えようとするものであった。「偉大なるアメリカの使命」は、立脚する歴史の文脈によって多様な解釈が可能な多面的なものであり、マーシャル・プランはそのようなより幅広い使命と結びつけられたプロジェクトのひとつである。〔もちろんマーシャル・プランの〕主たる動機は、西ヨーロッパにおけるソ連の影響を封じ込めることだった。戦争によって荒廃した国々は、共産主義イデオロギーに対して脆弱であるとみなされていたのだ。〔他方で〕このプロセスは、戦後に自らの立場をいっそう強固にしようとするエスタブリッシュメントの野心とも歩みをそろえるものでもあったのである。

★1 Bernard Dionysius Geoghegan, "From Information Theory to French Theory: Jakobson, Lévi-Strauss, and the Cybernetic Apparatus," *Critical Inquiry*, Vol. 38, No. 1 (Autumn 2011), pp. 96-126; p. 102.

☆1 マーシャル・プランの正式名称は欧州復興計画 European Recovery Program で、第二次世界大戦後のヨーロッパ諸国の復興に対して、アメリカ合衆国が行なった援助計画である。一九四七年、トルーマン政権の国務長官であるジョージ・マーシャルが提唱した。

☆2 ロックフェラー財団は、一九一三年にアメリカの大富豪であるジョン・ロックフェラー John Davison Rockefeller（一八三九―一九三七）によって設立された慈善財団であり、現在に至るまで科学諸分野の研究者や機関等に対する経済的な援助を行なっている。

ロックフェラー財団の役割

戦後のエスタブリッシュメントの歴史的起源と結束は、第二次世界大戦の勝利、マーシャル・プランの策定と施行、北大西洋条約機構（NATO）の設立、そしてソ連への対処において、彼らが成し遂げた実績へとさかのぼることができる。その集団政策は、孤立主義に反対し、リベラルな国際主義という形態を推進することを目的としていた。彼らは、民族的ショーヴィニズムに反対しながらアメリカの権力を擁護し、高度な軍事技術の制限を支持しておきながらそれを活用することは称賛し、良心的に振る舞いながらそれによって粗暴な行動を隠すことはしなかった。彼らが共有していた野心は、「世界の道徳的かつ政治的なリーダーシップ」を引き受けることにほかならない。すなわち、大英帝国の衰退によって生じた空白を埋めることを目指したのだ［★2］。

表面上、マーシャル・プランが目指していたのは、安定を創出してリベラリズムを繁栄させ、それらが共産主義の訴求に影響されないようにすることだった。マーシャル・プランに基づいて、インフラの回復、産業の復興、経済の近代化のための援助がなされ、民主主義的制度が繁栄するために不可欠と考えられる経済成長と好景気が後押しされた。ヨーロッパ諸国による自由市場の原則の採用を支援することでアメリカが望んでいたのは、彼らをグローバルな資本主義システムにおける信頼できる貿易パートナーおよび同盟国として確立することであった。貿易とグローバルな繁栄を導きうる安定した国際秩序がこのプロセスを通じて創り出されることにより、強力で相互に結びついたヨーロッパがアメリカに利益を供することが期待されたのである。このようにマーシャル・プランは、新しい秩序におけるアメリカの主導権を確固たるものにし、アメリカの経済的・政治的権力を示し、西ヨーロッパ諸国との外交的・経済的パートナーシップを打ち立てるのに役立った。

冷戦が本格化すると、数学者であり反共主義者で、ロックフェラー財団の自然科学部門長でもあったワレン・ウィーバーの助言に基づく財団からの財政支援が、アメリカの国際社会におけるアジェンダを前進させるために重要なものとなった。ウィーバーの影響力は、彼の理論（クロード・シャノンとの『通信の数学的理論』など）を超えたところで存在した。それによって、戦後のグローバルな知識生産の再構築が大いにかたちづくられ、彼は歴史を分析するうえで無視できない人物となったのである。彼は心の底から、科学的な思考は見当違いの政治的情熱や偏見およびそれらが引き起こす大混乱を効果的に安定させるのだ、と信じていた。一九三三年の有名なメモのなかで、彼は次のように書いている。「科学は、事実に基づく見解、健全で柔軟な懐疑主義、エビデンスの評価に基づく客観性と寛容さといったものの発展において、主導的な影響力を持つ」。したがって、「国際親善と国際理解に対する貢献は、個人的であったり利己的であったりすることのない関心と理解でひとつにつながった、科学者たちの世界規模の友愛によって生じるのだ」[★3]。

啓蒙主義に触発されたウィーバーの科学的楽観主義と、技術に対して信頼を置くより幅広いリベラルの傾向に後押しされ、ロックフェラー財団は社会課題を工学的な問いとして投げかけた。彼らは、社会科学者を学者や活動家として見るのではなく、法体系やメディアあるいは福祉や衛生などの社会的プログラムを社会制御の道具へとかたちづくる技術者として思い描いたのだ。一九三六年、ロックフェラー財団は人文学の研究に対する焦点を切り換え、言語研究や通訳のような従来の分野よりも、冷徹な科学的方法論とテクノロジーを優先した。文献学や聖書釈義、解釈学のような学問分野に対する助成は停止され、マスメディアやコミュニケーション技術と結びついた実践的応用に移行したのだ。ロックフェラー財団のプログラムが助成したのは、I・A・リチャーズ、ポール・ラザースフェルド、テオドール・W・アドルノ、ジークフリート・クラカウアーのような研究者たちで、彼らは映画と写真のアーカイヴを作り、ラジオ放送を分析し、図書館にマイクロフィルムを導入し、映画とラジオを通じた大衆教育をデザインした。財団は第二次世界大戦から逃れたヨーロッパの科学者たちを歓迎し、海外との持続的な領域横断的ネットワークを作り出そうともした。しかし、「新しいメディア機器」に対する注目は、学者たちの知的好みと衝突することもあった。一九四七年に出版されたアドルノとマックス・ホルクハイマーの『啓蒙の弁証法』は、こうした緊張関係がどのようにして現れたのかに光を当てるものであっただろう。

レヴィ＝ストロースは、こうしたリベラルの復活を支援するロックフェラー財団の受益者のひとりであったと同時に、その精神には反対していたという点で、アンビヴァレントな人物である。政治行政と社会科学のあいだを彼が巧みに飛び回っていたことは、アメリカ連邦政府が彼を警戒する要因にもなった。彼がアメリカに到着する前、ニューヨーク州ポキプシーの正体不明の何者かが、J・エドガー・フーヴァー[☆3]に一枚のはがきを送っている。そこでは、レヴィ＝ストロースが「ユダヤ国際共産主義」グループの一員であるとされており、FBIは彼に目をつけることになる。レヴィ＝

★2 Inderjeet Parmar, *Foundations of the American Century: The Ford, Carnegie, and Rockefeller Foundations in the Rise of American Power* (New York: Columbia University Press, 2012), p. 17.

★3 Warren Weaver, "The Benefits from Science — Science and Foundation Program — The Proposed Program," 27 Jan. 1933, Rockefeller Foundation Collection, record group 3.1, series 915, box 1, folder 6, Rockefeller Archive Center (RAC), Sleepy Hollow, New York.

ストロースがエコール・リーブル［☆4］の中枢の管理を引き受けると、FBIは彼の郵便物の監視とニューヨークでの調査を開始した。彼らは、レヴィ＝ストロースの戦前のラテン・アメリカでの活動、エコール・リーブルでの役割、そしてアメリカ政府に向けた助言や講演活動にさまざまに携わっていたことを綿密に記録している。フーヴァーはあるメモのなかで、直近にもたらされた情報提供者の主張を引用しつつ［レヴィ＝ストロースに対する］懸念を表明している。その情報提供とは、レヴィ＝ストロースと彼の同僚であるシュルレアリストのアンドレ・ブルトンが「メキシコのとある非常に悪質なグループと密接につながっており、彼らの考えには、我々が考えていることとは異なるものがある」というものであった［★4］。

FBIの疑いに反して、一九四一年五月末にニューヨークに到着したときレヴィ＝ストロースが所持していたのは、民族誌の資料で詰まったケース一箱、個人的所持品、わずかばかりの通貨であった。一年前にマジノ線の裏手にある一見平和な森から始まった、長期にわたる亡命の旅がようやく終わったのだ［☆5］。彼は、歓迎の拠点としての役割を果たしていたニュー・スクール・フォー・ソーシャル・リサーチに登録し、さまよう亡命者たちが自らの足場を固められるように援助した。彼の到着までに、およそ三万人のフランス人がニューヨークに避難していた。そのなかには、戦争の混乱を避けてきた裕福な移住者だけでなく、貧しい芸術家や学者もいた。フランス語の新聞、雑誌、ささやかな出版産業が急成長しはじめ、フランス人芸術家を取り上げるコンサートや展覧会、演劇が開かれた。ブルトンは、ヨーロッパから来たシュルレアリストのグループにレヴィ＝ストロースが加わるためのパイプ役となり、ニューヨークのアンダーグラウンドの芸術界は彼を歓迎した。こうした前衛芸術の亡命先に新しい拠点を見出したかに思われたちょうどその頃、彼はヤコブソンと出会い、新たな道へと進むことになったのである。

ヤコブソンとサイバネティックス

何カ国語をも流暢に扱い、モスクワとプラハの両方の言語学派で重要なメンバーであったヤコブソンは、［レヴィ＝ストロースより］少し前にニューヨークに移っている。そこは彼にとって、長いあいだ暮らしていた自然な住み処のような場所だった。ニューヨークという環境では、学術界とモダン・アート、教室としての講堂、ボヘミアン、前衛詩、そして台頭しつつある構造言語学分析の領域が混ざり合っていた。革命に揺れるモスクワで暮らしていた時期のヤコブソンは未来派と交流しており、プラハではチェコのシュルレアリストやキャバレーに集うモダニズムの芸術家たちに加わった。人類学にまで踏み込んだ彼は、ロシアの民族学者であるピョートル・ボガトゥイリョフ［☆6］とともに、モスクワ内外の民間伝承も調査している。そして、そんなヤコブソンを通じて、レヴィ＝ストロースはサイバネティックスと実際に出会ったのである。一九四〇年代後半から五〇年代初頭の期間、ヤコブソンとレヴィ＝ストロースは、ノーバート・ウィーナーとクロード・シャノンによってそれぞれ開拓された新しい領域であるサイバネティックスと情報理論からインスピレーションを受けたのだ。

　レヴィ＝ストロースは自らの著作でその影響をはっきり認めており、具体的には一九四九年にシンポジウムで発表し、その後一九五一年に出版された「言語と社会規範の分析」［☆7］や、〔本稿後半で触れられる〕一九五四年の「人間の数学」［☆8］にその旨が書かれている。前者において、彼は社会生活についての自身のモデルを概観し、それを血縁、経済、言語のレベルを横断する交換とコミュニケーションの体系を構成するものとして描き出している。インディアナ州ブルーミントンで行われた一九五二年の人類学者・言語学者会議において、レヴィ＝ストロースは「コミュニケーションの一般理論に向けて」と題された論文を発表しており、人類学的見地

★4　Hoover to SAO (New York), 3 March 1943, file 100-22951-13, Federal Bureau of investigation. Quoted in Bernard Dionysius Geoghegan, "Textocracy, or, the Cybernetic Logic of French Theory," *History of the Human Sciences*, 2020, Vol. 33 (1) pp. 52-79; p. 61.

☆3　ジョン・エドガー・フーヴァー John Edgar Hoover（一八九五－一九七二）は、アメリカ連邦捜査局（FBI）の初代長官として知られる政治家。一九三五年から七二年までその職にあり、FBIの情報収集を通じてアメリカ政界に対する強い影響力を持っていた。

☆4　エコール・リーブル・デ・オート・エチュード L'École libre des hautes études は、第二次世界大戦中にニューヨークに亡命したフランス知識人たちのための一種の「亡命大学」で、ニュー・スクール・フォー・ソーシャル・リサーチ New School for Social Research 内に設置された。ロックフェラー財団の援助を受け、ギュスターヴ・コーエン、アンリ・フォシヨン、ジャック・マリタンらが創設メンバーである。レヴィ＝ストロースやヤコブソンが教鞭を執った。ニュー・スクール・フォー・ソーシャル・リサーチは、一九一九年に伝統的な大学制度を嫌った知識人たちによって設立された学校で、現在はニュー・スクール The New School と改称している。

☆5　マジノ線とは、第一次世界大戦後のフランスが対ドイツ防衛のために構築した、仏独国境の要塞線である。レヴィ＝ストロースは第二次世界大戦の勃発に伴い、フランス軍に招集され、マジノ線への連絡員として配属された。一九四〇年にフランスが降伏すると除隊し、モンペリエのリセで教師を務めるが、ユダヤ系であった彼はヴィシー政権下で迫害の対象となり、フランス国籍を剝奪される。これにより、レヴィ＝ストロースはマルセイユからマルティニークを経てアメリカへ亡命した。

☆6　ピョートル・ボガトゥイリョフ Petr Bogatyrev（一八九三－一九七一）はソ連の言語学者・民族学者で、ヤコブソンらと「オポヤス（詩的言語理論研究会）」を設立、民話や衣装、演劇などを研究した。

☆7　Claude Lévi-Strauss, "Language and the Analysis of Social Laws," *American Anthropologist*, Vol. 53, No. 2 (Apr.-Jun., 1951), pp. 155-163.

☆8　Claude Lévi-Strauss, « Les mathématiques de l'homme », *Bulletin International des Sciences Sociales*, Vol. VI, n° 4 (1954), pp. 643-653.

から彼が捉えたこの会議の概要は、『構造人類学』のなかで「言語学と人類学」と題して述べられている。引用しよう。

> インド＝ヨーロッパ圏では、社会構造（婚姻の規則）は単純だが、この構造のなかに組み入れられるべき諸要素（社会組織）は多数であり複雑である。だが、シナ＝チベット圏では事情は反対である。構造（婚姻の規則）はふたつの異なる規則のタイプがあるために複雑だが、構造の諸要素（社会組織）はごくわずかである。構造と要素とのあいだの対立は、名称体系のレベル——すなわち、言語学的なレベル——において、その枠組みに関しても（主観的か客観的か）、名称それ自体に関しても（多数か少数か）、対照的な特徴としてあらわれている。われわれがこの状況をそうした名称で定式化するならば、少なくともそこに、言語学者との有益な対話の端緒を見出すことができるだろうと思われる。このような図式を組み立てようとする際、私は、昨日のセッションでロマーン・ヤコブソンがインド＝ヨーロッパ圏の言語構造について述べたことを想起せざるを得ない。彼は、インド＝ヨーロッパ圏の言語には形式と実体のあいだの大きな隔たり、規則に関する非常に多くの例外、同一の観念を表現するための手段の選択についてのかなりの自由度があるとする。これらすべての特徴は、社会構造に関してわれわれが取り出した特徴とよく似たものではないだろうか。［★5］

レヴィ＝ストロースはこの引用が示しているように、社会構造についての一般理論を成り立たせる科学的な基礎として、ヤコブソンの言語学を設定している。彼はヤコブソンの言語理論に魅了されたのだ。レヴィ＝ストロースは、ディディエ・エリボンによるインタビューのなかで、自らが構造主義を知らずに構造主義的なことをやっている素朴な構造主義者だったと告白している。彼にとってのヤコブソンとは、彼がこれまで実践したことのなかった言語学という学問分野においてはすでに確立された学説の確固たる基礎があることを示してくれた人物であった［★6］。この観点から、彼は「構造人類学」という用語を採用した。イギリスの人類学の「構造－機能的」アプローチから「構造」が引き出されているのではなく、言語学から直接的に「構造」が借用されたのである。そうすることで、彼はソシュール言語学の領域を新しく拡張することを提唱したのだ。レヴィ＝ストロースは言語学的方法論から多くのものを引っ張ってくることで、共通の枠組みを確立しようとした。

しかしながら、レヴィ＝ストロースの構造主義受容にはある特色があった。それは、当時の多くの構造主義者たちとは異なり、彼が構造主義をある種の自然主義の延長として考えていたことである。言語学における構造主義をあらゆる人文科学に対して拡張することが多くの人々から熱狂的に支持された一方で、自然主義の観点は徐々に不適切なもの――認めないままにしておいた方がよい一種の知的過ち――とみなされるようになった。フランソワ・ヴァールは『構造主義とは何か』〔☆9〕の序論で、レヴィ＝ストロースにはっきり言及しているわけではないが、彼を参照している。ヴァールは〔この本の出版された〕一九六八年に、構造主義にとっての脅威とみなされるもの、すなわち自然主義への回帰に対して警告を発した。それにもかかわらず、レヴィ＝ストロースは怯むことなく、一貫して自身の著作で自然主義的な立場を強調した。一九六二年の『野生の思考』では、「文化を自然のなかに、そして最終的には、人間の生き方をその物理－化学的条件の全体のなかに」再統合することを考えた〔★7〕。一九八三年の『はるかなる視線』では、社会生物学の素朴で単純な自然主義からは距離をとりながらも、自然科学と文化科学――もっとも根本的な生き方の仕組みから、もっとも入り組んだ人間的現象にいたるまで――が潜在的に合流することを思い描いている。彼は次のように主張する。

> 今日では、神経学の進歩によって、幾何学的観念の起源など、古くからの哲学的問題の解決に希望が持てるようになってきている。だが、まず目が、そして視床下部が、対象をたんに写すのではなく、水平、垂直、斜めなどの方向や、図と地の対比、あるいは大脳皮質が対象を再構築するためのその他の基礎的なデータといった抽象的諸関係に対して選択的に反応するのだから、幾何学的観念がプラトン的イデアの世界に属するのか、経験から引き出されるものなのかを知ろうとすることにはもはや意味がない。そうした幾何学的観念は身体に刻みこまれているのだ。同様に、分節言語があらゆる人間に普遍的

★5 Claude Lévi-Strauss, *Structural Anthropology*, trans. Claire Jacobson and Brooke Grundfest Schoepf (New York: Basic Books, 1963), p. 79.〔クロード・レヴィ＝ストロース『構造人類学　新装版』、荒川幾男ほか訳、みすず書房、一九七二年、八八－八九頁。訳出に際しては、既訳のあるものは参考の上、適宜修正を施した場合がある。〕

★6 Didier Eribon, *Conversations with Claude Lévi-Strauss*, trans. Paula Wissing (Chicago: University of Chicago Press, 1991)〔クロード・レヴィ＝ストロース、ディディ・エリボン『遠近の回想』、竹内信夫訳、みすず書房、二〇〇八年、八一頁〕を見よ。

★7 Claude Lévi-Strauss, *Wild Thought*, trans. Jeffrey Mehlman and John Leavitt (Chicago: University of Chicago Press, 2021), p. 281.〔クロード・レヴィ＝ストロース『野生の思考』、大橋保夫訳、みすず書房、一九七六年、二九七頁〕

☆9 Oswald Ducrot, Tzvetan Todorov, Dan Sperber Moustafa Safouan, François Wahl, *Qu'est-ce que le structuralisme?* (Paris: Seuil, 1968).〔オスワルド・デュクロ、ツヴェタン・トドロフ、ダン・スペルベル、ムスタファ・サファン、フランソワ・ヴァール『構造主義――言語学・詩学・人類学・精神分析学・哲学』、渡辺一民ほか訳、筑摩書房、一九七八年〕

であることが、ヒトという種に特有の脳の特定の構造が存在することによるものであるのなら、そうした構造そのものと同じように、分節言語についての能力にも遺伝的基盤が存在するはずである。［★8］

こうした記述に見られるのは、言語学と人類学を結びつけるような統合されたひとつの学問領域としてサイバネティックスと情報理論を採用したレヴィ＝ストロースの論理の展開である。サイバネティックスの理論を形成したのは、ノーバート・ウィーナーの『サイバネティックス』と、シャノンとウィーバーの『コミュニケーションの数学的理論』という二冊の書物だ。レヴィ＝ストロースの構造概念は、このうち後者におけるコミュニケーションの概念と不可分のものである。この本でシャノンとウィーバーは、コミュニケーションを「あるひとの心が他のひとの心に影響を及ぼす可能性のある手段すべて」と定義し、そこには「文書や会話のみならず、音楽、絵画、芝居、バレエも含まれ、実のところ人間のすべての行為」が含まれるとしている［★9］。

まずヤコブソンの言語学に触発され、次いでシャノンの情報理論を受け入れることで、レヴィ＝ストロースは構造を概念化した。シャノンとウィーバーによれば、情報は「意味と混同されてはならない」［★10］。彼らのコミュニケーション理論における「情報」は、何を表現するかではなく、何を表現できるかと密接に結びつけられている。情報とは、本質的に、ひとつのメッセージを選ぶ際の、選択の自由の尺度としての役目を果たすものなのだ。ふたつのメッセージからひとつを選ばなければならないという基本的な状況に直面した際、その状況に関連づけられた情報が単位元〔一単位の情報〕であると言ってしまってよい。ふたつのメッセージのどちらか一方が一単位の情報を運ぶ、と記述するのは便利な場合も多いのだが、それが誤解を招く可能性もあることを認識しておくことが重要である。情報という概念は、意味という概念とは違って、個々のメッセージに当てはまるものではない。そうではなく、〔個々のメッセージのどれかを選択するという〕状況全体に関わるものなのだ。一単位の情報が指し示しているのは、この特定の状況でメッセージを選ぶとき、ひとはある程度の選択の自由を持っているということである。その選択の自由の程度が、習慣的には基準もしくは単位量として扱われる。

フレンチ・セオリーとサイバネティックス

一九四一年のニューヨークでの記憶を思い出しながら、レヴィ＝ストロースは次のように明かしている。「クロード・シャノンも同じ建物の住人だったことを知ったが、彼は通りに面した方のひとつ上の階にいた」。そして、「わずか数メートルのところに住みながら、彼はサイバネティックスを生み出そうとし、私は『親族の基本構造』を書いていた」〔★11〕。そのときのレヴィ＝ストロースには知る由もなかったことだが、「人工脳」を作り出すというその風変わりな男の理論は、のちに彼がヤコブソンと出会った際に辿ることになる道筋を形成するのである。彼ら〔レヴィ＝ストロースとヤコブソン〕の往復書簡によれば、ヤコブソンはレヴィ＝ストロースにシャノンとウィーバーの本を送っている。〔一九五〇年の〕手紙のなかで、レヴィ＝ストロースは『数学的理論』などは文字どおり貪るように読んだ」と書いており、以下のように力説する。

この著作に対する底知れぬ興味は、まさに機械という観点から思考の理論を組み立てている点にあります。つまり、私には前代未聞のことに思われるのですが、思考がひとつの対象とみなされているのです。そうだとすれば、すべてがひっくり返るのも当然ですが、それに慣れるのはとても難しいことです。いずれにしても、私はこの著作から数多くの教訓と示唆を得ました。とくに、この方法論を神話的思考の研究に適用することに関してです。そして、この著作のなかにひとりの理解力に長けた数学者を見出すことができれば、私は神話研究にとって何らかの非常に興味深い進展をもたらすことになるだろうと思います。〔★12〕

レヴィ＝ストロースは、サイバネティックスの理論を人類学に導入することによって、統合された科学を打ち立てようとしていた。興味深いことに、これは『サイバネティックス』の著者であるウィーナーの考えと一致している。ウィーナーはこの本のなかで、「すでに確立された科学の諸分野のあいだにあるだれからも見捨てられている無人地帯こそ、これから稔り豊かに発展する見込みのある土地なのだ」と主張する〔★13〕。ウィーナーが思い描いていたのは、サイバネティックスの理論が一般的な理論となり、専門化された狭い

★8 Claude Lévi-Strauss, *The View from Afar*, trans. Joachim Neurgroschel and Phoebe Hoss (New York: Basic Books, 1985), pp. 31-32.〔クロード・レヴィ＝ストロース『はるかなる視線1 新装版』、三保元訳、みすず書房、二〇〇六年、四八頁〕

★9 Claude E. Shannon and Warren Weaver, *The Mathematical Theory of Communication* (Urbana: University of Illinois Press, 1963), p. 3.〔クロード・E・シャノン、ワレン・ウィーバー『通信の数学的理論』、植松友彦訳、ちくま学芸文庫、二〇〇九年、一五－一六頁〕

★10 Ibid., p. 8.〔同書、二三頁〕

★11 Lévi-Strauss, *The View from Afar*, p. 260.〔クロード・レヴィ＝ストロース『はるかなる視線2 新装版』、三保元訳、みすず書房、二〇〇六年、三八四頁〕

★12 Roman Jakobson et Claude Lévi-Strauss, *Correspondance 1942-1982* (Paris : Seuil, 2018), p. 129.〔E・ロワイエ、P・マニグリエ編『ヤーコブソン／レヴィ＝ストロース往復書簡 一九四二－一九八二』、小林徹訳、みすず書房、二〇二三年、一三四頁〕

領域に閉ざされている科学的な言い回しを乗り越えて互いにコミュニケーションしうるものになることだった。レヴィ＝ストロースの構造主義も同じ目標を定めていたのである。シャノンとウィーバーの数学理論に対するレヴィ＝ストロースの理解は、ユネスコの資金援助を受けた『国際社会科学紀要』の特別号——この号では数学と社会科学の交錯に焦点が当てられている——の序文として出版された「人間の数学」のなかでより明らかにされている。この論考では、シャノンの数学的なコミュニケーション理論が、どのようにさまざまな学問領域を超えてそれらを統合する力として働くのかが探求されているのだが、それは社会科学においてデータに基づく推測と定量的な分析を推進することによってだけでなく、「定性的数学」というレヴィ＝ストロース自身の概念を組み込むことによってなされるのだ、という。この「人間の数学」に必要なのは、マクロ経済学や人口統計学といった領域に見出される客観的な公式に類するような方程式によって、社会の力学を表象することである。

彼によれば、定性的な側面を研究する過去の取り組みが定量的なアプローチをする際には、複雑な操作を必要とするか、あるいは過度に単純化する必要があった。［集合論、群論、位相論といった］現代の数学は、不連続な値を持つクラスのあいだに厳密な関係を打ち立てることによって、これに対処している。人間の現象に特化したこのような新しい数学が試みているのは、伝統的な社会科学における「巨大な数」への依存と連続的な運動のグラフ化から逃れることである。その代わりに、小さな数とそれらが推移するあいだに生じる顕著な変化を研究することに焦点を当てているのだ。この観点に基づいて、彼は次のように主張する。「このような人間の数学——どこに探し求めるべきかが数学者にも社会学者にもまだはっきりとは分かっておらず、間違いなく多くのことがこれから解明されるべく残されているこの数学——は、いずれにせよ、かつて社会科学が自分たちの観察を正確な言葉で表現するために用いようとした数学とはまったく異なるものであろう」［★14］。この「異なる数学」が、レヴィ＝ストロースの構造主義の本質である。

ヤコブソンはこうしたレヴィ＝ストロースの理論的な前進において、まさに決定的な影響を与えている。重要なのは、これが個人的な影響関係だっただけでなく、当時のアメリカとフランスにおける知の生産の制度という文脈にも埋め込まれたものだったことである。この言語学者は、ロックフェラー財団による支援を受けて、その熱心な人類学者にサイバネティックスと情報理論を接触させた。第二次世界大戦後、ヤコブソンは、一九四九年にサイバネティックスと情報理論の要素を取り入れたことで、ロックフェラー財団からの研究資金の確保に成功し、それらが人文学の未来になることを期待している。ヤコブソンはフランス語圏に広範な知識人ネットワークを持っていた。ヤコブソンがプラハ学派言語学において影響力のある役割を果たしており、のちにはハーヴァード大学とマサチューセッツ工科大学の教授としてフェルディナン・ド・ソシュールの研究の復活に貢献したおかげで、彼とレヴィ＝ストロースとの関わりは、戦後フランスの知識人サークルで注目を集めたのである。

一九四八年、ヤコブソンは、サイバネティックスに関するメイシー会議［☆10］にゲストとして出席した。これは、この会議に初期から加わってきたグレゴリー・ベイトソンとマーガレット・ミードが、「自然科学と社会科学のあいだの誤った線引き」の解決に参加するために、サイバネティックスに関するメイシー会議には社会科学者を積極的に招待すべきだと主張したためである［★15］。彼らの努力によって、メイシー会議は自然科学の範疇を超えて、その役割を拡大して

★13　Norbert Wiener, *Cybernetics: or Control and Communication in the Animal and the Machine* (Cambridge, MA: MIT Press, 1965), p. 4.〔ウィーナー『サイバネティックス──動物と機械における制御と通信』、池原止戈夫ほか訳、岩波文庫、二〇一一年、二七－二八頁〕

★14　Claude Lévi-Strauss, "Human Mathematics," *The UNESCO Courier*, 2008, No. 5, pp. 21-24 (p. 22).〔『国際社会科学紀要』における初出は、訳註8を参照のこと。クロード・レヴィ＝ストロース「人間の数学」、泉克典訳、『思想』二〇〇八年一二月号、一一九頁〕

★15　Ronald R. Kline, *The Cybernetics Moment: Or Why We Call Our Age the Information Age* (Baltimore: Johns Hopkins University Press, 2015), p. 37.

☆10　メイシー会議は、ジョサイア・メイシー・ジュニア財団の幹部で医師のフランク・フレモント＝スミス Frank Fremont-Smith（一八九五－一九七四）が旗振り役となり、一九四一年から六〇年まで開催された、さまざまな学問領域の学者を集めた会議である。本文中でも指摘されているように、一九四六年から五三年のあいだ、サイバネティックスが主たるテーマとして議論されている。

いった。領域横断的なコミュニケーションの課題に取り組み、研究上の学際的な協働作業を超えたコミュニケーションを強調したメイシー会議は、社会科学と生物学の内部でサイバネティックスと情報理論を発展させることに関して極めて重要な役割を果たした。この会議は、さまざまな領域から集まった指導的な学者たちにとって重要なプラットフォームとなり、一九四六年から五三年にかけて一〇回にわたり定期的に開かれた。そして、サイバネティックスと情報理論から引き出される概念を、数学や工学を超えて応用することが探求されたのである。

ジョサイア・メイシー・ジュニア財団は、一九三〇年に医学研究を支援するために設立され、アメリカでの学際的な研究を推進する役割を果たしていた。それは、社会科学研究会議が一九二〇年代にさまざまな社会科学の分野を統合しようとして始めた、より広範囲な動向と足並みを揃えるものでもあった。一九三〇年代、前述のようにロックフェラー財団の自然科学部門長だったワレン・ウィーバーは、生物学への物理学と化学の応用に出資し、分子生物学が研究分野として出現する基礎を築いた。第二次世界大戦中の物理学の成功は、学際的なアプローチを奨励するための機会を与えると同時に、その課題ももたらすことになった。一九四九年、メイシー財団の医学部門長だったフランク・フレモント＝スミスは、サイバネティックス・グループに対して、財団の会議プログラムの目的は、学問領域間の障壁を取り払って学際的なコミュニケーションを促進するという責務に取り組むことであると伝えている。これは、とりわけ物理学・生物学と、心理学・社会科学とのあいだでは厄介な課題だった。

フレモント＝スミスはこの課題の緊急性を強調し、物理学のほうが社会科学よりも急速に発達してしまうと、それが社会的に誤った用い方をされ、文明のさらなる発展を妨げうるという深刻な危険が引き起こされると指摘した。〔一方、〕サイバネティックス・グループの創設者たちは、自分たちの分野が、自然科学と社会科学のあいだのコミュニケーションの断絶に橋渡しができるような、ある共有された言語を提供することで貢献できると信じていた。焦点をより狭く絞ることではなく、メイシー会議が目的としていたのは、サイバネティックスと情報理論をひとつの包括的な学問分野に統合することであった。〔ただ、〕数学者、工学者、生理学者、社会学者が参加したメイシー会議でなされた、挑戦的で学際的な意見交換によって、これらの領域を混ぜ合わせることの困難やそこで生じる複雑な問題も浮き彫りとなる。これらの相互交流によって、サイバネティックスおよび情報理論の支持者と懐疑論者のあいだでは絶えず論争が生じることが明らかになり、こういった新しい学問分野の可能性と限界が表面化したのだ。

ヤコブソンの強い勧めで、ロックフェラー財団のウィーバーは情報理論とサイバネティックスに関する文献をレヴィ＝ストロースとパリのジャック・ラカンに送っている。どちらの理論家もサイバネティックスと情報理論の概念を自らの著作に取り入れ、こうしたテクノクラシーの枠組みの台頭に真剣に取り組んだ。レヴィ＝ストロースやヤコブソンとロックフェラー財団の交流には、テクノクラシー的アプローチを推し進めようとしてきたフランスの社会科学の数十年にわたる努力が反映されている。この一連の努力のなかで重要な位置を占めるエコール・リーブルは、学際的な実証研究に開かれたフランス語圏の研究者たちのなかに卓越したグループを育んだ。ヤコブソンやレヴィ＝ストロース、ラカンの仕事の集積は、フランスにおいて構造主義の方法論を定義するうえで重要な役割を果たした。彼らがサイバネティックスのテーマを共有していたことが、戦後フランスにおけるサイバネティックスという用語の確立に大きく貢献したのだ。

レヴィ＝ストロースはマルセル・モースの社会理論を解釈し、原始的な贈与の実践が、サイバネティック・コミュニケーションの体系を構成するものであることを示した。この解釈は、言語的、経済的、社会的、技術的な「コミュニケーション体系」をひとつにまとめる道を切り拓き、テクノクラシーに基づく世界観を醸成した。他方で、この観点は、ロラン・バルト、ジャン・ボードリヤール、ジャック・デリダ、フェリックス・ガタリなど、さまざまな思想家の著作における技術的コミュニケーションと言語的コミュニケーションのあいだの本質的な相違をあいまいにしている［★16］。レヴィ＝ストロースの構造主義は、ポスト構造主義によって乗り越えられてしまった過去の遺物ではない。むしろ構造主義が提示した課題は解決されていないため、現代の言説において重要な存在でありつづけている。

構造主義は象徴体系の組織と相関関係を精査することによって、それを支配する基本原則を明らかにしようとした。レヴィ＝ストロースの哲学の中核にある考え方は、人間は自然界の不可欠な一部として理解されるべきであり、人間はその存在を決定づける生物学的・物理学的要素によって形成されている、というものだ。われわれの生物学的構造と脳の生理学的な条件に深く根ざした、人間の認知の無意識的なプロセスを通じて、人間の存在は決定づけられている。したがって、文化の発展とは、自然に内在している既存の潜在的体系の実現にほかならない。人間の心が自然の法則に従うことで、交換——社会の相互作用の基本的な原動力——が生まれ、意味という性質が与えられる。それゆえ、象徴、交換、意味作用は初めから自然と結びついていて、切り離すことのできない持続的なつながりを形成している。この自然主義的な観点

★16 Geoghegan, "Textocracy, or, the Cybernetic Logic of French Theory," p. 56. を見よ。

は、それまでレヴィ＝ストロースの理論的限界だと考えられていたが、いまや自然に対する新しい視座を求める世界において再考すべき重要な主題となっており、彼の構造主義的アプローチの再評価を促すものとなっているのだ。

　構造主義には、体系の諸要素の綿密な分類、それらの相互関係の理解、そして理解の始めの一歩として〔表面上に現れる〕諸パターンを認識することが含まれる。逆説的な転回であるが、ポスト構造主義は、構造主義そのものを下支えしている内的論理を脱構築するために構造主義的な方法論を用いている。構造主義とポスト構造主義の決定的な違いは、コミュニケーションに対する態度にある。ポスト構造主義は、最終的にはレヴィ＝ストロースの考えから離れ、社会の力学は言語学的に表現することができるという信念を拒絶する。ポスト構造主義がどれくらい根本的に構造主義から逸脱したのかは議論の余地があるが、構造主義によって作られた下地のおかげでポスト構造主義が存在しているということは否定できない。ポスト構造主義は、サイバネティックスと情報理論を再評価しようとする理論的な潮流として出現し、とりわけ、レヴィ＝ストロースによって議論された知の数学化に挑戦した。これは、レヴィ＝ストロースが「人間の数学」と呼んだものの境界を広げるものだ。人工知能やオートメーションの普及が進む今日の文脈においては、かつて構造主義が直面した問題が再浮上している。それによって強調されるのは、一九六〇年代からのフランスのテクノロジーとの関わりが引き続き今日的な意義を持つということである。

原題　Theory and Cold War #6: Lévi-Strauss and Cybernetics
本連載は本誌のために書き下ろされたものです。

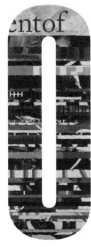

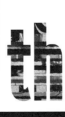

1960年代の「想像力」

石田英敬 Hidetaka Ishida

連載　飛び魚と毒薬《どくくすり》　第6回

これまで三回、パリ〈六八年五月〉の出来事を語ってきた。この連載は、ベルナール・スティグレールとぼくのクロス・バイオグラフィーの試みなのだから、ときどき「現代思想」的な括りの回を折り込んでいきたいと思っている。そこで、今回は、〈六八年五月〉をめぐって、一九六〇年代の「想像力」の問題を考えてみたい。

エドガール・モーランさん

社会学者のエドガール・モーランさん Edgar Morin（一九二一年－）は、お元気な様子で、Twitter（現X）もしていて、ぼくもフォロワーのひとり。現在一〇二歳、一〇〇歳を超えて健在はスゴいね。一〇年ちょっと前だけれど、一度だけ、パリのシンポジウムで同席させていただいたことがある（ご一緒したのは八八歳のときだ）[★1]。にこにこした温厚なおじいさん。昔は、ちがったのかもしれないが。

そのモーランさん、六八年三月には、中国に講演に行っていた都市社会学者アンリ・ルフェーヴルに頼まれて、パリ第10大学ナンテール校舎の社会学科で代わりに講義をしていた。

まだ新設工事中という状態のナンテール・キャンパスに出かけていくと、文学部の前で赤毛の小柄な学生が何やらアジ演説をやっていた（あとからそれがコーン＝ベンディットだと分かった）。建物の前で、ポール・リクール Paul Ricoeur（一九一三－二〇〇五年）に会ったが、学生に紙くず籠を頭から被らされた、とかれは神妙な顔で言う。リクールは温厚な人柄だったからね。

社会学の講義室に入っていくと、「ここはストライキ中だ」と数人の学生が取り囲んで言う。「じゃあ、授業を受けたいか、ストにするか、みんなの意見を聞いてみよう」ということで、全員投票したら圧倒的多数で「授業」という結果。そしたら、活動家の学生たちが「ポリ公、モーラン」と野次って、照明のスイッチを切ってしまった。窓のない部屋だから部屋は真っ暗闇、授業はそこで中断。そんなこんなで、大学はえらい騒ぎになっているな、と好奇心を掻きたてられ、クロード・ルフォール Claude Lefort（一九二四－二〇一〇年）やコルネリウス・カストリアディス Cornelius Castoriadis（一九二二－一九九七年）と学生叛乱についての勉強会を立ち上げた

［★2］。六八年三月だから、まさしく「三月二二日運動」がナンテールで起こった頃だ。

　モーランさんは、若くしてスペイン人民戦線に参加、対独戦では共産党系レジスタンスの闘士でドイツ占領軍の中尉として最初に敗戦国ドイツに入り調査した人だからね（その成果が、かれの最初の本『ドイツ零年』［★3］で、ロベルト・ロッセリーニの映画『ドイツ零年』のタイトルはこの本から採られているという説もある［★4］）。筋金入りの強者《つわもの》というわけなのさ。

『ある夏の記録』（一九六一）

　そのモーランさんが携わった『ある夏の記録 *Chronique d'un été*』［★5］を、みなさんは見たことがあるだろうか？

　人類学者で映像人類学の巨匠ジャン・ルーシュ Jean Rouch（一九一七–二〇〇四年）とともに、モーランさんが一九六〇年に共同監督したドキュメンタリ映画で、「シネマ・ヴェリテ」［★6］の嚆矢であるとともに、ヌーヴェル・ヴァーグの記念碑的作品とされる（一九六一年公開、同年のカンヌ国際映画祭国際映画批評家連盟〈FIPRESCI〉賞受賞）。映画を勉強したことがある人はよく知っているはず。ぼくの指導学生にもこの作品をテーマに素晴らしい修士論文を書いてくれた中国からの留学生がいた。

　これまで語ってきた〈六八年五月〉の背景を理解するため

★1　Table ronde internationale: «KATÔ SHÛICHI OU PENSER LA DIVERSITÉ CULTURELLE» Le 12 décembre 2009, Maison de la Cutlure du Japon à Paris, France.

　その後、このシンポジウムは *Katô Shûichi ou pener la diversité culturelle, sous la direction de Jean-François Sabouret*, CNRS Éditions, Paris, janvier 2012. として出版された。拙稿は、«Qu'est-ce que les Lumières?: sur l'éthos d'un intellectuel universel», pp. 57–62.

　同書の日本語版は、ジュリー・ブロック編『加藤周一における「時間と空間」』、かもがわ出版、二〇一二年。拙稿は、第一章「啓蒙とは何か——普遍的知識人のエートスについて」、七二–八〇頁。

★2　その成果の一端が、Edgard Morin, Claude Lefort, Cornelius Castroriadis, *Mai 68: La Brèche*, Fayard, 2008（この本の初版は一九六八年。その後、各著者の一〇年後、二〇年後の論が加えられて現在の版に至っている）。

★3　エドガール・モラン『ドイツ零年』、古田幸男訳、法政大学出版局、一九八九年（原著 Edgard Morin, *L'an zéro de l'Allemagne* は一九四六年刊）。

★4　Wikipedia フランス語版の «L'An zéro de l'Allemagne» の項にその記述があるが、参照先の出典の記述の根拠（モーランがロッセリーニに許諾して映画タイトルが付けられたというモーランの証言）が私自身では確認できていない。URL=https://fr.wikipedia.org/wiki/L%27An_zéro_de_l%27Allemagne#cite_note-5（二〇二四年一月三一日閲覧）

★5　Vimeo でも見られるけれど、映像の状態がだいぶよくないから、リマスター版を見ることをすすめたい。Chronique d'un été (DVD) Éditions Montparnasse URL=https://www.editionsmontparnasse.fr/p1476/Chronique-d-un-ete-DVD

★6　シネマ・ヴェリテとは何かについては、例えば、次のような解説動画を見るとよい。正確には本人たちは「新しい〈シネマ・ヴェリテ〉Un nouveau "cinéma-vérité"」と言っていて、ジガ・ヴェルトフの「キノ・プラウダ」を踏まえている。URL=https://www.youtube.com/watch?v=loiDfeM792U

には、この作品を手がかりにすると、いろいろな意味で分かりやすいとぼくは考えている。

というのも、この作品の始まりは、こうだよね――

（映像）

始業のサイレン音が鳴り響くルノーのビヤンクール工場と通勤してくる労働者たちのシーン

（ナレーション）

「この映画は俳優によって演じられたものではない。人生の時間をシネマ・ヴェリテという新しい経験に充てた男女たちによって生きられたものである」

（ルーシュとモーランが、マルスリーヌ・ロリダンと、これから撮影する映画について相談している場面）

「君はどう生きているのか? Comment vis-tu?」というテーマで映画を作ろうとしていると制作意図を説明するモーラン。「どんなふうにして日々やりくりして生きているのか」を、いろいろな人に語ってもらい映像化したいと説明する。そして、ルーシュが、マルスリーヌに向かって、「君はこの映画に出てもらうので、まず、手始めに、どんなふうに暮らしているのか、語ってみてくれるかい?」と問いかける。マルスリーヌは「自分は応用心理学の調査の仕事をしている」と答え、「その仕事、全然面白くない」と語り始める。そして、ルーシュが、「街で、『あなたは幸せですか?』って、人びとに質問してみるかい?」と提案する。

――次の場面から、マルスリーヌはナグラ（携帯録音機）を肩にかけ、マイクを持って、人びとに「あなたは幸せですか? Êtes-vous heureux?」って、インタビューし始める［★7］。そうやって、この映画は始まるんだ。

どうして、この映画が、〈六八年五月〉を理解する手がかりになると思うのか?

まず、人類学者と社会学者の共作だから、理論的フレームワークはしっかり出来ていて、一九六〇年夏のフランスの若者たちの置かれていた状況をきれいに整理して設定している。

一二ぐらいのパートに切り分けられるが、それぞれが、労働者の仕事場、労働者の家庭、インテリたちの暮らし、学生生活、外国人、旧植民地からやってきた留学生……という具合に、社会調査的にセットされている。でも、忘れてはならないのは、冒頭、マルスリーヌが応用心理学の調査なんて全然面白くないと言っていたことだ。彼女は、そういう社会エンジニアリングとしての応用社会学や応用心理学ではなくて、それとは逆の方法を行くんだ、ということを宣言している。

つまり、社会学や心理学という人間科学（人文科学）についての問いが提起されていることを見逃さないようにしよう（これは、人文社会系の学部として発足したナンテールで社会学を学ぶ学生たちにも共有されていた問題意識だとモーランさんは書いている［★8］）。ひとつの映像作品から得られるのはもちろん限定された視角だけれど、一九六〇年代初めの労働者やインテリの置かれていた実存の状況が観察できると思うわけだ。

「シネマ・ヴェリテ」

登場人物みんなの自発的な発言を聴取するために、要所要所に、食事とおしゃべりがセットされている。人類学者だからね。エスノグラフィーで得た手法だ。食卓を囲んで飲み喰いしながらみんなでおしゃべりする、つまり、饗食（ギリシャ語で言うシュンポジオン＝シンポジウム）しているわけだ。

労働者のアンジェロはルノーの一般工（OS）なのだけれど［★9］、会社の管理職が言うように、いろいろな資格をとって、労働者としての階梯を上がっていっていったいなんになるんだろう。そういうことをやっている上司を見るといったいなんのために生きているんだ、って疑問に思う。そうだろう、みんなそう思うよね、それって機械になることと同じだと同僚たちに訴える。口笛を吹きながら郊外（たぶんブーローニュ）の家まで帰宅していく家路には、まだ、子供の頃からの田園的な町並みが拡がっている。母親と暮らしている一軒家では、柔道の練習をしたりダントン（フランス革命期の人物）の本を読んだりしている。いったい俺はなんのために生きているんだ、機械みたいに働くためじゃないだろう。そのように、この〈労働する人〉は自問している。アンジェロを映画撮影に呼んできたルノーの労働者のジャックは、カストリアディスやルフォールがつくった社会主義グループ「社会主義か野蛮か」に近い人［★10］。かれらの問題意識は、初期マルクスの言う「疎外」の問題なんだよ。

★7　ルーシュは、一六ミリカメラとステファン・クデルスキが開発した電子スピードコントロール付きのトランジスタ・テープレコーダ「ナグラⅢ」のプロトタイプを組み合わせて同時録画録音する方法を使った。URL=https://en.wikipedia.org/wiki/Chronicle_of_a_Summer（二〇二四年一月三一日閲覧）
ナグラⅢについては第四回でも紹介したので説明は割愛するが、例えば以下の記事に詳しい。URL=https://fr.wikipedia.org/wiki/Nagra

★8　Morin et als. *Mai 68: La Brèche*, ibid. chap.1 La commune étudiante.

★9　フランスで工場労働者はOS（ouvrier spécialisé 字義通りには特化労働者）、OQ（ouvrier qualifié 字義通りには資格労働者）、OHQ（ouvrier hautement qualifié 字義通りには高資格労働者）の三種に分けられる。OSは最も一般的で、比較的単純な作業を行う者を指す。

★10　このグループは、非共産党系、トロツキズムにも批判的な社会主義のグループで、その同名の雑誌はつとに有名。同人には、ジャン＝フランソワ・リオタールもいた。

街頭で人びとに「あなたは幸せですか？」って問いかけていたマルスリーヌだが、彼女自身も、同棲中で年下の学生ジャン＝ピエールとの愛の行方に悩んでいる。彼女の腕には一五歳のときに父親とともにナチスに捕らえられアウシュヴィッツに送られたときの囚人ナンバーの入れ墨がある。パパと昔歩いた、コンコルド広場からレ・アールの市場への道を歩きながら、「パパ、パパはどうして私をひとり残して逝ってしまったの」と、人知れず自分に語りかける（のを開発されたばかりのナグラⅢが同時録音している。こうした録音技術はこの当時初めて可能になったんだよ）。

学生のジャン＝ピエールや高等師範学校生のレジス（若き日のレジス・ドブレ Régis Debray 一九四〇年－）たちの気がかりは第三世界だ。この時点で、フランスはまだアルジェリア戦争のまっただなか。学生は徴兵を猶予されているけれど、このさき徴兵に応じるのか、さもなくば、ベルギーとかの国外に出るか。アフリカの植民地が次々に独立していくなかで、自分たちは植民地の人びとに対してどんなふうに責任を取っていったらいいのか？　将来、管理職に就いて、体制《システム》側の人間になっていってしまっていいんだろうか、そんなことのために勉強しているんだろうか。進行中のコンゴ動乱についてはどう思うか。アフリカからの留学生も交えてみんな真剣に議論している。

労働者の家庭では、まあ、生活はだいぶ楽になって団地に住めるようになったけれど、もう少しお金があればねえ、これから夏のバカンスに行くんだけれどと奥さんが話す。

イタリアの良家の子女で、パリに初めてひとりで出てきて屋根裏部屋で暮らしているイタリアの写真家マリールゥは、失恋とか人生の行き詰まりで悩んでいる。苦しいことが生きている実感なのか、と難しい生の時間を噛みしめている。

コートジボワールからの留学生ランドリーは、人種差別の偏見に出合ったりしないかい、と労働者のアンジェロから問いかけられる。マルスリーヌの腕に入れられた入れ墨の由来を聞かされてびっくりする。

それら、ちがった社会カテゴリの登場人物たちが饗食しおしゃべりする。で、誰かが、食事のときに、そのマルスリーヌに、君は黒人の男と寝たいと思わないか、なんて、冷やかしで問いを発したりする。アルジェリア戦争についてどう思うのかい。兵隊に召集されたらどうするか。兵役を拒否するか。などなど、侃々諤々議論する。

で、最後に、バカンス出発の時期が訪れ、みんなで高級リゾート地、B・B（ブリジット・バルドー）の映画で有名なサントロペに出かけていく。そしたら、B・Bのそっくりさんがいて（ヤラセだね）、バルドーっぽい口調でサントロペのおしゃれな生活の良し悪しをスノビッシュにおしゃべりしてくれる。

つまりこの映画は、戦後復興が軌道に乗り、栄光の三〇年が本格化しつつあった一九六〇年の夏に、人びとが「どう生きているのか?」の民族誌《エスノグラフィー》というわけなのだが、同時に本質的には、「生きづらさ」について、サルトルの用語で言えば、「実存の問い」をみなが抱えていることが重要なテーマだ。

「ヌーヴェル・ヴァーグ」の時代

その実存の問いに切り込むために、考え出された方法が「シネマ・ヴェリテ」なのだ。そして、それは、とりもなおさず「ヌーヴェル・ヴァーグ」でもあった（これは飛躍した議論かもしれないのだけれど）。マルスリーヌが、ナグラⅢを携行して街に出ていって、「幸せですか?」って、問いかけたときから、シネマ・ヴェリテの時代、すなわち、ヌーヴェル・ヴァーグの時代が始まったのだと思う。

ゴダールの『勝手にしやがれ *À bout de souffle*』（一九六〇年）だって、シネマ・ヴェリテでしょう。シャンゼリゼでヘラルド・トリビューン紙を売り歩いているアメリカ人のパトリシア（ジーン・セバーグ）を映し出すシネマ・ヴェリテがまずベースの映画として起動し、「探偵物《ポラール》」がお話《フィクション》のフレームとしてアドホックに接ぎ木される。で、最後、「ほんとムカつく c'est vraiment dégeulasse」というセリフがオチとなってお話のフレームが閉じ、ベースにあったシネマ・ヴェリテが、ジーン・セバーグのなんとも両義的で崇高な正面クロースアップ・ショット「dégeulasse ってなあに? Qu'est-ce que c'est, dégueulasse ?」で受け直して終わる、という流れですね。

これをシモンドン的に言うと［★11］、『ある夏の記録』ならナグラⅢ＋携帯カメラ（la caméra Éclair Coutant［★12］）の映像音声同時記録、『勝手にしやがれ』なら手持ちカメラと高感度フィルムという、新しい撮影技術が可能にした〈技術的個体化〉によって、都市と映像とエージェントの関係ががらりと変わり、映像を通した人びとの〈心理的-集団的個体化〉の布置が変化したわけだ（ヌーヴェル・ヴァーグをたんなる映画史の出来事としてとらえるのは、映画オタク的なつまらない見方だ、それは間違いだとじつは思うのですね）。

時代の「想像力」が変容する、つまり、想像力の新しい〈時代《エポック》〉が始まるのは、映像エージェンシーにかかわる技術的-心理的-集団的個体化の新しい配置が生まれるときだと考えてよいのではないか。

なぜ、六〇年代の想像力を考えるのにシモンドンを参照するのかといぶかしむ向きもあるかもしれないが、最近になってようやく多くの人びとが引用し始めたジルベール・シモンドン Gilbert Simondon（一九二四-一九八九年）は、じっさいには、まったくの同時代人なのだ。かれがこれらの概念を打ち出した博士論文『形態と情報の概念に照らした個体化』および

『技術的対象の存在様態について』が提出されたのは一九五八年だった。だから、シモンドン本人が、シネマ・ヴェリテを見たら、「君はどう生きているのか?」というモーランたちの問いは、「エージェントである君は（技術的‐心理的‐集団的に）どう個体化しているか?」と問う映画だと即座に理解したはずだ。哲学は、決して紙のうえに書かれるのではない、生のなかに／生を通して書かれるものだからね。じっさい、シモンドンの師だったモーリス・メルロー＝ポンティ Maurice Merleau-Ponty（一九〇八‐一九六一年）は「哲学者と映画人とのあいだには、ある種の共通した存在の仕方があるのであって、それこそひとつの世代の世界の見方というものだ」と書いている［★13］。そして、この言葉は、ゴダールの構造主義的映画『男性的・女性的 *Masculin feminin*』（一九六六年）のなかで引用されているのです。

『男性的・女性的』の場合は、こうです。

まず、タイトルを確認しておくと、日本語では『男性・女性』となっているけれど、形容詞が名詞化した「Masculin（男性的）féminin（女性的）」であって、『男と女 *Un homme et une femme*』ではありません（後者なら同じ一九六六年公開のクロード・ルルーシュ監督の小洒落たセンチメンタルドラマです。でも、アヌーク・エーメとかけっこう好きかも。ジャン＝ルイ・トランティニャンもいいね笑）。

なぜなら、ゴダールとしては、この作品は、「社会学者のように語るなら、若者を『構造』の観点から研究した」ものだからです［★14］。「生物学者のように、社会の『細胞』を取り出して、その生態を観察した」のです。社会を分解して音素のような最小単位にまで分解すると、「男性的 le masculin／女性的 le féminin」という示差性にまで還元できる。ポール（ジャン＝ピエール・レオ）は、「ローリングストーンズに囲まれたウェルテルのような存在で」、主人公たちカップルは「マルクスとコカ・コーラの子供たちの世代」。「ふたりは社会主義（とても近代的で経済的な意味における）とアメリカ式生活から影響を受けているんだが、階級闘争はもはや私たちが本で教わったようなものではないんだ」。「昔だったら、マダム・マルクスがムッシュー・コカ・コーラと結婚するなんてありえなかった。でも、いまではそんな夫婦はいっぱいいるね」。「ジャン＝ピエール・レオ（少年）とシャンタル・ゴヤ（可愛い、イェイェ歌手［引用者注：yé-yé はモーランさんが一九六三年に命名したものだ、これについては後述］）は、それぞれ左翼と右翼を代表しているとも言える。だけど、若さゆえに、かれらは自然に付き合っていられて、カップルをかたちづくり、無邪気で許し合える関係なんだ」。

もうお分かりでしょう。ゴダールは、ルーシュやモーランにとても近いところで、シネマ・ヴェリテとしてヌーヴェル・ヴァーグしているということが。そして、構造主義が、想像力の符号化《コーディング》のキーになっている、ということにも注意しよう。

『ある夏の記録』は、だから、想像力をめぐって、人びとの技術的‐心理的‐集団的個体化のヌーヴェル・ヴァーグ的とも言うべき変容が起きつつあった、一九六〇年パリの夏の数週間の間に、何人かの男女にインタビューしつつ、それぞれの心理的個体化——「君はどう生きているのか？」「あなたは幸せですか？」——を問い、時代の変容をとらえた映像人類学的‐社会学的な一級資料だと考えてよい。肝心なことは、映像冒頭のナレーションが言うように、それらの人びとが、映像の時間を実地に生きて個体化している——シネマ・ヴェリテしている——こと、（映像の外の現実を映し出す）表象としての映画では全然ないということだと思うのです。

★11　ちょっとシモンドン用語を解説しよう。シモンドンにとって、個体とか個人（どちらもフランス語で言えばindividu、英語ではindividual）というようなものは存在しない。aという個体とかαという個人が存在するように思えるのは、aはb、c、d……とかとの関係において「個体に成りつづけている」から、αはβ、γ、δ、η……とかとの関係において「個人に成りつづけている」からなんだ。これを「個体化individuation」と言う。つまり、「個体／個人に成りつづけること」が「個体化」で、君が個人であるというのは、本当は君は個人ではなくて、個人に成りつづけているプロセスなのだ、君が乗っているオートバイ、ホンダＮＲが個体であるのは、じっさいには個体ではなく、その内燃機関が「オーバル（楕円）ピストン」を採用していて「正円形」ではなく更新されつづける技術進化の流れのなかで個体化しつづけているからだ、とか、そういうふうに考えるわけです。そうすると、すべては、生成変化（仏devenir、英becoming）しつつあるプロセスであり、個とは絶えざる個体化のプロセスの関係項ということになるわけだ。ホンダＮＲは技術的個体化を通して個に成りつづけ、君は心理的個体化を通して君個人に成りつづけ、君自身に成りつづけることで、君は他の個人・個体たちとの関係をつねに変化させているから、君にとって集団のあり方もつねに個体化しつつある。こういうふうに考えていくのが、「技術的‐心理的‐集団的個体化individuation technique-psychique-et-collective」ということなのさ。この説明で、シモンドンがドゥルーズの生成の哲学に近く、構造主義を補完しようとする哲学であることも分かるでしょう。詳しくは、ジルベール・シモンドン『個体化の哲学——形相と情報の概念を手がかりに』、藤井千佳世監訳、法政大学出版局、二〇一八年。宇佐美達朗『シモンドン哲学研究——関係の実在論の射程』、法政大学出版局、二〇二一年。

★12　URL=https://fr.wikipedia.org/wiki/Caméra_Éclair_16
発売は一九六三年だが、プロトタイプを使うことができたとモーランは述べている。Edgar Morin, *Les souvenirs viennent à ma rencontre*, Fayard, 2019, chap. 24 « Chronique d'un été ».

★13　モーリス・メルロ＝ポンティ『意味と無意味』、滝浦静雄ほか訳、第一部「映画と新しい心理学」、みすず書房、一九八三年、八七頁に対応（引用は石田による訳。原文は一九四八年、七三頁）。

★14　以下のゴダールの引用は、一九六六年封切り時の、次のル・モンド紙インタビューから抜粋。"Masculin-Féminin: les enfarts de Marx et du coca-cola" Par YVONNE BABY, Publié le 22 avril 1966. URL=https://www.lemonde.fr/archives/article/1966/04/22/masculin-feminin-les-erfants-de-marx-et-du-coca-cola_2696453_1819218.html

「労働者」と「インテリ学生」

トロカデロの人類博物館のレストランでルノーの労働者であるアンジェロやジャックと、インテリ学生であるジャン＝ピエールやレジスが顔を合わせて食事をしながら議論する光景は、学生と労働者との連帯を声高に主張していた、〈六八年五月〉の先取りと言ってよいものだろう。

それに、（映像からは当時の当局による検閲を嫌って除外されてしまったが）、アルジェリア戦争を忌避して脱走するよう呼びかけるべきだ、と話し合う場面も撮影されていたし、ジャン＝ピエールとマルスリーヌは、ジャンソン機関［★15］のメンバーで、このときＦＬＮ（アルジェリア民族解放戦線）を支援する活動をしていたことも分かっている。

抑圧者か非抑圧者か。歴史のどちら側に立つのか？　サルトルが言う「アンガージュマン」は、この当時、インテリの若者たちにとって焦眉の課題だったんだよ。それで、この映画では、まだ、育ちのいい、聡明で弁舌達者でフレッシュな若者レジス・ドブレ君は、この直後、カストロのキューバ革命に合流、南米革命のバイブルとなる『革命の中の革命』（一九六七年）を著して、チェ・ゲバラと南米革命運動に身を投ずることになるのです［★16］。

だから「君はどう生きているのか？　Comment vis-tu?」をテーマに、一九六〇年の〈労働する人〉、〈生きる人〉、自己の真実を言葉にしようと〈話す人〉をテーマにした『ある夏の記録』は、人類学者と社会学者による、一九六〇年のひとつの「技術的－心理的－集団的個体化」の記録なのだと思う。

そしてシネマ・ヴェリテはテレビの時代のシネマでもある。「あなたは幸せですか？」と道行く人びとに待ったなしでマイクを突きつける「街録」の手法は、日本の一九六〇年代でも萩元晴彦・村木良彦演出で寺山修司構成のＴＢＳドキュメンタリ『あなたは……』（一九六六年）［★17］が採用していたし、その萩元・村木と今野勉が『お前はただの現在にすぎない――テレビになにが可能か』（一九六九年）［★18］で述べたテレビ・ドキュメンタリの真髄でもある。そして、ベルナールたちの時代（それは、ぼくの時代でもある）は、なんと言ってもテレビが普遍化した世界――エーコのテレビ記号論が言う「パレオ・テレビ」時代［★19］――であったのだ。

前回まで見てきたように、ベルナールが六八年五月三日にセーヌ河岸の古本屋にいたのも、テレビでモリエールの『ドン・ジュアン』を見たからだった。一九六三年の『サリュ・レ・コパン』誌のロックンロールイベントに、モーランさんが「yé-yé」世代と名づけた若者たち二〇万人が集まって騒いだのもラジオとエレキ・ギターの発達のせいだった。一九六八年五月一〇日の夜に学生たちがソルボンヌ広場に座り込んでラジオ同時中継で政府と交渉したのも、トランジスタの時代だったからだ。そんなふうに世界はもうだいぶいまのリズムに近づいていた。

そんな世界で「幸福である」とはいったいどういうことなのだろうか？　君は「どう生きているのか？」

マルクス主義

ゴダールが言うように、この一九六〇年代のマルクス主義は、人びとが考える古めかしいマルクス・レーニン主義とはずいぶんちがうものだったはず、ということはよく考えておく必要がある。一九五六年にはハンガリー動乱があり、スターリン批判もあり、古典的な共産主義の神話は（よっぽどの

★15　第二回にも登場したが、おさらいとして記しておこう。フランシス・ジャンソンFrancis Jeanson（一九二二－二〇〇九年）は、サルトルに近いフランスの哲学者で、サルトルが主宰していた雑誌『レ・タン・モデルヌ』同人。スイユ社の有名な「永遠の作家叢書」の編集長を務め『サルトル』の巻を書いている。「サルトル・カミュ論争」の火付け役ともなった。アルジェリア戦争ではFLNを支援する通称「ジャンソン機関」を組織。資金援助や脱走兵支援に積極的にかかわるが、これは当時フランスで違法行為だったため外国に逃亡する。一九六六年に恩赦されて帰国。本稿で後述する、ゴダールの『中国女』に出演したのはこの頃だ。

★16　レジス・ドブレは、父は弁護士、母は政治家、パリ一六区のブルジョワ家庭に育つ。一九歳で高等師範学校（ENS）に首席で合格（同期には、エチエンヌ・バリバール、ジャック・ランシエール）。一九六一、六二年に学生交流団としてキューバ訪問。一九六五年にハバナ大学哲学教授。カストロのキューバ革命に共鳴し、一九六七年に出版した『革命の中の革命』は南米ゲリラ革命のバイブルとして世界的なベストセラーとなる。一九六七年チェ・ゲバラとボリビア革命に身を投じてゲリラ戦で捕らえられ死刑求刑。フランスではドゴール大統領を含めて助命嘆願活動が起こり懲役三〇年の宣告を受ける。七〇年に釈放。チリに渡り、サルバドール・アジェンデ政権の顧問としてチリ人民連合政権に参画。アメリカCIAのクーデタによるアジェンデ政権崩壊後はフランスに帰国して、左翼連合の結成に参画。一九八一年フランスの左翼連合政権の成立に貢献。ミッテラン左翼連合政府の指導的人物のひとりとして活躍。その後、一九九〇年代になると「メディオロジー」を提唱して人文社会科学思想でのムーブメントを唱道してきた。石田は、レジスとはその頃からのお付き合いで、よく知っている人。かれがベルナール・スティグレールを伴って来日した一九九五年に初めてベルナールと知り合うことになった。

★17　『あなたは……』（萩元晴彦、村木良彦演出、寺山修司構成、一九六六年）は、「TBSオンデマンド」で配信されている。

★18　萩元晴彦、村木良彦、今野勉『お前はただの現在にすぎない――テレビになにが可能か』、朝日文庫、二〇〇八年。

★19　ウンベルト・エーコはテレビ記号論の立役者でもあるのだが、有名なテレビ論「失われた透明性」で、テレビの歴史には、旧石器時代と新石器時代の区別と同じように、テレビが世界のことを伝えていた「パレオ（旧）・テレビ期」とバラエティ番組のようにテレビがスタジオで現実をハイパーリアルに創り出してしまう「ネオ（新）・テレビ期」という区別があると言った。ウンベルト・エーコ『ウンベルト・エーコのテレビ論集成』、和田忠彦監訳、河出書房新社、二〇二一年。

信者を除けば）とっくに崩れていた。

他方ではまた、『ある夏の記録』の一九六〇年は、フランスではアルジェリアとアフリカ植民地の独立戦争のただなかだ。そして一九六四年になればトンキン湾事件でベトナム戦争が本格化し、戦争は世界の至るところに拡がっていく。言い古されたことだが、ベトナム戦争では歴史上初めて、テレビを通して映像が次々に送り届けられて、君はそれに責任はないのかと日々問いを突きつけてくるのだった。

「あなたはベトナム戦争に責任があると思いますか？」

［★20］

高校生だったベルナールは、この時期、アルジェリア戦争後の極右の高校生運動に対抗すべく、「急いで政治化することになった」と語っていたね（第二回）。かれがまだ若すぎたからというわけでもなくて、ある意味すべての若者たちが、急ぎすぎで自分を政治化しようとしていた。それは、決してよい結果を生まなかったようにも思うのだが、では、どうすればよかったのか、となるとなかなか答えは難しい。目をつむり口をつぐむことは、君を体制側の犬、プチ・アイヒマンにしていく、とみんな考えた。

ここではその問いを深く追うことはできない。サルトルは、ある意味、この悩める時代の「不幸な意識」の哲学者だったのではなかろうか。「社会主義と自由との結合、平等と自由とのリエゾンがめざされつつある」とソルボンヌ大講堂で語ったとき、かれはその不幸な意識にもとづいて話しているように思う。

六八年五月の出来事について、リアルタイムでル・モンド紙に記事を書いていたモーランさんは、かれがナンテールで観察していた極左グループの学生たちについて次のように書いている――

> ［極左グループの学生たちにとって］マルクス主義とは、合理性の道具［理論的な道具という意味だろう］であると同時に（心理学がいう意味での）合理化［無意識を整理するつじつま合わせという意味だろう］の手段なのだ。［……］それ［マルクス主義］はレヴィ＝ストロースが言うような〈野生の思考〉の役目を果たしていて、上／下、火にかけたもの／生もの／腐ったもの、正しいもの／正しくないものを区別し、レッテル化し、規則立て、安心させる役目を果たしている。［★21］

要するに極左の学生たちのマルクス主義は神話的ブリコラージュだと言っているのだが、ま、これは正しいだろうね。あるいはまた、モーランさんは、学生たちの運動の〈遊び〉

と〈マジメ〉についても書いていて、〈遊び〉の部分がとても重要なのだとも述べている。これも、まったく正しい。コーン＝ベンディットの才能とはまさにその〈遊び〉の自由にあると思う。「革命ごっこ」でなぜ悪い。「ごっこ」だからこそ、「想像力」が活性化するわけだ。そういう部分――ユーモア――がなくなったときに、運動は堕落し、テロリズムや内ゲバに転落していく。教条主義者とはユーモアを持たない人たちの集まり、という意味だ。

　モーランさんがレヴィ＝ストロースを参照しているのは、『野生の思考』［★22］の最終章「歴史と弁証法」に、サルトルの『弁証法的理性批判』［★23］への痛烈な批判が記されていることと関係している。レヴィ＝ストロースの批判をひとことで要約するのは大変難しいのだけれど、極めて乱暴に言えば、サルトルの言う歴史の弁証法は、具体的にはフランス革命の神話のことで、有意な日付を拾って周期を符号化することによってつくりだされるメタ物語《レシ》だ、ということ［★24］。要するに、その「歴史」とは、結局、恣意的なナラティブに

★20　この街録インタビュー質問は、上記★17のドキュメンタリ『あなたは……』で発せられる。

★21　Morin et als. *Mai 68: La Brèche*, ibid. pp. 30–31.

★22　クロード・レヴィ＝ストロース『野生の思考』、大橋保夫訳、みすず書房、一九七六年。

★23　ジャン＝ポール・サルトル『弁証法的理性批判 第一巻 実践的総体の理論Ⅰ』、竹内芳郎、矢内原伊作訳、人文書院、一九六二年。ジャン＝ポール・サルトル『方法の問題 弁証法的理性批判序説』、平井啓之訳、人文書院、一九六二年。

★24　「『弁証法的理性批判』によって提出された問題は、結局つぎの問題に要約されるのである。フランス革命の神話はいかなる条件において可能であるか？」（『野生の思考』、三〇六頁）。

すぎなくて、任意の日付や任意の出来事をどのように符号化するか、の問題にすぎない。どの周波数にチューニングするかによって、聴き取られる物語は変わるから、歴史とは「周波数」と符号化の問題なんだ、というのがレヴィ＝ストロースの考え方だ、とまとめられる。

そういう目で学生たちの「マルクス主義」をリアルタイムで観察していた人がいたということはつまり、極左の「マルクス主義」の言説はこの時点で、すでに乗り越えられていたことを意味すると考えるべきだ、とぼくは思う。よりメタな言説から原理をとらえられてしまっていたわけだからね。思想とはそういうものだ。

歴史と周波数

難解な文章の舌足らずの引用で申し訳ないのだが、レヴィ＝ストロースは次のように書いている――

歴史はいくつもの歴史領域で形成された一つの不連続集合である。そして歴史領域のおのおのは、それぞれの固有周波数と、前と後との示差的符号化《コード》によって規定される。［★25］

なんとも即物的な歴史の規定だが、レヴィ＝ストロースが、周波数や符号化という用語で歴史を考えようとするのは、かれが、伝達理論やサイバネティクスを（ローマン・ヤコブソンとの共同研究によって）いちはやくマスターしてしまっているからだ。他方、サルトルは、古典的人文主義の教養の持ち主であるがゆえに、歴史を意識に媒介される弁証法と考えてしまう。そして、どうしても古めかしいドイツ観念論の色彩を帯びてしまう。本当は意識だって周波数の問題なのだし、弁証法はサイバネティクス的な再帰性の問題なのだから（ユク・ホイならそう読むだろう［★26］）、この点における両者の立場の差は大して問題ではないし、サルトル哲学にだってリニューアルの可能性はないことはない（とは思うのだが、サルトル・リニューアルを本気でやる力のある人が出てこないと現状では難しい）。

この問題を考える教材として最適なのは、ゴダールの『中国女 *La Chinoise*』だろう［★27］。一九六七年の作品で、完全なタイトルは、『中国女、あるいは、むしろ、中国風――いま作られつつある一映画 *La Chinoise, ou plutôt à la chinoise: Un film en train de se faire*』で、だから、やはり映画を通して現実が現実に作られつつあるシネマ・ヴェリテなんだと言える。じっさい、一年後に起きる〈六八年五月〉を驚くほど正確に予告するアレゴリーと言ってよい［★28］。

一九六七年初夏、中国では文化大革命が起こっていた。ヴェロニック（アンヌ・ヴィアゼムスキー）はナンテールの哲学の学生で、ブルジョワの両親が夏のバカンスで不在のアパルトマンで五人の仲間と革命合宿を始める。朝には、トランジスタラジオの周波数を北京放送に合わせ、文化大革命のプロパガンダを書き取る。壁には革命のスローガンが大書され、ジャン＝ピエール・レオが俳優のギョーム役でいつものように硬派の革命的言説を垂れ、共産党系のマルクス・レーニン派との内ゲバでインテリのアンリが負傷して戻り、『毛沢東語録』が無数に並べられ、挿入歌「マオ・マオ」が合唱され、アフリカの同志によるティーチインやマルクス・レーニンの学習会が開かれ、ロシア人のキリーロフが自殺し（『悪霊』の自由な翻案なんだ）という具合に、まったくゴダール的な革命ごっこがアパルトマンのなかで繰り広げられる。この俳優たちなんだけれど、じつは無線イヤホンを着けていて、ゴダールがそのつど指示するセリフを声に出して言っているんだよ。つまり、とっても全体主義的に、周波数的に、「統制」された革命家たちの革命的言動がパフォームされているんだ。そして、ヴェロニックは「修正主義」の国ソ連からやってくる文化相の暗殺を提案する。反対したアンリは査問委員会にかけられて除名、「粛正」される。列車に乗ると居合わせたのはフランシス・ジャンソン（本人演）で、大学を爆破する計画を打ち明けたヴェロニックを思いとどまらせようと説得する超ロングのトラベリング・ショット（に見えるが動いているのは景色でじつは対面ショット）が秀逸だが、結局、ソ連文化相の暗殺は実行に移され、革命ごっこが現実に移されたところで、バカンスを終えた両親が戻ってきて、グループは解散してお話全体も終わり、現実に戻るという仕掛け。

　これって、本当に〈六八年五月〉そのものと言ってよい構造で、じっさい、ソルボンヌ占拠とカルチエ・ラタンのバリケード闘争は、このとおりのハチャメチャな「革命ごっこ」だったのではないのか。そして、イランやアフガニスタン、ルーマニアの訪問に出かけて長いあいだ不在だった、ポンピドゥー（首相）やドゴール（大統領）といったパパやグラン・パ

★25　同書、三一三頁。

★26　ユク・ホイ『再帰性と偶然性』、原島大輔訳、青土社、二〇二二年。

★27　URL=https://en.wikipedia.org/wiki/La_Chinoise
日本で市販の最新版を見るとよいと思う。二〇一九年六月七日発売、KADOKAWA／角川書店。

★28　〈六八年五月〉に対するゴダール『中国女』のアレゴリー的位置については、西川長夫『決定版 パリ五月革命 私論——転換点としての1968年』（平凡社ライブラリー、二〇一八年）から多大な示唆を受けた。西川長夫さん（一九三四－二〇一三年）は、私がまだ教師として駆け出しの同志社大学時代、京都のフランス研究グループに加えていただき何度もお話をする機会を持つことができた。国民国家以後の世界システムについて高い見識を持たれ学者としてお手本にすべき方と仰ぎ見ていた。〈六八年五月〉当時、高等研究院に在外研究中でじっさいに事件をつぶさに参与観察された記録としても、ご自身で撮影された写真多数を掲載した本書は、遺作となったが、一級の証言と考察の書として、みなさんにも読んでいただきたい。

パがフランスに戻ってきて、革命ごっこは終息し、事態は収拾されたのだった［★29］。

「想像力の問題」

さて、そろそろ、最後のまとめに入ろう。

「想像力を権力に」や「想像力が権力をとる」という〈六八年五月〉のスローガンが表しているのは、結局、革命はごっこでなくちゃいけない、ということに行き着くのではないのか？　アンリ・ルフェーヴルが、パリ・コミューンをテーマに、革命は「祭り」であると書いていたことも、同じことを言っていると思う。

現実の社会を変えるためには、現実に囚われない「想像力」が必要で、その想像力の成立の仕方は時代によってちがう。

今回書いてみたのは、その想像力にも〈時代《エポック》〉というものがあるということだ。その「想像力のエポック」の成立をシモンドンやモーランさんの手助けを得て考えてみた。

一九六〇年代、世界はあらたな想像の帯域へと周波数を変えた。

それまでの世界の価値は「停止《エポケー》」され、「若者たち」という、それまでなかった人口の「括り」が説得力を持つようになった。モーランさんが、一九六三年にyé-yéと名づけたベビーブーマー世代の登場だった。ビートルズは“She Loves You”（一九六三年）のエレキ・ギターでYeah!を二九回も繰り返した。

でも、そのYeah!は決して二九回のYesと等価ではなかったと思う。たぶんに、No!に裏打ちされていたんだよ。

サルトルは書いている――「想像する意識は対象を無として措定する」［★30］。

「マルクスとコカ・コーラの子供たちの世代」はそのように絶えず正（ウィ）と負（ノン）に意識を交替させていたのだ。

じっさい、トランジスタラジオの帯域を変えれば、「こちらは北京放送局です」、「こちらはモスクワ放送局です」もまただいぶ聞こえてきていた。

そして、ぼくたちの国では、まだ沖縄を占領されたままで、第七艦隊の原子力空母が寄港し、沖縄の嘉手納基地からは、B52がベトナムへ毎日のように空爆に出撃していた。

> やあ、みんな今晩は、元気かい？　僕は最高に御機嫌に元気だよ。みんなにも半分わけてやりたいくらいだ。こちらはラジオN・E・B、おなじみ「ポップス・テレフォン・リクエスト」の時間だよ。これから9時までの素晴しい土曜の夜の二時間、イカしたホット・チューン

をガンガンかける。なつかしい曲、想い出の曲、楽しい曲、踊り出したくなる曲、うんざりする曲、吐き気のする曲、何んでもいいぜ、どんどん電話してくれ。電話番号はみんな知ってるね。いいかい、間違えないようにダイヤルしてくれよ。［★31］

これは一九七〇年夏の芦屋のようだが、ぼくたちもそろそろ一九七〇年代の方へ向かうことにしよう。

本論考は本誌と「ｗｅｂゲンロン」をまたいで連載しています。次回は「ｗｅｂゲンロン」で公開予定です。

★29　五月にパリで学生騒動が始まった頃、ポンピドゥー首相は五月一一日までイランとアフガニスタンを訪問中、ドゴール大統領は五月一四日から一八日までルーマニアを公式訪問していた。

★30　Jean-Paul Sartre, *L'Imaginaire*, collection Idées/Gallimard, 1940, p. 30.（邦訳はジャン＝ポール・サルトル『想像力の問題』、平井啓之訳、人文書院、一九八三年）

★31　村上春樹『風の歌を聴け』、講談社文庫、二〇〇四年、Kindle版より引用。

この引用は、あまりに有名な作家からのものなので、イージーな印象を与えてしまうかもしれない。それでも、やはりキープすることにするのは、二つの自伝的な思い出が重なっているからだ。

村上春樹の小説は一九七九年から読んでいる。この作家の出現を教えてくださったのは、菅野昭正先生（一九三〇－二〇二三年）で、菅野先生は同時代の小説および小説家の動向に大変に詳しい方で「君は神戸の方の出身だったよね、こんど出てきたすごい作家がいて、ラジオ放送のヤアヤア、みんな元気か、みたいな語りが取り込まれている」と村上文学の出現を教えていただいて以来、春樹は読んでいる。芦屋川とか、いつも登下校で通っていた場所だから、風景は手に取るように分かるし。六九年に甲陽学院という高校に進学したんだが「君は甲陽学院だったよね、柄谷行人がそこの出身だね」と、ぼくは当時知らなかった事実を教えてくださったのも菅野先生。菅野先生、けっこうゴシップ詳しかったんだね。

他方、その甲陽学院に高校から入学した四〇人（だったかな）は、中学からの進学組と進度を合わせるために、入学前の春休みに、特訓補習を受けるんだが、国語を教えてくださったのが、学年としては高校三年の担任だった、村上千秋先生（春樹氏の父親だ）。古典国語を教えていただいた。とても紳士的で生徒を大人として扱う丁寧な言葉づかいの方で、（いまにして思うと）ある種旧制高校的な生徒に対する接し方をなさっていたのではないか。とても優しい印象の方で、国語の論理をきちんと理詰めで教わったのは初めてだったはずなので、鮮明に記憶に残っている。

内省と制度批判

制度を内側から変えること　11月30日から3月12日

田中功起　Koki Tanaka

連載　日付のあるノート、もしくは日記のようなもの　第17回

娘はつぎつぎと言葉を覚え、そして時間の（そして空間の）概念を獲得しつつある。

地元のコミュニティ・カフェが開催した夏祭り。会場の隣の路地で行われた、近所の子どもたちを集めたささやかな花火大会で――消火のための水の入ったバケツが脇に置いてあり、手持ちの花火を楽しむ、子どもたちの花火大会で――、娘は初めて線香花火を手にした。おそるおそる手に持ち、その不思議な光の運動を確認していた。周囲は花火の煙に満たされ、火薬の匂いが微かにするなか、小学生の子どもたちは花火を持ちながら駆け回っていた。その夏の記憶は、その路地に結びついている。秋から冬にかけて、彼女のなかで「過去」はすべて「きのう」になり、「未来」はすべて「あした」になった。過去に起きたことは「きのうは……」と表現された。「きのう、あそこで線香花火したね」と、その路地の前を通る度に娘は言うようになった。毎朝、毎夕、その路地は保育園に行く途中に通りすぎるため、冬になっても彼女はその路地を見て、「きのう」の、夏の、線香花火を思い出している。

河原温のプロジェクトに《純粋意識》というものがある。日付が書かれた、彼の、いわゆる「デイト・ペインティング」の展示を幼稚園や保育園で行うというもので、これまで世界中をめぐっている。対象に選ばれているクラスは四歳から六歳までの子どもたち。ちょうどこの時期に数や時間の概念を獲得しつつあるからだという。特徴的なルールは説明をしてはいけないということ。大人がその作品について子どもに聞いてもいけないし、子どもがその作品について聞いても、それがなんであるのかを説明してはいけない。つまり作品は超然としてその場所に存在することが目指されている。いきなりクラスの壁に登場し、しばらくそこにあり、消えてしまう。そんなあり方がこのプロジェクトの特徴だ。まさに娘はその四歳に近づいている。ぼくの娘が通っている保育園に河原温の絵画が展示されているところを想像する。できるだろ

うか。河原温の作品を管理している団体のサイトを訪ねると、どうもオファーを受け付けている。難しい条件もあるかもしれないが、連絡してみてはどうだろうか［★1］。

　このテキストは新居の改装と引っ越しの最中に書き始めた。引っ越しは終わったが、部屋の改装はまだ終わっていない。もちろん引っ越しの荷解きもまったく終わっていない。

　そのような状況のなかで、ゲンロンの原稿と複数のプロジェクトの進行を解決する策として、この原稿と展覧会で展示するテキストを同じものにしようと考えた（結果的にゲンロンに掲載されるテキストはこうして別に書かれている。仕事をまとめてしまおうというぼくの苦肉の策は失敗した）。国立西洋美術館での展覧会「ここは未来のアーティストたちが眠る部屋となりえてきたか？――国立西洋美術館65年目の自問｜現代美術家たちへの問いかけ」のことである［★2］。この展覧会は、これまで現代美術を一度も扱ってこなかった美術館が自身の成り立ちをふり返り、ある意味では反省するという企画である。美術館コレクションの母体となったのは、実業家の松方幸次郎による、いわゆる松方コレクション。第二次世界大戦中にフランスに接収されていたコレクションが、戦後に日本に返還されるに際し、美術館構想が立ち上がる。画家の安井曾太郎はそれに尽力したひとりで、この美術館の恩恵を受けるのは日本の観客だけでなく、むしろ美術家たちだろう、と語っている。そもそも松方自身も、作品収集をするにあたって、日本の若い画家たちに本物のフランス絵画を見せたいという思いがあった。そうした美術館のオリジン（未来のアーティストのための美術館）を改めて（ときに批判的に）再考する機会がこの展覧会である。キュレーターの新藤淳さんはそのためのパートナーとしていまを生きるアーティストたちを選び、ぼくも依頼を受けた。

　美術館の成り立ちやあり方を批評するというテーマは、最近のぼくの関心とも通じている。

　ぼくはこの展覧会で、いわゆる「作品」を展示しない。ぼくが行ったのはいくつかの「提案」をするという方法だ。企画展示室にはぼくのスペースもあるけれども、そこには提案が書かれたテキストだけが展示される。実際に実行されている場所は常設展示室や講堂など、企画展示室の外にある、別の場所だ。ある意味では、それらは「提案」でしかないから、実行されていたとしても、「作品」としては認識されにくい

★1　団体のサイトでの本プロジェクトの紹介は、以下から確認できる。URL=https://www.onemillionyearsfoundation.org/installations/pure-consciousness

★2　「ここは未来のアーティストたちが眠る部屋となりえてきたか？――国立西洋美術館65年目の自問｜現代美術家たちへの問いかけ」、国立西洋美術館、二〇二四年三月一二日～五月一二日。URL=https://www.nmwa.go.jp/jp/exhibitions/2023revisiting.html

と思う。その理由は、これから書く二つのアイデアを読めば理解できるだろう。一つは常設展示室の絵画を低い位置に展示するというアイデア、もう一つは託児室を設けるというアイデアである。前者については、以下のようなテキストが提案として展示される。

「西洋美術館の常設展示室には多くの絵画が展示されている。下見のために展示室に行くと、多くの観客に交じって車椅子の観客がいることに気づいた。そのひとは、ティントレット《ダヴィデを装った若い男の肖像》（1555〜60年頃）を見上げていた。車椅子の位置からするとほとんどの絵画の展示位置は高すぎるように感じた。すべての絵画が車椅子と子どもの目線に合わせて低い位置に展示されている美術館を想像してみる。それはそんなに難しいことだろうか」

テキストはもう少し長くつづくが、いずれにしても、ぼくの提案は絵を低く展示するという素朴なものだ。しかし、いくつかの理由ですべての常設展示の絵画を低く展示することは困難であると新藤さんから知らされる。大きな理由の一つは、ワイヤーで絵画が吊られていることに関係する。西洋美術館の常設展示室では基本的に絵画がワイヤーで吊り下げられている。ならば、低めに展示することは容易だとみなさんも思うだろう。ワイヤーに掛かっている位置を下にずらすだけだからだ。ところが、思わぬリスクを知らされる。天井が高い空間に展示されている絵画を低い位置に展示すると、ワイヤー部分が長くなる。そのため、仮に地震が起きた場合、絵画同士が揺れてぶつかり合い破損する可能性がある、というのだ。狐につつまれた感覚になったけど、まあ、確かにそういうリスクもあるだろう。破損リスクを回避するため、すべての絵画を低位置に展示するのは難しいということだった。ただし、天井が低めの空間に展示してあるいくつかの絵画は可能だということになった。いくつかの場所で絵画が低く展示されているはず。これを書いている時点では、まだ展覧会は行われていない。実際はどのようになったのか、いまから楽しみである。

もっとも、さらに書いておけば、ぼくの提案は、美術館のインフラに関わるものである。美術館設備を変えることも、暗に提案している。ワイヤーを使って絵画を展示するという方法を根本的に見直すこともできるはずだ。低位置に絵画を展示するために美術館の設備を改修する、ぼくの提案はそうしたインフラの変更を期待するものでもある。インフラ自体を変えること。土台を再考すること。一過性の、一時的な企画ではなく、美術館のあり方そのものを変えるような提案。

もう一つの託児室の提案は、当初、教育普及の担当者に話を持ち掛けた。キッズ向けのイベントを多く手掛けているところにまずは話してみようと考えたからだ。でも、教育普及の担当者とはどうも話が嚙み合わない。言ってみれば、育児と託児の違いのようなものが見えてきた。育児は子どもの成長のためのものである。一方、託児は親の時間を確保するためのものだ。美術館では子ども・ファミリー向けプログラムが実施されている。もちろんそれは子どものためのものだ。他方、乳幼児を抱える親のためのプログラムは特にない。もし仮にあったとしても、子どもと共に鑑賞するなどのプログラムが多いだろう。一時的に託児をして親だけが自由に見る、自由に参加するプログラムも増えていってほしいと思う。加えて、教育普及の担当者たちの念頭には、託児は美術館の設備に関わるもので、自分たちの管轄外だという認識もあったようだ。いずれにせよ、ぼくがそこから受けた印象は、美術館は乳幼児の親たちにまったくフレンドリーではないということだった。

その後、託児アイデアは総務課が担当し、外部の託児サービス会社を導入することで実施されることになった。展覧会の会期中ずっと、というわけには（予算の都合上）いかなかったけれど、それでも多くの日程で希望者が託児サービスを受けられるようになった。

ぼくはここ最近、美術史上における一つのジャンルとして定着している、一九六〇〜七〇年代以降に展開した「制度批判」という手法に関心を持っている。西洋美術館での提案はこの関心の流れのなかにある。

「制度批判」のアートは、アートを含む諸制度を分析し批判することとそのものを作品化して提示する手法だ。しかし、ぼくの提案には「批判」的な要素は少ない。むしろインフラを変えていく、制度を再構築するためのアイデアをこそ「提案」している。批判的な身振りから、提案することへと「制度批判」をマイナーチェンジしたことには理由がある。それを今回書いてみたい。

「制度批判」については前回も少し触れたが、今回は「制度批判」のアートがどのように理解されてきたのかを見ていこう。はじまりに位置づけられるのは、ハンス・ハーケとダニエル・ビュレンヌという二人のアーティストの、いずれもニューヨークのソロモン・R・グッゲンハイム美術館での二つの展覧会（ともに一九七一年）をめぐる検閲事件である。

個展に合わせて展示される予定であった、ハーケによる二つの作品、不正な不動産取引を暴露する《シャポルスキー他マンハッタン不動産ホールディングス、1971年5月1日時点のリアルタイム社会システム》と《ソル・ゴールドマン・アンド・アレックス・ディロレンツォ・マンハッタン不動産ホールディングス、1971年5月1日時点のリアルタイム社会システム》（ともに一九七一年）。公文書館などで手に入る資料をもとに、建物の外観写真と不動産取引の文字データだけで構成された作品は一見、スキャンダラスなものには見えない。むしろ似たような建物をひたすら撮影しただけのミニマルな写真作品シリーズに見える。しかし、当時の館長は、アートの「中立性」を保っていないとの理由で展示を拒否する。いわば芸術と報道、美学と政治の相違が争点となっていたようだ。ハーケの作品は、暴露ジャーナリズムの手法を用いた過度に政治的なものだというわけだ。もちろんアートがそもそも中立的なものであったのかとか、アートと政治的イデオロギーの関係はどうなのかとか、アートと経済の関係はどうなのかとか、疑問はすぐに湧いてくる。いずれにせよ、ハーケも担当キュレーターも、館長の判断に反発する。結果、展覧会は中止になり、担当キュレーターは解雇される事態となった。これが一つ目の検閲事件であり、制度批判のアートが持っている政治性が表面化した例とされる。

その数カ月後、同じ、グッゲンハイム美術館で開催される国際展にビュレンヌは大きなストライプの布を展示する。グッゲンハイム美術館は円形の回廊がらせん上に連なっている、フランク・ロイド・ライトによる建築である。その中央の吹き抜けに、らせん上の回廊の一部を覆うかたちでビュレンヌは縦長の巨大なストライプの布を垂れ下げた。いわば建築空間への介入としてストライプの布が使われている。この展示に対して、他の参加アーティストであったドナルド・ジャッド、ダン・フレイヴィン、ジョゼフ・コスース、リチャード・ロングらが、ビュレンヌの布によって自分たちの作品が美術館のどこからも見えなくなっていると、撤去を要請する。もちろんこれは言いがかりでしかない。らせん上の回廊なので、観客は移動するなかで布の正面にくればその向こう側の空間は見えないが、布の横にくればその布そのものが目に入らず、向こう側にある作品が見える状態になる。いや、でもそもそも回廊のこちら側から向こう側にある遠くの作品をわざわざ見ることってあるだろうか。言いがかりの背後には世代間闘争のようなものがある。ジャッドなどのミニマル・アート先行世代は、作品が純粋な展示空間に置かれていることを想定している。例えば展示空間のなかに工業製品のような箱を置き、周囲を観客が移動しながら見るとき、物体の見え方が多様に変化する視覚的な現象にこそ、作品経験の重きをおいていた。他方、ハーケやビュレンヌなどの「制度批判」の世代には、美術館とは純粋な、現象学的な空間ではなく、さまざまな思惑やイデオロギーにあふれた政治的な空間である、という認識があった。というわけで、これらの二つの世代はまったく相容れない思想的背景を持つ。それでも、ミニマル・アートとコンセプチュアル・アートの、いまから見れば重要な活動をしたアーティストたちによるあからさまな撤去要請は、まったく大人げないとしか思えないけれども。

ハーケにせよ、ビュレンヌにせよ、通常は意識されない物事の枠組みを分析しその背後にある権力関係を明るみに出すというその手法は、同時代的には、ミシェル・フーコーの影響下にある。つまりフーコーの構造分析の方法論を美術制度へと流用したものである、と美術史家のベンジャミン・ブクローは書いている［★3］。

制度批判をめぐる基礎文献はいくつかあるけれども、ここで、そのブクローによる制度批判の定義を確認しておく。コンセプチュアル・アートから六〇年代後半以降展開する制度批判のアートへの道筋を確認した上で、彼は以下のように制度批判を位置づける。

> 逆説的なことだが、コンセプチュアル・アートが真に重要な、戦後の芸術生産におけるパラダイム転換となったのは、後期資本主義の論理とその実証主義的な手段を模倣し、自己批判によって伝統的な美的経験の最後の残滓さえも清算しようとした、まさにその瞬間であった。［……］その瞬間とは、六〇年代後半以降のビュレンヌとハーケの仕事がその模倣関係の暴力をイデオロギー装置そのものに向け直した、まさにそのときである。それは、実証主義的な手段と管理の論理が生じる場所である社会制度そのものを、模倣された方法を使って分析し、暴露することであった。［★4］

つまりブクローによれば、「制度批判」とは、「制度」をその制度に内在するやり方（客観的事実を積み重ねる実証主義的な分析や管理の手法など）によって分析することで、内なるイデオロギー性を暴くことである。そこにはアーティストによる詩的なアプローチも、思弁的な語りも、パーソナルな欲望も求められていない。何かを批判をするには、その批判対象が使っている方法論でもって相手を批判することが一番の批判になる、というのは経験上よくわかると思う。あなたはそう言っているけれど、そう言っているあなたも同じことをしていますよね？　という論破の仕方はあるだろう。

ミニマル・アートやコンセプチュアル・アートが扱ってきた視覚や身体性、言語の問題が、制度批判の時代になって、分析され、批判を伴って相対化されてきた。それがこの六〇年代後半から七〇年代にかけての状況だったのだろう。先行世代と若手の軋轢と書けば、どこにでもあることだろうけれど、アートが政治性や社会性を持つことにより、アートの制度そのものを対象にし始めたのは納得できる変化でもある。

★3　Benjamin H. D. Buchloh, "Conceptual Art 1962-1969: From the Aesthetic of Administration to the Critique of Institutions," *October*, Vol. 55. (Winter, 1990), pp. 105-143.

★4　Ibid., pp. 142-143.

アートを含む諸制度を分析し批判してきた制度批判のアートは、その後、美術史や美術館からどう扱われてきたのだろう。煙たがられてマイナー化、アンダーグラウンド化したのだろうか。実はそうでもない。むしろ評価は真逆だった。「制度批判」のアーティストたちは、その後の社会性・政治性を持つアートの先駆的な存在として評価され、作品は美術館にコレクションされてきた。いわば制度批判は制度化されてきたのである。体制批判の体現者たちが体制側に取り込まれた、と言うこともできるかもしれない。では、「制度批判」が持っていた可能性はなくなってしまったのだろうか。単なる批判的な身振りをパフォーマンスとして行っていただけ、と退けてしまっていいのだろうか。

ここでもう一つのテキストを確認しておきたい。アーティストのアンドレア・フレイザーによるものだ。

制度批判のアートが美術史に登録され、いわば制度化されたことの象徴として、二〇〇五年にグッゲンハイム美術館で行われたビュレンヌの個展がある。上の世代のアーティストたちから撤去要請を不当に受けた、あのグッゲンハイム美術館にビュレンヌは凱旋するかたちで大規模な展覧会を行う。LAMCA（ロサンゼルス郡立美術館）でも制度批判をめぐるシンポジウムが開かれ、制度批判は制度側にとっても扱いやすいものになった。批判的な身振りは、制度にとってはよいエクスキューズになる。私たちも問題に気づいています、自己批判していますよ、というわけだ。

この展覧会を含む「制度批判」が今日（つまりは二〇〇五年当時ということだけれども）どのようにあるのかをふり返るなかで、フレイザーはビュレンヌを含む「制度批判」のアーティストよりも若い世代として、「制度批判」批判をしつつ、その意義を見出そうとする［★5］。彼女はその過程で、これまで「制度批判」のアートを評価してきたブクローを含む人たちが、「制度批判」というタームを使ってこなかったことに気づく。institutional critique（制度批判）ではなく、the critique of institutions（制度の批判）というような使われ方をしていたようだ。それだけ、七〇年代当時の「制度批判」は制度化していなかった、ジャンル化していなかったことを意味していると思う。テキストのなかでフレイザーは、八〇年代以降に行われた「制度批判」の評価の形成過程において自らも一翼を担っていたことを吐露する。教育の現場も含めて、彼女は「制度批判」の意義を紹介してきた。だからこそ彼女はこの批判的なテキストを書いたのだと思う。ビュレンヌのグッゲンハイム美術館での個展などに見られる「制度批判」の制度化から離れ、「制度批判」の今日的な意味を引き出すために。

そもそも、制度批判が射程に入れていた「制度」の範囲はどこまでだったのだろう。フレイザーはこう言う。

一九六九年以降、美術館だけでなく、芸術の生産、流通、受容の場だけでもなく、社会的宇宙としての芸術の分野全体を含む「芸術の制度」という概念が出現し始める。制度批判に関わるアーティストたちの作品において、それは美術館やギャラリーから、企業のオフィスやコレクターの自宅、さらにはアートがそこに設置される公共空間まで、アートが展示されるすべての現場を包含するようになった。また、アトリエやオフィスといった美術制作の現場や、美術雑誌、カタログ、一般紙の美術コラム、シンポジウム、講演会といった芸術言説の生産現場も含まれる。また、芸術と芸術言説の生産者の生産現場、すなわちスタジオ・アート、美術史、そして現在では学芸員研究プログラムも含まれる。そして最後に、[マーサ・]ロスラーが一九七九年に発表したエッセイのタイトルにあるように、「見る人、買う人、売る人、作る人」そのものも含まれる。[★6]

　つまり、アートにおける制度批判は、美術館や展覧会やアーティストやキュレーターや美術史家だけでなく、そこに関わるすべての人や状況を対象にしているというわけだ。そして彼女は、だからこそ制度批判には外部がないという。「芸術が芸術の域外に存在できないように、私たちも芸術の域外に、少なくともアーティスト、批評家、キュレーターなどとして存在することはできない。そして、私たちが域外で行うことは、それが域外にとどまる限り、域内には何の影響も及ぼさない」[★7]。制度の範囲は広い。すべてはそこに含み込まれている。そして、外部から何かをしたとしても(例えば批判をしたとしても)、制度は変わらない。内部から何かをすることでしか、制度に影響を与えることはできない。言ってみれば、制度批判は制度化されていることによって意義を持つ。制度化され、制度のうちにあることで制度批判は何かを変えることができる、というロジックである。フレイザーは、制度批判の制度化を、逆手にとって考えている。

　では、制度内での制度批判とはいったいどんなものなのだろうか。

　かつての前衛芸術は、自律的なアートという状況(芸術のための芸術)を、生活とアートの垣根をなくすことによって壊そうとしていた。しかし前衛の試みは失敗に終わる。芸術の自律性は、結果的にアートの制度によって保たれている。だか

★5　Andrea Fraser, "From the Critique of Institutions to an Institution of Critique," *Artforum*, Vol. 44, No. 1 (September 2005). URL=https://www.artforum.com/features/from-the-critique-of-institutions-to-an-institution-of-critique-172201/
★6　Ibid.
★7　Ibid.

らいまでもアートは「アートのためのアート」であるべきか、あるいは社会化・政治化すべきか、と議論されている。しかし、フレイザーはこの失敗を認識することこそが制度批判の条件となるという。なぜなら制度を解体することやそこから逃れることは、外部を目指すという身振りでしかないからだ。外部はないのだから、逃れる身振りは表面的なパフォーマンスでしかなく、結局は制度化され、体制に取り込まれる。制度批判のアートにあるような、批判的なパフォーマンスは制度化される。だから、制度の外から制度を批判するのではなく、制度内での自己批判によってしか制度は変わらない。前衛とは、自らの立ち位置を疑うという自己批判の方法でもある。外部がないことを認識し、制度化されたその内部において自己批判を行う。それによって、制度を内部から変化させる。フレイザーはこのテキストのなかで、そのように「自己批判」を制度批判の今日的な意義として位置づける。制度批判がテーマとする「制度」よりも、自問自答のすえの自己批判こそが重要であるというように。

このテキストが書かれる少し前、フレイザーは《untitled》（二〇〇三年）というパフォーマンス映像を制作している。彼女が仕事をするアメリカのギャラリーのクライアントであるコレクターとニューヨークのホテルの一室で性行為を行い、その記録を撮影し（映像は監視カメラを思わせる高めの定位置から撮影されている）、その記録映像をノーカットで展示するというものだ[★8]。ぼくのこの作品をニューヨークのギャラリーで見たことがあるが（二〇一四年に初めてニューヨークでの展示があったようだ）、当時はどう捉えていいのかわからなかった。アートの枠組みがあまりにも拡大していて、生活とアートの境界はかぎりなく曖昧になり、そのことがあからさまに提示されていることに、ぼくはどう反応していいのかわからなかった。理性的な判断——これはアートである——と、ざらざらした現実の感覚——見てはいけない誰かのセックスを見せられている——がまったく相容れない状態というか。でも、いまにして思えば、それは彼女自身による「制度批判」への一つのアンサーだったのかもしれない。作品売買をめぐるマーケットとギャラリーとコレクターとアーティストの置かれている関係性を、まさに身体をはって、分析し、批判する。制度の枠組みを使って制度を批判する、というブクローの「制度批判」の定義がここに展開されている。同時に、彼女が書くような、アーティストとしての自分の立場、その環境への自己批判の響きもそこには感じ取れるだろう。

制度批判が、制度化された自らの方法論を見直す自己批判へといたるためには、長い時間が必要だったようだ。あたり前だけれども、内省のためには時間が必要だ。いま起きたことはすぐにはふり返れない。

娘は、今日も路地を通りすぎるときに「きのう、あそこで線香花火したね」と言うだろうか。もしかするとそれは彼女にとっての、初めての自省の瞬間だったのかもしれない。彼女はそうやって過去を思い出し、くり返しその場面を分析し始めているのだろうか。そこには喜びと共に、何かしらの後悔や気づきもあったのかもしれない。それを改善し、彼女は先に進もうとするだろうか。

★8 Rhea Anastas, "Andrea Fraser," *Artforum*, Vol. 52, No. 3 (November 2013). URL=https://www.artforum.com/columns/andrea-fraser-2-218192

コラム

イスラエルの日常、ときどき非日常

#11 具体性を伴った共存に向けて

山森みか

二〇二三年一〇月七日のハマスによるイスラエル襲撃から始まった戦争は、この地域に住む人々の生活を一変させた。次々に起こる衝撃的な出来事やメディアにあふれる真偽が錯綜した情報により、安定した精神状態を保つのも難しくなった。日々の挨拶の言葉は「もしまだ可能なのであれば、できるだけよい一日を」となった。

この地域をめぐる紛争については、それぞれの立場によって見え方が全く異なってくる。当事者には当然、それぞれの立場の見方に基づく集団的ナラティブがある。海外からの報道関係者たちは、自分たちが知っている背景や文脈の中で解釈でき、想定する読者や視聴者に届きやすそうな情報やナラティブを求めるのが常であるが、今回もまたそうであった。メディアや思想、評論に関わる人は、自分の立場を思想的に明らかに示すことが仕事の一部という場合もあっただろう。それに加えて今回は、今後の国際関係においてそれぞれの国が取るべき戦略的立ち位置からの政治的発言もよく目にした。各国がそれぞれの利害関係含みで立ち位置を決めようとしているだけでなく、以前から指摘されていたことだが、国際機関でさえ政治的文脈にとらわれて行動していることがより一層明らかになった。いずれにしても外側から為される分析は、私が生きている現実とはかなり齟齬があり、多くの人は事象をピースとして切り張りしたり、記号的に解釈したりして、自分が理解できる文脈内の論理で納得しようとしているように感じられた。

もちろん私には私の見方があるのだが、今それを詳述することはしない。事態が流動的で、近いところで現実に苦しんでいる人がいる時期（二〇二四年一月）に、自分が現場にいたわけでもなく、戦時下の報道と発信からのみ情報を得ている事柄について、主語を大きくして語ることに積極的意味を見いだせないからである。それぞれの立場からの政治的意図や「お気持ち」が入った情報発信には、これまでさんざん振り回されてきた。今ここで何をどのように言っても、私の発言は政治的文脈に置かれ利用されていくだろう。また「〇〇を非難する／〇〇の立場には十分配慮するが、その一方で」といった前置きを付け加えることで、自分の意見が偏っていないことを示す手段を取るつもりもない。論理構成を精緻にしたり批判をかわしたりすることで、自分の主張の説得力を高めたいとも最早思えないからである。つまり私は、アクティビストとしての言葉は語りたくない。よって今回は、あまり前置きせずに今の時点で、私がいる場所で私が語り得ることだけを述べる。

様々な立場があるとはいえ、まずはこの地において人々は何らかのかたちで共存すべきだという原則から話を始めたい。でなければ、いずれかの民族がこの地から追放されるべきだという、ある種極端な考えの人々が望むような結論が導き出されることになる。だが「共存」や「共生」という言葉はそれだけでは抽象的すぎて、実際に何が意味されているのか曖昧である。具体性を伴わない理念を遠くから謳うことは何ももたらさないだけでなく、場合によっては状況をより悪くする。

そもそもイスラエル国内において、イスラエル国籍を持っているアラブ人（パレスチナ人）は人口の約二割を占めている。「アラブ人（パレスチナ人）」としたのは、彼らの中には明確に自らをパレスチナ人と考える人もいれば、そうでない人もいるからである。一般的には、パレスチナ自治政府が統治するヨルダン川西岸地区、およびハマスが実効支配するガザ地区に住む人々がパレスチナ人と呼ばれるが、ヨルダンなどその他の国々に、難民あるいは移民として住んでいる人々もいる。

明確にしておきたいのは、イスラエル国内においてユダヤ人とアラブ人（パレスチナ人）は、とにもかくにも共存していることである。共存と言うとき、具体的には「同じ建物に隣人として住む」「隣の建物に隣人として住む」「隣の町に住む」ことができるか否かが一つの目安となるだろう。その先に「隣国」がくるのだが、いずれにしても双方が相手の存在を認めて共に生きようとする意志を持っていなければ、いくら理念を語っても実現は不可能である。隣国どうしとしての共存実現に最も近づいたのが一九九三年のオスロ合意であった。その時イスラエルとパレスチナは、国としての互いの存在を承認したのである。その後オスロ合意は頓挫、パレスチナ統一選挙でハマスが勝利して第一党となり、ヨルダン川西岸は従来通りパレスチナ自治政府が統治、ハマスがガザを実効支配することで今に至っている。二つの国が隣国として共存できるかは、互いを国として承認する責任ある統治主体が双方にできるかどうかにかかっている。

同じ建物に住む場合を例に取れば、よしんばユダヤ人どうしであっても、超正統派と世俗派が同じ建物に住むことは不可能である。たとえばユダヤ教超正統派にとっては安息日に自動車を運転したりタバコを吸ったりする行為が許せないのに対し、世俗派は自分たちの自由が侵害されるのは我慢できないからである。隣の建物の場合はもう少し実現可能性が増すだろうが、それでも安息日問題を解決するのは難しいだろう。つまり同じ建物で暮らせるか否かは、その人が属する宗教や民族というよりも、その人が持つ価値観や生活スタイルに拠るところが大きい。共存を謳ったイベントで数時間を共になごやかに過ごし、自宅に戻ってくつろぐのとはわけが違うのである。民族や宗教が違っていても、ハイファのようなもともと共存の伝統がある都市では、実際に世俗派のユダヤ人とアラブ人が同じ建物に住んでいる。

戦時下においても、イスラエル国内ではユダヤ人とアラブ人は共に生活を送っている。特に病院やクリニックでは、コロナ禍においても明らかになったことだが、アラブ人の医師、看護師、薬剤師、清掃員が大きな役割を担っている。列車やバスに乗り合わせても、とりわけトラブルが起きるということはない。先日は列車内を走り回って遊ぶアラブ人の子どもに、ユダヤ人らしい乗客が菓子をあげていた。私たち家族も、以前から個人的に親しかったアラブ人たちとは全く同じように交際を続けており、この点は国内でのアラブ人とユダヤ人の対立が激化した二〇〇〇年代の第二次インティファーダとは大きく状況が異なっている。とはいえユダヤ人は主としてヘブライ語メディア、アラブ人はアルジャジーラ等のアラビア語メディアを見ているわけで、そこでは同じ地域でありながら別世界のような報道が展開されている。互いに敵意がないことを示すため普段よりもにこやかに振舞っている側面もあるだろうし、それぞれ内心は複雑な思いを抱えているのかもしれない。

話を私の勤務する大学に移そう。この戦争の影響でイスラエルの大学は二〇二三年一〇月中旬に予定されていた新学年開始時期を遅らせざるを得なかった。その背景には、ほかの教育機関でも直面していたような、ミサイル攻撃が続く中では通学中や構内での安全確保が困難という問題以外に、多くの学生に予備役招集がかかり、いつそれが解除されるか分からないという大学ならではの事情があった。学科によっては半数の学生が招集されたという。

何度も延期を重ねた末、単科大学は一二月三日、国立研究総合大学は一二月三一日を新学年開始日とすると発表された。だが一二月三一日時点で予備役解除になった学生は一部に過ぎず、軍の予備役責任者は教育省に再度の延期を申し入れた。ニュースには予備役中の学生や入学予定者たちが登場し「大学は自分たちを置いて見切り発車するのか」と訴えていた。だがこれ以上延期すると学年そのものが成立せず、国家的損失が甚大すぎるという理由で、軍からの申し入れは却下された。そして通常は一三週で一学期なのだが、今年度は一、二学期とも一一週に短縮した学年暦が組まれた。さらにすべての授業は録画されること、一学期の第四週目は予備役や戦争の影響を受けた学生のための「復習週」に充てられることが決まった。また教員は、短縮された二週間分のコマ数を、状況に応じて何らかのかたちで学生、とりわけ予備役等戦争の影響で入学や復学が遅れる学生に還元することになった。

新学年開始に当たって大学は各種の対応策を打ち出した。学生は様々な背景を持っている。今回の戦争で親族や友人が亡くなったり人質になったりしている人、強制疎開中の人（二〇二四年一月現在、ガザに近い南側だけでなくレバノンの武装組織・ヒズボラからの攻撃のためイスラエル北部住民の多くが疎開中である）。私が勤務する大学は学生の二割がアラブ人なので、パレスチナ側の犠牲者に近親者がいる場合もあるだろう。

イスラエルでは多くの場合、高校までは

人文学部棟入り口に設置された、人文学部学生と卒業生の今回の戦死者追悼コーナー

自分が住んでいる地域の学校に通うので、ユダヤ人とアラブ人が実際に机を並べて勉強するのはたいてい大学が最初の機会となる。この意味において、イスラエル社会で大学教育が果たす役割は大きいのだが、一方でそれに伴う困難も存在する。今回は特に、ユダヤ人学生からもアラブ人学生からも、教室で隣り合って座ることに対する懸念が大学に寄せられた。互いの存在に脅威を感じていたのである。ユダヤ人学生からの「アラブ人学生がハマスによる攻撃礼賛のポストをSNSに投稿していて怖い」という心配に対し、大学は「調査の結果そのような事実はなかった」と言明した。また「ガザの人々をシナイ半島に移住させるべき」という極端な意見の記事を書いたユダヤ人教員に対しては、学長が当該人物を呼び出して遺憾の意を表明、いかにそれが不適切な言動なのかを説明したというメールがきた。だが大学は表現の自由を遵守する場でなければならないという立場なので、学長側はそれ以上の措置を取ることはできない。

　もともとイスラエルの国立大学は、極右政党と連立を組んだ第六次ネタニヤフ政権から、左派リベラルの牙城として敵視されてきた。そして大学の主流派である左派リベラル勢に反発した右派の教員たちが、「大学には実質的に政治信条、思想、言論の自由がない、自分たちはその政治信条ゆえにテニュア（終身在職権）がもらえないシステムだ」と訴え、学長側はそれに対し「キャンパスには政治信条の自由も表現の自由もある」と応じた経緯がある。

　それに加えて物理的問題として、予備役の休暇で登校する学生の一部は軍の規則として常に銃を身に着けていなければならないため、銃を携帯した学生が授業に出席する機会が増えるという問題が浮上した。予備役だけでなく、正式に許可を取って護身用ピストルを携帯する民間人も増えているらしい。この件については「学内における武器の携帯と使用について」という指針が出されたが、携帯者は許可証をゲートで示し、盗難を防ぐために常に肌身離さず持ち歩き、本当に緊急の場合を除いて絶対に使用してはならないと定められてはいるものの、懸念があることには相違ない。この難しい状況において、どのようにすれば大学というコミュニティは、表現の自由を保持しつつ、そこに属する人々の物理的、精神的安全を守ることができるのか。

　私も新学年開始を前に、教員向けにリモートで開かれた研修のいくつかに参加した。はっきり分かったのは、教室での議論の性格とその方向性に責を負うのは徹頭徹尾教員だということである。戦争について話題にするのも選択肢だし、敢えて話題にしないのも選択肢として存在する。教員自身がたいへんな状況にある場合もあるだろうし、学生とも初対面なので、名前を見ればユダヤ人かアラブ人かは分かるが、どのような背景を持っているかまでは分からない。教員研修がセンシティブな話題にさしかかると、録画機能は停止された。文系学部の教員が理系学部の教員に対して「理系は教室で政治的緊張が走らなさそうで羨ましい」と言うと、理系の教員は「外からはそう見えるだろうが、決してそういうわけではないのだ」と答えていた。

　また研修の一環で聞いた一人の講師の話は、私にとってたいへん示唆的であった。彼女の論旨は次のようなものである。「今はどの集団も集合的トラウマを負っている。誰もが自分は攻撃されている、傷ついていると感じ、生存そのものへの不安、恐怖や憎悪、怒り、不信にとらわれている。個人のアイデンティティが一房のぶどうだとすると、これまでは仕事、家族での役割、趣味、民族性などの粒の大きさがまずまず揃っていただろうが、今は民族性というひと粒が極端に肥大してオレンジぐらいの大きさになってしまっている。このようなときには他集団に対する共感のレベルが格段に下がる。それは自然なことであり、今それを倫理的に批判しても意味がない。それはその人の人間性の善し悪しとは別ものと考えるべきだ。若い人たちは、我々年長者よりも強くその種の感覚にとらわれているだろう」。

そこで講師は、同じ教室に集って話し合えるという信頼感を醸成するためには、次のようなことが必要であると指摘した。

「まずはメディアにあふれる集団的ナラティブから自由な、もう一つのぶどうの粒を作る。教室ではどのようなものであれ、集団的ナラティブを増強するようなことはしない。そしてその、もう一つのぶどうの粒どうしでつながることを目指す。暴力性を持った過激で強い言葉は使わない。教員自身が使わないだけでなく、学生たちにそういう言葉はここでは絶対に使わないのだという規範を明確に示す。意見が異なる人たちどうしの民主的な議論に存在し得るのは、単なる不同意であり、互いへの脅しではない。そして不同意には不愉快さが伴うということをはっきり伝える。とはいえきわどいジョークのような、可と不可の境界線上の言説はある。普段なら軽い揶揄と苦笑で終わることでも、過大な反応を引き起こすことは十分考えられる。それらにどう対応するのか、教員の限界が日々試されることになるだろう」。

つまり、話し合った末に結論を出そうとするのではなく、不愉快さを伴った明確な不同意が存在すること自体を民主制の証左だと肯定的に捉え、それを学生にも分かってもらうということである。確かに世の中には、先に挙げたユダヤ教超正統派と世俗派の価値観の違いのように、議論と話し合いを重ねても、どうしても妥協できない点というのがあるわけで、それを踏まえてどうすれば傷つけ合わずに共存できるかを探る以外に道はないのであった。

さらに、もっと分かりやすい「雰囲気を和らげる」試みも提案された。新学年が始まる週の前半、大学のいくつかある門にボランティアの教職員が立って、登校する学生たちに「よく来てくれた」という歓迎の意を表そうというのである。私は当初、それはちょっと発想がシンプルすぎるのでは、と思ったのだが、実際に門に立ってヘブライ語、アラビア語、英語で書かれた歓迎ポスターと共にハート型チョコレートを笑顔で配っている教職員を見ると、これはこれでなかなか直接的なメッセージで悪くないかも、という印象を受けた。

また開戦以来、人質帰還や戦争勝利を願う、兵士の認識票をかたどったデザインのペンダントを着けている人が増えたが、ある学部長は、教員はその種のメッセージ性があるものを身に着けて教室に入るのを避けよと、当該学部教員たちに勧告したという。とはいえこの勧告はあくまでその学部長の一存で出されたもので強制力はなく、学長を含む多くの教員が不同意を表明している。実際、門に立って歓迎メッセージを掲げたボランティアの中にも、その種のものを身に着けている人がいた。

以上述べてきたようなことは、いかにも大学人のマジョリティがマイノリティに対して考えそうな配慮だという誹りはあろうが、とにもかくにも「できることは全部やってみる」という意図は伝わった。ほぼ毎日双方の死傷者が報じられ、いつミサイルが飛んでくるかもしれず、銃を持った人もいるかもしれない教室で、一触即発の事態が起きたら教員は舌先三寸で何とかせよと言われているわけだから、何でもやってみようという気持ちになるのもよく分かる。

だがその一方、大学で繰り広げられる共存に向けてのこうした試みを見るにつけ思い出されるのは、二〇〇〇年代前半の第二次インティファーダの時期に亡くなった、窓枠職人のことであった。この人には自宅を建てる時に窓枠を作ってもらったのだが、ミズラヒ（中東系）のユダヤ人で、自分がユダヤ人であることを常に意識していた。私が「うちにはメズザー（מזוזה）は付けない方針だ」と言うと、「自分が新築祝いにプレゼントするからどうか付けてくれ」と懇願された。メズザーというのは、ユダヤ人の家の戸口や部屋の入り口に打ち付けてある、聖書の言葉を中に入れた小箱のことである。敬虔なユダヤ人は、自分の手をまず唇にもっていき、その手をメズザーに触れさせてから家に入る。彼はこの習慣を守っていたので、メズザーがない家だと入るときに手のもっていきどころがなかったのだろう。断るのに苦労したのだが、私が断固として譲らなかったので、彼も最後はあきらめて、メズザーの代わりに鉢植えの木をプレゼントしてくれた。

　この人の日頃の言動はあまり政治的に正しいとは言えなかった。とりわけアラブ人に対して、きわめて差別的なことを常に口にしていた。私は「仕事の腕は確かだし、あんなひどいことを言わなければいい人なのに」と思い、自分の方が彼より倫理的に優れた人間だと考えていた。だがある日、その人は海岸で溺れていた見ず知らずのアラブ人男性を助けようとして、亡くなってしまったのである。後には妻と小学生の子ども二人が残された。葬儀には多くのアラブ人弔問客が贈り物を山のように持って詰めかけ、口々に遺族に感謝を述べていた。私は衝撃を受け、ちょっと混乱してしまった。

大学の門で歓迎メッセージを掲げるボランティアの教職員たち

私がいつも接しているようなユダヤ知識人層は、決してあのような差別的発言はしない。もっと洗練された、近代西欧市民社会の倫理観に沿った振る舞いをする。だが彼らのうち何人が、目の前の見知らぬアラブ人を助けようとして自分の生命を危険に晒すだろうか。自分自身を含め、人が政治的に正しいことを整った言葉で述べている際、その裏にどの程度の具体性、身体性が伴われているのかと考えるようになったのは、この時からである。

この地は中東にあり、外部の人が持っている常識に基づいた思考の枠組みでは理解が難しいことがしばしば起きる。それを、自分たち内部の論理でしか考えておらず受け入れがたいと批判することはできる。だがその一方で、この地域で支配的な考え方の枠組みを前提とした行動を取らなければここで生き続けるのは難しいという側面もある。生きていると、個人の善意だけではどうしようもないことが起きる。それでも我々は目の前の人たちに対して責を果たし、目の前の人たちと物理的にも精神的にも傷つけ合わずに、できれば助け合って生きていかなければならない。こうして様々な立場の人たちが様々な考えを持っていることによる「不愉快な不同意」と向き合い、同居しながらの日常は続く。●

写真提供＝山森みか

コラム

国威発揚の回顧と展望

#6「ゆるふわ」ポストも油断できない

辻田真佐憲 Masanori Tsujita

「外交・安全保障調査研究事業費補助金評価要綱」。なんとも仰々しいタイトルだが、外務省の研究助成金を交付されたシンクタンクなどが中間・事後評価されるときの基準を示した文書だ。

この助成金は二〇一三年度より交付されており、詳細は外務省のウェブサイトに掲載されている。先日、二〇二三年九月一九日付の同評価要綱を通読していて、「機動的かつタイムリーな国内外への発信」という項目に目が止まった。

重要なところなので、やや長いものの以下に引用する（傍点引用者）。

③海外のシンクタンクの動向も参考に、広報責任者を設置する等の措置を講じて、訴求対象ごとに、発信のタイミング、形式、内容等を工夫し、戦略的な発信に意を用いているか。

④補助事業者・研究者個人によるインターネット、SNS等による広報やセミナー・シンポジウムの実施・参加等を通じ、日本の主張・視点の国際社会への発信が機動的・タイムリーかつ積極的になされたか。その結果として国際世論の形成に参画することができたか。

⑤補助事業者・研究者個人によるインターネット、SNS等による広報やセミナー・シンポジウムの実施・参加等を通じ、国民の外交・安全保障に関する理解増進に取り組んだか。また、その反響があったか。［★1］

日本の立場を積極的に国内外に発信せよ。外務省の助成金である以上、このような要求が掲げられるのはわからなくもない。

そもそも外務省のサイトにも「補助金を通じた支援により、我が国シンクタンクが情報収集・分析・発信・政策提案能力を高め、これによって日本の総合的外交力の強化を促進し、以て日本の国益が更に増進されること」と開けっぴろげに書かれているぐらいなのだから［★2］。そのため、学問の独立性はどうなっているのか云々という

★1 「外交・安全保障調査研究事業費補助金評価要綱」（二〇二三年九月一九日付）。URL=https://www.mofa.go.jp/mofaj/files/100440994.pdf（二〇二四年一月二七日閲覧）

★2 「外交・安全保障調査研究事業費補助金」（二〇二四年一月二三日付）URL=https://www.mofa.go.jp/mofaj/annai/shocho/hojokin/index3.html（二〇二四年一月二七日閲覧）

綺麗事をいまさら述べ立てるつもりもない。

　ただそれでも気になったのは、情報発信のあり方について、かなり細かく評価基準が示されていることだ。いわく、訴求する対象ごとにタイミングや形式などを工夫せよ。いわく、研究者個人もSNSで積極的にタイムリーに広報せよ――。

　インターネットアーカイブで検索すると、同評価要綱の二〇二一年一二月二八日付のものが出てきた。そこでも「諸外国シンクタンク・有識者との連携の強化」「日本の主張の世界への積極的発信と国際世論形成への参画」「国民の外交・安全保障問題に関する理解増進」という似た項目はあるものの、二〇二三年版ほど具体的な指定は行われていない。「タイムリー」「研究者個人」「SNS」などという文言も出てきていない［★3］。

　すべての文書は閲覧できないので断定的なことは言いにくいけれども、以上をみる限り、ごく最近になり「研究者個人」による効果的な情報発信（「SNS」を含む）がこれまで以上に求められるようになったと推測される。

　これはなんとも興味深いことではないか。なぜなら、われわれがSNS上で日々目にしている研究者たちの何気ないポストやコミュニケーションなどが、じつは補助金の獲得と結びついた「機動的かつタイムリーな国内外への発信」の一環なのかもしれないからだ。

　ところで、この外務省の助成金とはどれくらいの規模なのだろうか。

　二〇二三年度の外交・安全保障調査研究事業費補助金は、応募と審査を経て、最終的に東京大学先端科学技術研究センター、日本国際問題研究所、中曽根康弘世界平和研究所、日本国際フォーラム、中東調査会の五団体に交付されている［★4］。

　補助事業内容は、発展型総合事業、総合事業、調査研究事業の三つにわかれており、それぞれに交付上限額が設定。募集時の予定では、発展型総合事業が八六二四万円程度、総合事業が四〇二六万円程度、調査研究事業が八四二万円程度となっている（事業一件あたりの金額）［★5］。

　以上の数字に従えば、発展型総合事業で二件、総合事業で一件採択され、もっとも交付額が多いと考えられる東大先端研は、最大で約二億一二七四万円を交付されるという計算になる（なお交付期間は最大三年なので、総額は六億四〇〇〇万円弱）。

　この東大先端研とは、中東専門家の池内恵やロシア軍事専門家の小泉悠らが所属するROLESというオープンラボを含む、多様な領域の研究室を擁する東大の附置研究所であり、ロシア・ウクライナ戦争やイスラエル・ハマス戦争の分析・解説などを通じて一般にも広く認知されるところとなっている［★6］。

　そのため、補助金がつくのももっともと思われるが、先端研の名前で獲得されたそれがあまりに多額だったためか、昨年秋ごろより、同機関（のなかでもとくにSNSでの発信が盛んな池内）が公金を不正使用しているかのような批判が保守論壇の一部で執拗に行われている［★7］。

　確たる証拠があるならばともかく（もしあるなら警察にでも告発すればよい）、そうでもないのに「公金チューチュー」などと称して、雑誌の読者や動画の視聴者を煽動し同機関の業務を妨げるような行為はけっして許されない。強い非難に値する。

　そのいっぽうで、このような外務省の助成金の実態やその評価要綱の内容について、一般にかならずしも知られていないのもまた事実だ。

もちろん、利害関係があるからといって、ただちに外務省のスポークスマン化するわけではない。だけれども、利害関係がある以上、われわれはそれを踏まえて所属研究者の発信をみなければならない。それがリテラシーというものである。

べつにむずかしい話ではない。だれもが利害関係があるところでは遠慮や忖度が生じる恐れがある。日本の芸能界にどっぷりつかっているものが、旧ジャニーズ事務所や吉本興業の問題に切り込みにくくなるように。大学人は概して大学に甘いし、出版人は概して出版業界に甘い。

これは筆者自身についても言える。たとえば筆者は、シラスの配信で多額の収益を得ている。そのため、シラスやその運営元であるゲンロンにたいして態度が甘くなる恐れがある。

もちろん、筆者自身はそうしているつもりはないし、なにかしらの圧力をかけられたこともない。しかし、そういう利害関係がある以上、読者や視聴者が筆者の発言を割り引いて受け取るのはもっともなことだと思う。

ようするにここで言いたいのは、外務省助成金の実態を知っておくべきだということだ。そしてそこでは、研究者個人のSNSまで評価対象として掲げられているということについても。そのうえで、所属研究者たちの発信をどう受け止めるか。それは個々人次第となるだろう。

筆者は安全保障業界のことはよくわからないが、歴史関係では多少鼻が利く。そのため、この外務省の評価要綱を読んですぐに思いついたのが、「これは歴史戦に応用されないか？」ということだった。

歴史戦とは、歴史認識をめぐる戦いのことである。中国や韓国などが、慰安婦問題や南京事件などに関連して、国際社会を舞台にプロパガンダを仕掛けてきているのだから、日本は自国の評判を落とさないよう

★3　「外交・安全保障調査研究事業費補助金評価要綱」（二〇二一年一二月二八日付）。URL=https://web.archive.org/web/20220203175000/https://www.mofa.go.jp/mofaj/files/100280948.pdf（二〇二四年一月二七日閲覧）

★4　「2023年度『外交・安全保障調査研究事業費補助金』に関する審査結果」（二〇二三年四月三日付）。URL=https://www.mofa.go.jp/mofaj/fp/pp/page23_004248.html（二〇二四年一月二七日閲覧）

★5　「2023年度外交・安全保障調査研究事業費補助金　募集要領『国家間競争の時代における日本外交』」（二〇二四年一月一〇日付）。URL=https://www.mofa.go.jp/mofaj/fp/pp/page22_003992.html（二〇二四年一月二七日閲覧）

★6　ROLESは、東大先端研創発戦略研究オープンラボ（RCAST Open Laboratory for Emergence Strategies）の略称。池内が主導して二〇二〇年に開設されたオープンラボだが、設立の趣旨を記した文章には「気分は一つのシンクタンク」という文言も見られる。URL=https://roles.rcast.u-tokyo.ac.jp/roles（二〇二四年二月六日閲覧）

★7　「明らかに左翼とは言い難い池内がなぜ保守論壇で叩かれているのか」と疑問に思う向きもあるだろうが、池内は『月刊WiLL』二〇二三年三月号（ワック）で、「どうやら共産主義者のようである」（加地伸行、四八頁）、「マルクス（隠れ共産主義者）」（古田博司、六〇頁）などと言及されている。背後には、中東研究者で日本保守党の役員との親交が深い飯山陽と池内とのSNS上での長期間にわたる衝突がある。ようするに、飯山が保守なので池内が左翼という単純な構図なのだが、本筋ではないので詳細は割愛する。なお飯山はこの衝突に関連して、前述の「外交・安全保障調査研究事業費補助金評価要綱」などについて、二〇二三年一二月にライブ配信された動画（URL=https://www.youtube.com/watch?v=uv2jEPT2q7E、二〇二四年二月二九日閲覧）で触れているものの、筆者とは評価がまったく異なることを申し添えておく。

に断固これに対抗しなければならないなどと主張される。

もともとは保守論壇で使われていた用語だが、徐々に浸透しており、二〇二三年一月、NHKの岩田明子記者（当時）が番組内で解説して話題になったこともある。ちなみに外務省のサイトには、「我が国の立場と相容れない、又は我が国に関する事実誤認に基づく記述についての情報提供」などというなんとも剣呑なタイトルのページが設けられていたりもする［★8］。

それでも歴史戦で論陣を張っているものといえば、いかにも保守系の論者たちであり、ただちに「ネット右翼」「歴史修正主義」と批判されやすく、世の中にたいする影響力も限定的だった。

ところが、外務省が歴史戦に大きな補助金を用意して、応募してきた大学などの研究機関に交付したらどうだろうか。研究者個人もSNSなどを活用して、国内外で積極的に日本の立場を発信せよという評価項目つきで。

そうなれば、左翼系アカウントの「安倍は東条」的なずさんなポストが軒並み、専門家のアカウントによって「それは最新の学説ではない」「専門知にもとづき発信せよ」「素人の妄想」「大学の研究ではこうだ」などと血祭りにあげられるかもしれない。

研究者たちが「戦前」「東条」「軍部」などのワードで日々検索して、問題があればただちに晒し上げていく世界――。個々でそういうことをやっている人間はいるが、それが組織的になされてしまう。なんともディストピア的だが、こうなるとひとびとは厄介事を避けて、近現代史についてあまりポストしなくなるのではないか。すでに右翼系アカウントによって似たことは行われているものの、実名の研究者がやりはじめれば印象は大きく変わってくるはずだ。

いうまでもなく、これも予算をもらったからといって、研究者たちが実証主義的な研究を無視して、ただちに政府の忠犬になるというわけではない。歴史学周辺は左派の影響が強く、もともと歴史戦に批判的ということもある。ただ、多額の補助金が背景にあると、政府の見解にあわせて内容に強弱をつけたりすることもまったくないとは言い切れない。

少なくともわれわれは、そのような利害関係に敏感でなければならない。そのためには、どこにどのような補助金が出され、どのように評価されているのか知っておく必要があるのである。

それにしても今回やはり気になったのは、個人のSNSアカウントの活用まで評価の対象になっていることだった。

今日のSNSでは、たんに宣伝ポストを連投・拡散するだけでは十分な効果が望めない。ふだんから有益な情報を出したり、私生活を小出しにしたりして、好感度を貯めておかなければならなくなっている。それは逆算すれば、何気ない「ゆるふわ」なポストさえ、その前後の宣伝のためかもしれないということを意味する。

あるいは昨今、専門家が素人とされる人間のポストを取り上げ、「これはぜんぜんダメだ！」と晒すことが多くのインプレッション（表示回数）を集めるようにもなっている。

なかにはたんなる解釈や意見の違いではないかと思われるものでも「事実誤認だ！」と批判すれば、取り巻き（ネットスラングでいうところの「ファンネル」［★9］）がしつこく攻撃を仕掛けるという景色もそう珍しくなくなった。これは、左派のフェミニストから右派のリアリストまで共通している。

このようなSNS上のやり取りは従来、「このひと面白いね」と微笑ましく消費したり、「あのひとは尖っているからね」と苦笑いしながら受け流したりすればいいものだった。ところが、そこに助成金が結びつくとすれば、まったく意味合いが異なってこざるをえない。

建築史家のデスピナ・ストラティガコスに、『ヒトラーの家』という本がある［★10］。ヒトラーが私生活を特別に晒しているようにみえて、じつはその空間はたくみにコントロールされており、知的でこども好きな指導者像が演出されていたと指摘する内容だ。

筆者はかつて同書を踏まえて、コロナ禍のさなかに当時の安倍首相が公開した「うちで踊ろう」動画を論じたことがある［★11］。

自宅で犬を撫で、優雅に紅茶を飲みながら、ステイホームを呼びかける安倍。それにたいして「貴族か」という批判が飛んだ。それはいかにもな展開だが、そこでは、映し出された姿が安倍の私生活だということが暗に前提になっている。だが、権力者が提示する私生活は多くのばあい演出されたものであり、そのまま受け取ってはいけない。このときは批判されたものの、やり方次第では称賛された可能性もあったのではないか。そういう問題提起だった。

私的で、個人的で、油断しているようにみえるものほど、そこにプロパガンダが紛れ込んでいないかどうか警戒しなければならない。そうしたもののほうが、堅苦しいスピーチや行進などよりひとびとの心に響くからである。

今日では、SNSにそれがあてはまる。

SNSで素顔を出しているようにみえて、じつはそうではないかもしれない。人格的に尖っている人間が時間を持て余して論戦ばかりしているようにみえて、じつはその背後に予算獲得への強い思いがあるかもしれない。

あえて戯画的に表現すれば、SNS的な専門家マウンティング芸と国家のプロパガンダとの奇妙な結合。そんなものが誕生しかねない地平が、いま、われわれの目のまえに開かれつつある。

外務省の評価要綱は、SNS時代の情報戦に適合している。おそらくこの傾向は今後ますます強まっていくであろう。ゆえに嘆かわしくもこう指摘しなければならないのだ。もはや「ゆるふわ」ポストにさえ気を緩めてはいけないのだと。

★8　URL=https://www.mofa.go.jp/mofaj/p_pd/pds/page22_003885.html（二〇二四年一月二九日閲覧）。なお、同ページについては毎日新聞の以下の記事が詳しい。「ひっそり開設、外務省サイトのページが物議　専門家『密告を助長』」、URL=https://mainichi.jp/articles/20221109/k00/00m/010/002000c（二〇二四年一月二九日閲覧）。同記事では、当該のページが二〇二二年六月ごろにつくられたらしいということ、自民党の一部国会議員から「歴史問題を巡る反日的な情報を通報する窓口を作るべきだとの声が上がっていた」ことなどが紹介されている。

★9　ガンダムシリーズに登場する、遠隔攻撃兵器に由来することば。

★10　デスピナ・ストラティガコス『ヒトラーの家――独裁者の私生活はいかに演出されたか』、北村京子訳、作品社、二〇一八年。

★11　辻田真佐憲「安倍晋三×星野源コラボ動画『貴族か』批判が見落とす"もうひとつの問題点"」、「文藝春秋 digital」、二〇二〇年四月一七日。URL=https://bungeishunju.com/n/nbba33bcc6698「うちで踊ろう」は歌手の星野源が公開したもので、さまざまなひとびとがコラボ動画を公開していた。

おもな国威発揚事案（二〇二三年六月〜）

年表作成＝辻田真佐憲

二〇二三年

六月

○元五輪選手の北島康介・吉田秀彦・萩野公介、ポーランド在住のウクライナ避難民に食糧を届ける。宗教法人「不二阿祖山太神宮」とその関連団体による「世界平和人道支援団」活動の一環と一部報道。

○国会でLGBT法案可決。自民党の一部議員が採決を退席。

○大阪府吹田市教育委員会、三月に全市立小中学校に入学式・卒業式における国歌斉唱の実態調査を行っていたことが判明。

○韓国で「戦時下の朝鮮人強制労働」の証拠として使われている炭鉱労働者の映像が、一九五五年に撮影されたものだということが判明。制作元のNHK幹部が自民党会合で説明。

○天皇皇后、インドネシア訪問。残留日本兵の墓地に供花。

○ユーチューブ、北朝鮮国営メディアと関係があるとされるチャンネル三つを削除。

七月

○安倍晋三の慰霊碑、奈良市の三笠霊苑で除幕される。

○元TBS記者の山口敬之への賠償命令が最高裁で確定。ジャーナリストの伊藤詩織が性被害を受けたと訴えていたもの。

○安倍神像神社、長野県下伊那郡阿南町に創建される。

○七三一部隊の職員表などの文書が国立公文書館で発見される。

○安倍昭恵、台湾高雄の安倍晋三像を訪問。

○皇室に献上するなどと述べて果物などを騙し取ろうとした、自称「宮内庁関係者」の男性が詐欺未遂の疑いで逮捕される。

○映画『オッペンハイマー』配給会社の日本法人、「バーベンハイマー」ネタに好意的な反応をしたことについて謝罪。のちに米本社も謝罪。

八月

○安倍昭恵、大東亜戦争全戦没者慰霊団体協議会の会長に就任。

○エマニュエル駐日米国大使、Xで『バービー』絶賛。「バーベンハイマー」騒動にコメントはないのかと批判される。

○岸田首相、台風接近のため長崎市の平和祈念式典を欠席。

○戦争で中止された紀元二六〇〇年記念万博（一九四〇年）の前売り入場券、二〇二五年の大阪・関西万博でも利用可能に。過去に大阪万博、愛知万博でも利用可能だった。

○岸田首相、丸善丸の内本店で書籍購入。その一冊は、あとがきに「私は『ユダヤ人は間違いなく古代日本に来ていただろう』と思うようになりました」「〝失われた30年〟に苦しんだ原因の一つは、戦後教育を受けた日本人が、デタラメな自虐史観から得た間違った教訓をもとに行動し続けたことだったのです」などと書いてある、伊勢谷武の『アマテラスの暗号』。

○専修大学戦史研究会、ナチス親衛隊の制服を着用してコミケに参加したとして謝罪。

○終戦七八年。天皇のおことばよりコロナ禍への言及が消える。

○芥川賞作家の市川沙央、読書バリアフリーをめぐる議論について「差し迫る国難を見据えなければならない時代に、右か左か敵か味方かをインスタントに判断して両極端に分裂したがる安易な分断現象をこのまま放置していてよいとは私には到底思えない」などと産経新聞に寄稿。

○松野博一官房長官、関東大震災時の朝鮮人虐殺について「政府内に事実関係を把握できる記録は見当たらない」と述べる。

九月

○関東大震災より一〇〇年。

○「百田新党」、SNSで発信開始。作家の百田尚樹、ジャーナリストの有本香が立ち上げ。

○ロシアで「軍国主義日本に対する勝利と第二次世界大戦終結の日」式典。従来の「第二次世界大戦終結の日」を改称したもの。

○ソウル市南山公園の慰安婦関連のモニュメント撤去。作者が強制わいせつの罪で起訴され、八月に一審で有罪判決を受けての措置。

○札幌法務局、杉田水脈衆院議員のブログについて「人権侵犯」と認定。

○インド、G20サミットで自国を「バーラト」と呼称。

○百田新党、正式名を「日本保守党」と発表。

一〇月

○コソボの首都プリシュティナで「安倍晋三公園」開園。

○鈴木宗男参院議員、ロシア訪問。「ロシアの勝利、ロシアがウクライナに対して屈することがない」などと発言。

○ハマス、イスラエルに大規模攻撃。以後、イスラエルのネタニヤフ首相はハマスについて「新しいナチス」などと発言。

○元ラグビー日本代表の五郎丸歩、「日本のラグビー界は日本人キッカーでないと務まらない！」などとXにポスト。

○長崎市の「岡まさはる記念長崎平和資料館」が一時休館。元長崎市議で牧師の岡正治が性暴力で告発されていたことを受けて。なお後日名称を変更して存続することが決まる。

○自民党の大阪・関西万博推進本部で、施設の建設遅れに関連して、出席議員より「超法規的な取り扱いができないのか」との意見が出る。

○靖国神社秋季例大祭。岸田首相は真榊《まさかき》を奉納、新藤義孝経済再生相と高市早苗経済安保相が参拝。

○名古屋市の河村たかし市長、日本保守党共同代表に就任。

○大阪法務局、杉田水脈衆院議員のブログなどについて「人権侵犯」と認定。

○新任の額賀福志郎衆院議長、臨時国会開会式で天皇に式辞を誤って手渡す。

○自衛隊殉職隊員追悼式。

○中国で愛国主義教育法成立。

○安倍昭恵、明治維新防長殉難者顕彰会の会長に就任。

○木原稔防衛相、かつて自身のウェブサイトに「教育勅語の廃止で道義大国日本の根幹を失ってしまいました」と記載していたことについて参院予算委員会で問われるも、曖昧な答弁に終始する。

一一月

○吉本興業所属のお笑いコンビ「ゆかいな議事録」、「M－1グランプリ2023」の予選で「汚いと言えば、容姿がPM2・5」「顔面黄砂」「チャイニーズルッキズムやめろ」などのやり取りを披露。

○東京都港区の台湾文化センターで「邱貴油絵作品展」。安倍晋三と李登輝が天国で碁を打っている作品などを展示。

○石川県の馳浩知事、東京五輪招致推進本部長だった当時に安倍首相より「必ず勝ち取れ」「金はいくらでも出す。官房機密費もあるから」と言われたと発言。約一〇〇名のIOC委員にそれぞれ一冊二〇万円のアルバムを作成して贈ったなどと述べるも、同日中にすべての発言を撤回する。

○北朝鮮、一一月一八日を「ミサイル工業節」に。

○DHCの創業者の吉田嘉明、新たに立ち上げた通販会社「大和心」のウェブサイトで、競合企業の経営者について「在日の疑い」「一〇〇%の朝鮮系」などと記す。

○昭和一〇〇年の式典をめざす「昭和の時代を顧みる議員連盟」発足。

一二月

○東京都港区の新藤加菜区議、人気カップ麺のCMについて「密入国者をCMに使う企業」などとXにポスト。

○広島市の松井一実市長、二〇一二年より毎年、教育勅語の一部を新人研修で資料として使っていたことが判明。

○山口県萩市の松陰神社の境内にある歴史館で安倍晋三の人形が公開される。

○ダンスボーカルグループの「THE RAMPAGE from EXILE TRIBE」、テレビ番組でナチス式敬礼の振り付けをしたとして批判される。

○上皇、九〇歳に。

二〇二四年

一月

○新年の一般参賀、能登半島地震を受けて中止。

○日本会議の田久保忠衛会長、死去。

○小林弘樹陸幕副長、みずからがトップを務める航空事故調査委員会の関係者数十名とともに靖国神社を参拝。時間休を取り、私費・私服での行いだったが、公用車を使用したことが不適切とされ小林ら一部の参加者が戒告処分に。

○ジャーナリストの櫻井よしこ、「あなたは祖国のために戦えますか」などとXにポスト。批判を浴びる。

○「東アジア反日武装戦線」メンバーの桐島聡、神奈川県内で身柄を拘束されるも、同月末病死。

○群馬県高崎市の県立公園「群馬の森」に設置されていた朝鮮人追悼碑、県によって撤去される。

コラム

タイ現代文学ノート

#9「革命」の憧憬

福冨渉 โช ฟุกุโตมิ

タイで二〇二三年五月に実施された総選挙で、「民主派の希望」とみなされる前進党が第一党になった。順当に進めば、党首であるピター・リムチャルーンラットが首相に就任するはずだったが、軍政が全議席を指名する保守・王党派の上院議員たちから支持を得ることができずに、議会での首相指名投票が紛糾。結果、九月に、前進党と連立予定だった第二党のタイ貢献党が同党を連立から排除して、代わりに軍政政党を含む一一党の連立政権を樹立するという展開になった。

選挙の第一党が下野するという展開に多くの人々がため息を漏らしたわけだが、セーター・タウィーシン首相率いるタイ貢献党の政権運営に、想像されたほどの波風は立っていない（以前と比べれば、という程度だが）。

もともと前進党との連立を目論む程度にはリベラルな政策を提示する政党である。二〇二三年末には、国内外で注目を集める同性婚法案の閣議承認と下院第一読会の通過とがあっという間に達成されて、法案成立が現実のものとなりつつある。

とはいえ、そんなふうに一見リベラルな政権運営においても、変わらずほとんど触れられない論点もある。刑法一一二条の王室不敬罪だ。不敬罪改正の主張を緩めない前進党を切り捨て王室護持を訴える保守系政党と手を組んだのだから、当然といえば当然の話だ。

現在も多くの若い活動家が不敬罪に問われて勾留中で、新たに逮捕や起訴される例も絶えない［★1］。本稿執筆中の二〇二四年二月初頭で比較的大きなニュースだと、二二歳の著名な活動家ターンタワン・トゥアトゥラーノンが、一般の車両を停車させて通行していた王族の車列にクラクションを鳴らした罪で逮捕され、拘置所で抗議のハンガーストライキを始めたというものがある。

図1　『2475』表紙。以下、画像の掲載は作者の許諾を得ている

そんななか、あるグラフィックノベルが話題になっている。マンガ家のサアート（สะอาด）が二〇二三年一二月に発表した作品『2475 シャムのゴーストライター 2475 นักเขียนผีแห่งสยาม』

だ［図1］［★2］。

　作品の舞台は、一九三〇年代、絶対王政下のバンコク。とある零細新聞社で校閲者として働く女性ニパーは、憲法の起草に秘密裏に参加していた父が反逆罪で逮捕され、獄死したという過去を持つ。子どもの頃から作家を夢見て鍛えられた文才と父譲りの正義感から、新聞社の社説の「ゴーストライター」もしている［図2］。

　そんなニパーが、ある事件をきっかけに、政府中枢に近い上級王族が主宰する文芸誌のお抱え作家として働くことになる。それまで男性作家たちの陰に追いやられてきた彼女が、作家として活躍する機会を得るのだ。同時に新聞社では、変わらずに校閲とゴーストライターとして働き続ける。そんなタイミングで彼女は、絶対王政を打倒して、シャム（タイ）に立憲主義の樹立を目指す官費留学生たちの秘密結社「人民党」とも関わりを持つようになってしまう。

図2　新聞社で校閲者として働くニパー

　自らの夢を叶えたはずのニパーだが、平民のそれとはあまりにかけ離れた王族たちの暮らしぶりを目にして、国のあり方に対して抱えていた疑念を抑えられなくなる。そして彼女は、文芸誌の仕事で得た王族の情報を秘密結社の人々に伝える、スパイの役割を買って出る……というのがあらすじだ。

　この物語の原作部分は、サアートとジャーナリストのポッチャラクリット・トーイム（พชรกฤษณ์ โตอิ่ม）が共同で担当しており、それをサアートが作画している。二〇二二年の六月にクラウドファンディングのプロジェクトが開始され、同年の八月に成立した。

　一九九〇年生まれのサアートは、二〇一一年にマンガ家としてデビューしている。そのときに発表した短編作品集は、日本の外務省が主催する第五回日本国際漫画賞の優秀賞を受賞している。もともとはいわゆる「スライス・オブ・ライフ」系の作風を得意とし、シンプルな線のかわいらしい絵柄で、コメディタッチの物語を多く描いていた。それが、二〇二〇年の民主化運動からは政治的にも非常にアクティブになり、若者たちを支援するようなイラストをSNSに投稿したり、タイ社会のさまざまな状況に問いを投げかけるような作品を発表したりもするようになる［図3］。

　一〇〇年近く前の「革命」を描く作品が、どうして今注目されるのか。それは、王室

★1　王室不敬罪改正の実現が難しくなるなか、一部市民団体が「市民恩赦 นิรโทษกรรมประชาชน」の法案成立を目指す動きもある。二〇〇六年にタクシン首相を追放したクーデターを起点に、刑法一一二条や軍政の布告などに違反して逮捕された人々の罪について、「派閥を問わずに」赦免を求めるものだ。
★2　タイにおいてマンガ作品をどう呼ぶかは、作家や版元の定義によって分かれている。ただ近年、タイ語で「マンガ มังงะ」と呼ぶ場合は、日本のマンガ作品の翻訳版を意味することが多く、タイの作品を呼ぶときは「グラフィックノベル นิยายภาพ」ないし「カートゥーン การ์ตูน」という語が使われる傾向にある。本作は「グラフィックノベル」と銘打たれているので、その呼称をそのまま用いている。かたや作者のサアートは、厳密には自身を「カートゥーン作家 นักเขียนการ์ตูน」と呼んでいる。この細かい使い分けは本題とあまり関係なく混乱を招きかねないため、本稿では日本語として伝わりやすい「マンガ家」を使用した。

改革が訴えられた民主化運動以降、特に若者のなかで、絶対王政を打倒した革命とその実行者の人々のイメージが、理想化されている側面があるからだろう。

　そもそもこの『２４７５』というタイトルは、仏暦二四七五年、すなわち西暦一九三二年を意味している［★3］。一九三二年といえば、作品にも描かれるとおり、タイで立憲革命が起こり、絶対王政が倒された年だ。本作はあくまでフィクションだが、ニパーが交流する秘密結社「人民党」のメンバーは、いずれも実在の人物である。

　二〇世紀の初頭から、タイでも、憲法の制定を望む声が高まるようになる。西欧列強との不平等条約で国家の主権が制限され、世界恐慌の影響を受けて国内経済も落ち込む一方、王族ばかりがその出自を理由に権力や富を得ているという状況が続いていた。そして王族による浪費が政府の財政状況を悪化させていくうちに公務員の大量解雇が起こり、流出した優秀な人材が記者や作家として働くようになる［★4］。『２４７５』では、雑誌や新聞の刊行数が一気に増加した、この時代を描いている。

　そんななか、官費でフランスに留学していた学生たちが一九二七年にパリで結成したのが「人民党 คณะราษฎร」だ。メンバーには、文官も軍人も民間人も含まれている。官費留学生のかれらは政府に仕えるかっこうを取りながら、秘密裏にメンバーを増やしていき、最終的には一〇〇人前後の集団になったとされている。

　そして一九三二年の六月二四日に、人民党メンバーは政府首脳たる王族たちを人質として、離宮にいた国王ラーマ七世に立憲君主制の受け入れを迫った。もともと立憲制の導入を考えていたともされる国王は、人民党の憲法案を臨時憲法として承認する。これがタイ語では「シャム革新 อภิวัฒน์สยาม」や「シャム革命 ปฏิวัติสยาม」と呼ばれることも多い、立憲革命だ［図4］。

　その実行者たる人民党メンバーのなかで、現代でも特に注目されるのが、中心人物のふたり、文官のプリーディー・パノムヨン（ปรีดี พนมยงค์）と、陸軍将校のプレーク・ピブーンソンクラーム（แปลก พิบูลสงคราม）だ。一九〇〇年生まれのプリーディーは、一

図3　2020年に本人のFacebookに投稿された「112条廃止」。なお黄色いアヒルは、若者たちの民主化運動のシンボルのひとつとしてよく用いられていた
出典＝ https://www.facebook.com/photo.php?fbid=222229379269787&set=pb.100044481787650.-2207520000&type=3

図4　立憲革命の当日、人民党の布告を印刷したビラがまかれるようす

九二〇年から法務省の留学生としてフランスに留学し、二七年にはパリ大学で法学の博士号を取得している。人民党結成後タイに帰国すると、法務省に勤務しながら、傘下の法律学校で教員も務めた［図5］。もうひとりのピブーンは一八九七年生まれ（なお通常、タイ語の人名は、公的な場所であっても名を呼ぶ。ピブーンも本来は名前である「プレーク」と呼称すべきなのだが、日本をはじめとするタイ国外では姓の一部である「ピブーン」と呼ぶのが一般的になっている）。陸軍の参謀学校を首席で卒業したのち、一九二四年からフランスにわたり、砲兵学校で学ぶ。帰国後は陸軍大尉となり、法律の専門家であるプリーディーは憲法の起草において大きな役割を果たし、かたやピブーンは、その他の陸軍将校と協力して、軍部の革命勢力を率いていった。

『2475』では、架空の主人公ニパーと、プリーディーやピブーンなどの実在した人民党メンバー、さらに王族や秘密警察らとの攻防が、緊張感を持って描かれていく［図7］。

図5　『2475』に登場するプリーディー・パノムヨン

図6　『2475』に登場するプレーク・ピブーンソンクラーム

図7　パトロンの王族に反旗を翻す決意をするニパー

そして本作は、立憲革命の成功をもって感動的に幕を閉じるのだが、実際には、革命後のタイが政治的に安定したわけではない。むしろ、怒涛の時代が訪れるといっていい。できるだけ簡潔に記しておこう。

当初は革命を受け入れた国王だが、君主の権力が制限される人民党の憲法案には不満を抱いた。一九三二年の一二月には、王党派の法律家を中心に起草した憲法案を「正式な」憲法として成立させる。また翌三三年には、人民党政府による権力の独占に反発した親王が指導者となり反乱を起こすが、政府の部隊によって撃退される。これをうけてロンドンに逃れた国王ラーマ七

★3　厳密にはタイで西暦と仏暦が統一されたのは西暦一九四一年（仏暦二四八四年）のことで、仏暦二四七五年は、西暦一九三二年と三三年にまたがっている。ただ作品のハイライトである立憲革命が起こった仏暦二四七五年六月は、西暦に換算すると一九三二年六月であるため、単純化して書いている。

★4　本段落からプリーディー失脚までの記述の一部は、下記書籍第六章の、玉田芳史による記述を参照している。飯島明子、小泉順子編『タイ史』、山川出版社、二〇二〇年。

世は、人民党政権への非難を続けながらも退位する。あとを継いだラーマ八世は弱冠一〇歳だったため、実務については摂政団が執り行い、本人は戦後まで海外に滞在する。王権が実質的に空白の期間が続くのだ。

一方の人民党政権内部でも、もともと全く異なる出自の人々のあいだでの路線対立が起こり、そこから台頭してきたピブーンが一九三八年に首相に就任する。ピブーンは、これまで国王に向けられていた国民からの忠誠を、国家そのものに振り向けることで国民統合を図ろうとして、ナショナリズムを鼓舞するような政策を打ち出していく。第二次世界大戦では日本への協力を決め、一九四二年には米英への宣戦布告をする。

かたや、摂政の座に追いやられて実権を失ったかに見えたプリーディーだが、その裏で抗日運動秘密組織「自由タイ เสรีไทย」を結成して連合国側と協調していき、勢力を拡大する。終戦後には、摂政の地位と、これまでの抗日運動の蓄積を利用して宣戦布告の無効を宣言し、タイの敗戦国化を免れることに成功する（ピブーンは一九四四年に退陣）。

しかし混乱は終わらない。戦後すぐにスイスから帰国したラーマ八世が、翌一九四六年に寝室で怪死する事件が起こる。この暗殺の黒幕を疑う噂が流されたことでプリーディーは失脚。さらに王党派と手を組んだ新世代の陸軍将校たちがクーデターで自由タイ政権を打倒して、プリーディーは国外逃亡することになる。一九四九年には再起を図ろうとクーデターを決行するが失敗し、再度国外に逃亡。一九八三年にフランスで客死するまで、祖国の地を踏むことはなかった。

こうしてプリーディーと人民党は、歴史の表舞台から姿を消す。だがすでに述べたとおり、現代でも、権威主義的な王室のあり方をよしとせず民主的な政治を求める人々のあいだで、かれらが英雄視される傾向にある。

最も顕著なものは、二〇二〇年の民主化運動を主導した若者たちが、自らを「人民党」と称したことだろう。

もともとはコロナ禍で軍事政権の退陣を求めていた若者たちが、タイ社会の問題の根本は王室の持つ政治的・経済的な力にあるとして、王室改革を訴えはじめたのは、よく知られていることだ。そのなかで、王室や王族が強い権力を持つ政治的状況に立ち向かった（とかれらが考える）人民党やプリーディーのイメージを援用しようとするのは、不思議なことではない。

民主化運動が最も拡大していた二〇二〇年一〇月には、王室改革の主張の先鞭をつけたタマサート大学の学生グループや教育改革を訴える中高生グループなど、数々の若者グループが「人民党2563 คณะราษฎร 2563」を名乗り、大規模なデモ活動に打って出た［★5］。

また、二〇二〇年以降に民主派の若者たちのあいだでベストセラーとなった書籍『将軍、封建制、ハクトウワシ ขุนศึก ศักดินา และพญาอินทรี』も、人民党的なものの理想化を助けている。

歴史学者ナッタポン・チャイチンの博士論文を書籍化したこの本では、プリーディーが失脚したのちに軍部の新興政治勢力のあいだで翻弄される、かつての人民党幹部ピブーンの姿が描かれている。他の拙稿で触れたので詳述は避けるが、これまで、プリーディーと袂を分かったあとのピブーンには、国を戦禍に巻き込んだナショナリストとしてのネガティブなイメージがつきまとっていた。だがこの研究書で語られる彼の姿は、時代の流れに抗えずに衰勢に向かうというよりも、複雑化する国内・国際秩序のなかでバランスを取って、人民党の理想に立ち返っていこうとするかのように見える［★6］。

一方で、軍部や王室側が、人民党のイメージが現代に持つ影響力を危惧していると考えられる「事件」も起こっている。

二〇二〇年代の民主化運動が盛り上がるよりも少し前の話だ。もともと、バンコク旧市街のアナンタサマーコム宮殿前にある広場の道路には「人民党の銘板 หมุดคณะราษฎร」と呼ばれる、銅製の丸いプレートが埋め込まれていた。一九三二年の立憲革命時にその場所で人民党の布告が読み上げられたとされており、「一九三二年六月二四日の暁の時／この場所で／国家の発展のため／人民党が憲法を誕生させた」という文が刻まれていた。

それが二〇一七年四月のある日、突然、全く別の銘板に取り替えられていたのだ。新しい銘板には、王室や仏教への敬愛を求めるような文が刻まれており、人民党のそれとは正反対ともとれる意味に変えられていた［★7］。この事件には、当時の軍事政権や王室の関与も疑われている。

だが二〇二〇年に若者たちが「人民党」を結成する直前には、ふたたびこの銘板を作成して王宮前広場に埋め込むパフォーマンスがおこなわれている［図8］。小さな銘板ひとつとっても、人民党にまつわるイメージの奪い合いが続いているのだ。

ただ、現代における人民党への過剰な熱狂は、同じ民主派の人々からも疑問視されることがある。たとえば二〇二四年一月の初頭には、プリーディーがフランス外務省に託した「秘密の手紙」が公文書館で公開されるという噂がインターネット上で飛び交った（そこにラーマ八世暗殺の真相が書かれているのだ、という未確認情報とともに）。現地の外交史料館で、当該史料の「開封の儀」をライブ配信する研究者まで現れたが、実際は手紙ではなく単なる外交文書であり、しかもすでにかつて公開されていたものだったというオチがついた（その後「もうひとつの未公開文書」の翻訳が進められているそうだが、本稿執筆時点では特に新しい情報はない）。こうした動きには、研究者たちなどから批判が寄せられている。

図8　2020年の「人民党」の銘板。画像のデータは、誰でも鋳造可能なように、フリー素材としてさまざまなところで配布されていた

ずいぶん遠回りしてしまったが、最後にもう一度『２４７５』に戻ろう。本作においても、人民党のメンバー、特にプリーディーはある種ヒーロー的に描かれている。だがそれでも、作品の中心を貫くのは、主

★5　สมชาย ปรีชาศิลปกุล. "คณะราษฎร 2563." *The 101. World*. 14 Oct. 2020. URL=https://www.the101.world/khana-ratsadon-2563/
団体名にある仏暦二五六三年は、西暦二〇二〇年にあたる。ちなみに、タイで最もリベラルな大学だとみなされるタマサート大学の創設者は、プリーディーである。

★6　詳しくは下記の拙稿を参照のこと。福富渉「タイの若者たちが紡ぐ新しい『物語』」、『アステイオン』九八号、二〇二三年、一八二―一九七頁。

★7　具体的に刻まれていたのは以下の文だ。「三宝への敬愛でも良し／自国や政府への敬愛でも良し／自身の家系への敬愛でも良し／自身の王への誠実な心でも良し／これらは当然自国をさらに発展させる道具となる／シャム国が末永く繁栄し／市民が幸福で／爽やかな笑顔で／国土の力とならんことを」。

人公ニパーと父の物語であり、理想と現実の狭間で葛藤を続け、困難な時代を生き抜こうとする「人民」の姿だ。

印象的な場面がある。プリーディーとピブーンら人民党のメンバーとの秘密会食に招かれたニパーは、新聞社勤務の立場を利用して、絶対王政の現体制を攻撃する嘘のニュースを執筆するよう要請される。だが彼女は、その要請をあっさりとはねつける。怒りをあらわにするピブーンに対して、彼女は答える。「わたしがあなたたちを信頼する道は絶対にありえない。なぜなら最後には結局、新聞人の仕事というのは、それが誰であろうと、権力者を監視することなのだから」［図9］。

変革への憧れが、権力者への無邪気な崇拝や、過去の出来事へのナイーブな熱狂に置換されてしまうのは、タイでも日本でも起こりうることだ。だが本当の変化はもしかすると、ニパーのような、歴史の表舞台には現れない無名の人々の矜持の先にこそ訪れるのかもしれない。

（謝辞）
作品画像の使用を快く許諾してくれたサアートに、記して感謝する。

図9　人民党からの要請を断るニパー

genron 16 2024 April

九州のとある離島に住んでいるザラシ(まつい)
ザーーン
本日は島の草刈りです
朝8時集合って早いな〜
さすが島時間
ファ〜
でも10分前には来るというさすがの
ガサガサ
ウァァァァァ
って
ウァァァァァァ
テキパキ
テキパキ
始まってる——!!
ゴーン
島暮らしのザラシ
作・まつい

ザラシ（まつい）…元ゲンロンスタッフの絵描き。今は地域おこし協力隊で佐賀県の離島に住んでいる。エンドレスお裾分け、エンドレスアジフライ。

おう！
今来たとや
今日って
8時から
ですよね!?
既にいい汗かいてやがる…！
ガハハ
年寄りは早く
目の覚めっ
けんなあ
※クソデカボイス
ゴクリ
なるほど
島あるある
予定一時間前からでも
やりたい人が勝手に始めている
さて、島での草刈り。
なるべく漁師さんや
海士さんが
島にいるときを
見計らって
予定されます。
貴重な男手ッッ!!
とはいえ、
やはり多くの方が
漁に出ているし
そもそも島は高齢化
しているので、
草刈りメンバーは
おじいちゃんや
おばあちゃんが多いです。
あんた
誰ね
やりまぁ!!

男性たちが草を刈り、
その刈られた草を女性たちが掃いてきれいにします
ザッ
ザッ
ザッ
ん？
サザエ。
なんで山にサザエが
あーたぶん畑の肥料のだろ
肥料
ホう
サザエの殻ば白くなるまで乾燥させて撒くとさ
ホントだ畑にサザエ！
なんか不思議な光景
↑イノシシ対策の柵
そいか潜りの人が落としてったとかじゃろ
んだなァ
ワァ・・・
島っぽ～い
お～～い
休憩すっぞぉ

島あるある(?)
休憩が長め&多め
ほら、アイスもあるよ～
アイス!
ワーイ
BEER
BEER
…なんでこのアイス分離してるんです?
一度完全に溶けて固まったので妙な彩
透明(油分?)
あー
商店がこないだ冷蔵庫壊れとったらしくてさ!商品にならんけんが食べんね～って
ほいじゃ休憩もしたことやし
この後若手は残ってから高所の草刈りさ行くばい
油分スゴ
へ～
若手…!
ザッ…!!
※30代
!?!?!?!?
アレッ!?
若……
ザッ
ザッ
若……
…手…!?
60歳以下は若手だそうです。
ザッ
ザッ
つづく!

寄稿者一覧

イ・アレックス・テックァン｜Alex Taek-Gwang Lee 이택광
六八年生。慶熙大学教授。専門は文化研究。編著書に『赤いインク——いま禁じられているものについて』、『共産主義の観念3』（スラヴォイ・ジジェクとの共編、いずれも未邦訳）など。

石田英敬｜いしだ・ひでたか
五三年生。東京大学名誉教授。著書に『大人のためのメディア論講義』（ちくま新書）、『新記号論』（東浩紀との共著、ゲンロン）、『記号論講義』（ちくま学芸文庫）、編著書に『フーコー・コレクション』全6巻（ちくま学芸文庫）など。

大井昌和｜おおい・まさかず
七五年生。漫画家。第三回電撃ゲームコミック大賞銀賞受賞。月刊電撃コミックガオ！にて『ひまわり幼稚園物語あいこでしょ！』でデビュー。主な作品に『ちぃちゃんのおしながき』（竹書房）、『おくさん』（少年画報社）、『ヒーローガール×ヒーラーボーイ』（小学館）など。

大澤聡｜おおさわ・さとし
七八年生。批評家、メディア史研究者。近畿大学文芸学部准教授。著書に『定本 批評メディア論』（岩波現代文庫）、『教養主義のリハビリテーション』（筑摩書房）。編著に『1990年代論』（河出書房新社）、『三木清教養論集』（講談社文芸文庫）など。

鍵谷怜｜かぎたに・れい
九三年生。多摩美術大学芸術学科助手。東京大学大学院総合文化研究科博士課程単位取得退学。おもな論文に「安谷屋正義における近代性の獲得と伝統の再解釈」（『美学』二五七号）、「回帰するモダニズム——単色画と韓国美術の展開」（『超域文化科学紀要』二三号）。

加藤文元｜かとう・ふみはる
六八年生。東京工業大学名誉教授。専門は代数幾何学・数論幾何学。株式会社SCIENTA・NOVA代表取締役。NPO法人数理の翼顧問。著書に『数学する精神』（中公新書）、『宇宙と宇宙をつなぐ数学』（角川ソフィア文庫）、『数学の世界史』（KADOKAWA）など。

川上量生｜かわかみ・のぶお
六八年生。大阪府出身。京都大学工学部卒業。九七年株式会社ドワンゴ設立。通信ゲーム、着メロ、動画サービス、教育などの各種事業を立ち上げ、二〇一四年に株式会社KADOKAWAと経営統合。株式会社ドワンゴ顧問、株式会社KADOKAWA取締役、学校法人角川ドワンゴ学園理事を務める。

菊間晴子｜きくま・はるこ
九一年生。東京大学大学院人文社会系研究科助教。専門は日本近現代文学、表象文化論。著書に『犠牲の森で 大江健三郎の死生観』（東京大学出版会）。論文に「●を超えて、あるいは●のなかで——『うたびこ』『0』に見る「喪」と「メランコリー」」（『ユリイカ』二〇二〇年三月号）など。

さやわか
七四年生。ライター、物語評論家、マンガ原作者。〈ゲンロン ひらめき☆マンガ教室〉主任講師。著書に『名探偵コナンと平成』（コア新書）、『世界を物語として生きるために』（青土社）など。マンガ原作に『ヘルマンさんかく語りき』（KADOKAWA、作画・倉田三ノ路）など。

新川帆立｜しんかわ・ほたて
九一年生。小説家。『元彼の遺言状』で第19回『このミステリーがすごい！』大賞を受賞しデビュー。著書に『倒産続きの彼女』、『剣持麗子のワンナイト推理』（いずれも宝島社）、『競争の番人』（講談社）、『縁切り上等！』（新潮社）など。

須藤輝彦｜すどう・てるひこ
八八年生。東京大学助教。専門はミラン・クンデラを中心としたチェコと中欧の文学・思想。著書に『たまたま、この世界に生まれて——ミラン・クンデラと運命』（晶文社）、共訳書にアンナ・ツィマ『シブヤで目覚めて』（河出書房新社）など。

田中功起｜たなか・こおき
七五年生。アーティスト。あいちトリエンナーレ（二〇一九）、ヴェネチア・ビエンナーレ（二〇一七、二〇一三）などに参加。著書、作品集に『Vulnerable Histories (An Archive)』（JRP｜Ringier）、『リフレクティヴ・ノート（選集）』（美術出版社）など。

辻田真佐憲｜つじた・まさのり
八四年生。文筆家、近現代史研究者。著書に『天皇のお言葉』（幻冬舎新書）、『新プロパガンダ論』（西田亮介との共著、ゲンロン）、『超空気支配社会』（文春新書）、『防衛省の研究』（朝日新書）、『「戦前」の正体』（講談社現代新書）など。

夏目房之介｜なつめ・ふさのすけ
五〇年生。マンガ家、エッセイスト、マンガ評論家。九九年、朝日新聞社手塚治虫文化賞特別賞受賞。著書に『手塚治虫はどこにいる』、『あの頃マンガは思春期だった』（いずれもちくま文庫）、『手塚治虫の冒険』（小学館）、『マンガの力』（晶文社）など。

福冨渉｜ふくとみ・しょう
八六年生。タイ文学研究者、タイ語翻訳・通訳者。著書に『タイ現代文学覚書』（風響社）、訳書にウティット・ヘーマムーン『プラータナー』（河出書房新社）、プラープダー・ユン『新しい目の旅立ち』（ゲンロン）、Prapt『The Mirracle of Teddy Bear』（U-NEXT）など。

イリヤ・フルジャノフスキー｜Ilya Khrzhanovsky Илья Хржановский
七五年生。モスクワ出身の映画監督・プロデューサー。二〇〇四年に長編作品『4』でデビュー。二作目の『DAU』（二〇一九｜）は、映像と展示やイベントからなるマルチメディア作品。二〇二〇｜二二三年、キーウのバービン・ヤル・ホロコースト記憶センターで芸術監督を務める。

ユク・ホイ｜Yuk Hui 許煜
エラスムス大学ロッテルダム哲学教授。その著作は十数カ国語に翻訳されており、新著『機械と主権』がミネソタ大学出版局より刊行予定。二〇二〇年よりバーグルエン哲学・文化賞の審査委員をつとめる。

まつい
九一年生。イラストレーター、元「ゲンロン ひらめき☆マンガ教室」運営担当。現在佐賀県の離島に在住し、地域おこし協力隊として勤務。

山森みか―やまもり・みか

六〇年生。テルアビブ大学東アジア学科日本語主任。著書に『古代イスラエルにおけるレビびと像』（国際基督教大学比較文化研究会）、『「乳と蜜の流れる地」から』（新教出版社）、『ヘブライ語のかたち』（白水社）など。

東浩紀―あずま・ひろき

七一年生。作家・批評家。ゲンロン創業者。著書に『存在論的、郵便的』（新潮社、サントリー学芸賞受賞）、『動物化するポストモダン』、『一般意志2・0』（ともに講談社）、『観光客の哲学』（ゲンロン、毎日出版文化賞受賞）、『ゲンロン戦記』（中公新書ラクレ）、『訂正可能性の哲学』（ゲンロン）、『訂正する力』（朝日新書）など。

上田洋子―うえだ・ようこ

七四年生。ロシア文学者、博士（文学）。ゲンロン代表。編著に『歌舞伎と革命ロシア』（森話社）、監修に『プッシー・ライオットの革命』（DU BOOKS）、訳書にクルジジャノフスキイ『瞳孔の中』（共訳、松籟社）など。二〇二三年度日本ロシア文学会賞大賞受賞。

伊勢康平―いせ・こうへい

九五年生。東京大学大学院人文社会系研究科博士課程。著作に「観念と力動――牟宗三の『唯心論』再考」（『中国哲学研究』第33号）、「技術多様性の論理と中華料理の哲学」（『群像』二〇二三年四月号）など、翻訳にユク・ホイ『中国における技術への問い』（ゲンロン）など。

支援者一覧

本誌の刊行はゲンロン友の会会員のみなさまに支えられています。

第14期アンリミテッドコース、プレミアムコース、法人会員の方々のお名前を支援者として記載します。（2024年2月29日時点）

アンリミテッド

川上量生
原口良胤
伊藤友里恵
行方一正
本間盛行
前田一聖
弓場康平
田中孝一
karaage

法人会員

株式会社エピデミア
クリニックフォアグループ

プレミアム

河村信
猪谷誠一
岸野佑亮
古坂貴徳
清水康裕
大井田朗
給前悟郎
奥野弘幸
新見永治
鈴木孝
坂直樹
崎山伸夫
田中良治
石橋秀仁
米本雅一・美穂
大脇幸志郎
なかまよう
佐藤将之
日向寺司
猪木俊宏
萩原嘉博
佐藤宏
久納京祐
稲葉智郎
岡本一平
田頭和英
戸城優紀
岡田智靖
森康臣
田中裕也
飯沼稔
真田麻子
田中孝太郎
奥村亜由美
辻田真佐憲
佐藤正尚
高田和義
鈴木哲
岸上和宏
武藤大司
五十嵐誠
石黒孝幸
木内創太
山本郁也
井村諒
hideaki
高橋楓
筧大日朗
大井昌和
武井一雄
大家政胤
泉政文
nankai4go
木村文乃
吉田淳
喜多浩之
塩川晃平
山森みか
小栗悠貴
羽賀健悟
三留奈保子
山本隆
桂大介
井上久美子
香月浩一
山本洋輔
牧尾千賀子
山屋健
加藤聡一朗
神藏寿観
Yukiko M
茂垣雅治
河西学
平井智恵
竹中俊平
横井佳久
翠川優
足立健太
酒井俊直
三崎護
植田義人
渡辺健堂
穴井雄治
山下恭平
竹田克也
中野一気
松谷江介
清川祐英
井上ゆかり
井出敬佑
和田俊憲
柴田賢蔵
東真司
髙橋慧
taisou30sai
大坪徹夫
中村健児
小玉周平
白井正輝
金子隆昭
發知仁志
翼駿馬
吉川陶太
稲葉理晃
中野弘太郎
新垣隆
上西雄太
三浦瑠麗
floatoo
齊藤秀一
行方隆人
新宮昌樹
西川恵理子
宮坂泰三
三橋祐太
大田周生
脇元寛之
永水和久
小山政幸
堀内大助
尾崎龍一
中川瞬希
柏敏文
矢島らら
君塚公彦
加藤文元
藤分基裕
清水義隆
近内啓生
富樫友彦
菅星朗
ワクテカ
すしメロディ
小林茂
読み書きの教室プラン
安藤波美
井関研一郎
中村倖也
冨田茂樹
秋谷延宏
我如古誉幸
kantds
嵐渓荘
高橋綾乃
上間圭祐
qpp(´ω`)ヽ
左近洋一郎
遠藤理子
和泉田仁美
志岐真
佐俣裕一
嶋田康平
赤星智也
朝倉誠
大堀宙
牧明彦
Hiz_Japonesia
勢理客勇太
野口昇二
飯田武徳
三田村崇
松井健人
島田純
老木悠人
菅野雄大
小山龍介
山下翔也
黄逸
泉宏明
ItoShinji
中野瞬
BCK

（会員番号順）

genron 16

2024
April

学問の海に飛び込む 石田英敬

シラス配信者インタビュー「教授に聞く!」第1回

2023年12月22日収録
聞き手・構成＝遠野よあけ＋編集部

配信プラットフォーム「シラス」には、知的な刺激に満ちた40を超えるチャンネルが存在しています。なかには元大学教授による本格的な講義が行われているチャンネルも。連続インタビュー「教授に聞く!」は、その先生方にご自身のチャンネルのだいご味を語っていただくwebゲンロンの人気コーナーです。

以下にその第1回である、記号学者の石田英敬さんのインタビューを抜粋しお届けします。「石田英敬の『現代思想の教室』」の充実したカリキュラムから学問に向き合う姿勢まで、たっぷりお話しいただきました。本誌の連載「飛び魚と毒薬」とあわせてお楽しみください。

（編集部）

シラスの配信はいまの技術が可能にした教育コミュニケーション

——最初に、石田先生がシラスのチャンネルを開設するに至った経緯を教えてください。

石田 もともとオンラインで教育を行う試みには興味がありました。アメリカの大学発のOCW（OpenCourse-Ware）というオンラインで講義を公開する取り組みがあって、東京大学でも2005年に導入したのですが、ぼくはそれを主導したひとりです。そういう背景もあり、コロナ禍が始まったときもオンライン上でなにかできないかと考えていたのですが、その矢先にシラスのサービスが始まりました。オンラインで知の最前線の話が自由にできるならぜひやってみたいと思い、わりと初期のころに「やらせてください」と言って2021年3月にチャンネルを開設させていただきました。

——シラスの配信を実際にやってみて、手応えはどうですか？

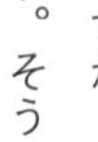

石田 まず、時間も内容も自由に決めることができるのがいいですね。ふつうのシンポジウムや講演では20

～30分からせいぜい一時間くらいまでしかしゃべらせてもらえず、内容も限られてしまいます。ぼくの配信の講義は一コマ3時間でやっているので、大学院の授業でやるような専門的な内容も話せるし、逆に入門的な番組に力を入れることもできる。たとえば去年は入門的なシリーズとして、カズオ・イシグロの『クララとお日さま』を読んでいく連続講義をしました。クララという「人工親友」が登場する小説で、「人工知能社会」とも呼ばれる現代での「心」の成立条件やそこに至る歴史を考える講義です。

　ぼくが配信でやっていることは、いまの技術が可能にした教育コミュニケーションだと思います。社会で生活しているあらゆるひとはさまざまに勉強していろんなことを考えているわけで、大学生や学者だけが勉強しているわけじゃない。シラスでは大学でやっていた授業を上回る数のひとたちがぼくの配信に来てくれて、みなさんとても熱心に聞いてくださる。ぼく自身、とても励みになっています。

4本柱の講義シリーズ

——石田先生のチャンネルでは、現在どのような講義を行なっていますか。

石田　おおまかに4つのシリーズが並行しています。それぞれ「入門編シリーズ」、「蓮實重彥によるフランス語講座」、「フーコー『言葉と物』精読」、「シン記号論講義」と呼んでいます。

「入門編シリーズ」は、さきほどお話したカズオ・イシグロの『クララとお日さま』などを題材とした連続講義です。書籍でいう新書のような位置づけになればいいと思っています。

「蓮實重彥によるフランス語講座」は……

続きはwebゲンロンで！

back issues　ゲンロン　編集長｜東浩紀

※価格はすべて税込です。

第 2 期

ゲンロン 10

小特集：平成から令和へ／小特集：AIと人文知／大森望、高橋源一郎、ドミニク・チェン、原武史、ユク・ホイ、本田晃子、三宅陽一郎、山本貴光＋吉川浩満ほか／ 2019年9月刊　2640円

ゲンロン 11

小特集：「線の芸術」と現実／安藤礼二、石田英敬、伊藤剛、さやわか、武富健治、中島隆博、ユク・ホイ、安彦良和、山本直樹、柳美里ほか／ 2020年9月刊　2750円

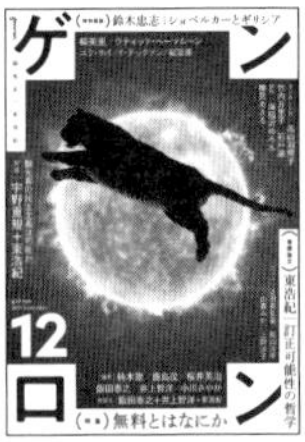

ゲンロン 12

特集：無料とはなにか／飯田泰之、石戸諭、井上智洋、宇野重規、小川さやか、鹿島茂、楠木建、桜井英治、鈴木忠志、高山羽根子、竹内万里子ほか
2021年9月刊　2860円

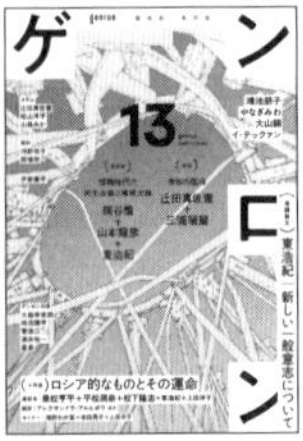

ゲンロン 13

小特集：ロシア的なものとその運命／大山顕、柿沼陽平、梶谷懐、鴻池朋子、菅浩江、乗松亨平、平松潤奈、星泉、松下隆志、やなぎみわ、山本龍彦ほか
2022年10月刊　3080円

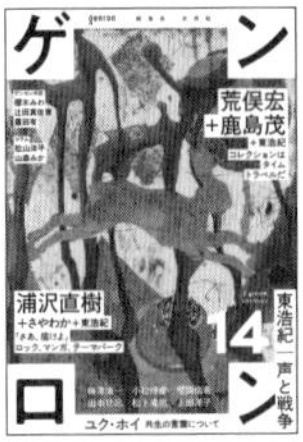

ゲンロン 14

荒俣宏、鹿島茂、浦沢直樹、田中功起、梅津庸一、櫻木みわ、小松理虔、櫻間瑞希、松下隆志、豊田有、山森みか、松山洋平ほか／ 2023年3月刊　2420円

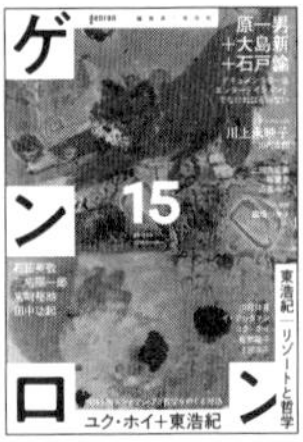

ゲンロン 15

原一男、大島新、川上未映子、ユク・ホイ、三宅陽一郎、石田英敬、山内志朗、宮﨑裕助、田中功起、能勢陽子、石戸諭、山森みかほか／ 2023年10月刊　2530円

第 1 期

ゲンロン 1　特集：現代日本の批評　大澤聡／亀山郁夫／ボリス・グロイス／鈴木忠志ほか　2015年12月刊　2530円
ゲンロン 2　特集：慰霊の空間　五十嵐太郎／千葉雅也／筒井康隆／中沢新一ほか　2016年4月刊　2640円
ゲンロン 3　特集：脱戦後日本美術　会田誠／安藤礼二／椹木野衣／キム・ソンジョンほか　2016年7月刊　2640円
ゲンロン 4　特集：現代日本の批評Ⅲ　浅田彰／佐々木敦／山口二郎／プラープダー・ユンほか　2016年11月刊　2640円
ゲンロン 5　特集：幽霊的身体　飴屋法水／大澤真幸／金森穣／木ノ下裕一ほか　2017年6月刊　2640円
ゲンロン 6　特集：ロシア現代思想Ⅰ　乗松亨平 特集監修／石田英敬／貝澤哉ほか　2017年9月刊　2640円
ゲンロン 7　特集：ロシア現代思想Ⅱ　乗松亨平 特集監修／アレクサンドル・エトキントほか　2017年12月刊　2640円
ゲンロン 8　特集：ゲームの時代　アレクサンダー・R・ギャロウェイ／さやわか／橋野桂ほか　2018年5月刊　2640円
ゲンロン 9　第1期終刊号　五木寛之／苅部直／沼野充義／ミハイル・バフチンほか　2018年10月刊　2640円

lineup

ゲンロン既刊単行本

※価格はすべて税込です。

今後の刊行予定

アンビバレント・ヒップホップ　吉田雅史

愛について（仮）　さやわか

ゲンロン友の声（仮）　東浩紀

ロシア語で旅する世界（仮）　上田洋子

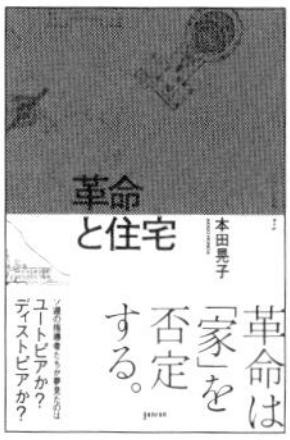

ゲンロン叢書 015

革命と住宅

本田晃子

2023年10月刊　2970円

ゲンロン叢書 012

中国における技術への問い

宇宙技芸試論

ユク・ホイ　伊勢康平 訳

2022年8月刊　3300円

第49回大佛次郎賞

ゲンロン叢書 011

世界は五反田から始まった

星野博美

2022年7月刊　1980円

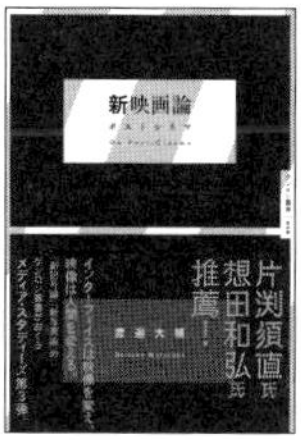

ゲンロン叢書 010

新映画論

ポストシネマ

渡邉大輔

2022年2月刊　3300円

第18回大佛次郎論壇賞

ゲンロン叢書009

新復興論 増補版

小松理虔

2021年3月刊　2750円

ゲンロン叢書008

新プロパガンダ論

辻田真佐憲＋西田亮介

2021年1月刊　1980円

ゲンロン叢書 007

哲学の誤配

東浩紀

2020年4月刊　1980円

ゲンロン叢書 006

新対話篇

東浩紀

2020年4月刊　2640円

23年日本写真家協会学芸賞

ゲンロン叢書 005

新写真論

スマホと顔

大山顕

2020年3月刊　2640円

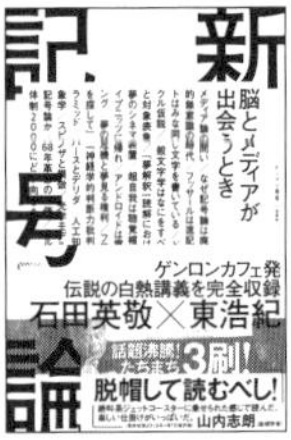

lineup

ゲンロン叢書 004

新しい目の旅立ち

プラープダー・ユン

福冨渉 訳

2020年2月刊　2420円

ゲンロン叢書 003

テーマパーク化する地球

東浩紀

2019年6月刊　2530円

ゲンロン叢書 002

新記号論

脳とメディアが出会うとき

石田英敬＋東浩紀

2019年3月刊　3080円

東 浩 紀 の 最 新 著 作

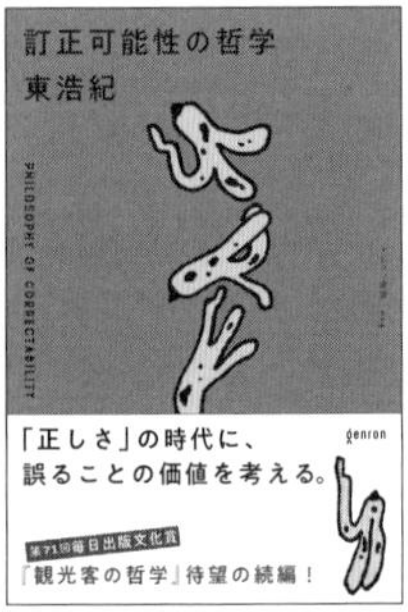

ゲンロン叢書014

訂正可能性の哲学

2023年9月刊　2860円

正しいことしか許されない時代に、「誤る」ことの価値を考える。世界を覆う分断と人工知能の幻想を乗り越えるためには、「訂正可能性」に開かれることが必要だ。ウィトゲンシュタインを、ルソーを、ドストエフスキーを、アーレントを新たに読み替え、ビッグデータからこぼれ落ちる「私」の固有性をすくい出す。

ゲンロン叢書013

観光客の哲学 増補版

2023年6月刊　2640円

第71回毎日出版文化賞

毎日出版文化賞受賞に加えて紀伊國屋じんぶん大賞2018でも第2位にランクイン、英訳も刊行された著者の代表作『ゲンロン0 観光客の哲学』。それに新章2章・2万字を追加した増補版。観光というありふれた実践から出発し、政治思想の陥穽を乗り越える。「ゆるさ」がつくる新たな連帯とはなにか。

編集後記

二月一六日、ロシア反体制派のリーダー・ナワリヌイが獄中で亡くなった。モスクワでの彼の埋葬には、拘束の可能性も顧みず三日間で二万七〇〇〇人の市民が集まり、その死を悼んだ。ナワリヌイは幼少期、ウクライナのザリッシャ村の祖父の田舎で休暇を過ごした。表紙作品の画家プリマチエンコが住んでいたイワンキウとチェルノブイリ原発の間にある村だ。しかし、クリミア併合を支持したためウクライナでは人気がなかった。死に際して、SNSでは同国から批判とともに匿名で彼を悼む声も見られた。現実は複雑だ。『ゲンロン』ではこれからもウクライナとロシアの声をともに紹介していく。複雑さを理解することこそ平和につながると信じて。(U)

重い誌面になった。ウクライナ特集に始まり、巻末にはイスラエル在住の山森さんの文章がある。開戦の日、山森さんは能登で弓指寛治さんの展示を見ていたという。大戦時の志願兵に取材した展示だ。ぼくも見に行き、土産に珠洲焼の茶碗を買った。二か月後に震災が起きた。以来、日々の食事と震災と戦争が、奇妙に結び付いてしまった。特集のあとには、大戦を知る文学者をめぐる記事が並ぶ。大江とクンデラは昨年亡くなった。古い戦争が遠くなり、新しい戦争が始まるいま、本誌の「重さ」には必然性がある。雑誌は世相を反映する。でもだからこそ、次はもっと明るい誌面にできればいいな。そう祈りつつ、黒い茶碗に白米を盛る。(Y)

---

webゲンロン

webゲンロンはゲンロンが運営する一部有料の記事サイトです。オリジナルの連載やカフェ人気イベントのレポートなどをお読みいただけるほか、いまはアクセスが難しい過去の会報なども公開しています。無料記事も充実しており、東浩紀が人生相談に答える「友の声」、読者がひたすら猫の写真を投稿するだけの謎コーナー「ネコ・デウス」が人気です。昨年行われたリニューアルによって、いっそう読みやすくなりました。友の会に入会すると全記事を読むことができます。ぜひいちど訪れてみてください。

月額660円で読み放題。
友の会会員になれば、無料で購読できます

新サービス「ゲンロンβアーカイブス」

2023年9月をもって惜しくも終刊となった電子批評誌『ゲンロンβ』。しかしwebゲンロンにて、バックナンバー全81巻を閲覧できる新サービス「ゲンロンβアーカイブス」がスタートしました。ご利用いただけるのは友の会会員のみ。マイページよりご利用いただけます。『ゲンロンβ』はゲンロンの知的震源地。掲載記事からは、『新復興論』『新写真論』『世界は五反田から始まった』などのちに賞をいただいた単行本も生まれました。この機会にどうぞご覧ください。

webゲンロンのマイページより
閲覧いただけます

発行日　2024（令和6）年4月5日　第1刷発行

編集人　東《あずま》浩《ひろ》紀《き》

発行人　上《うえ》田《だ》洋《よう》子《こ》

発行所　株式会社ゲンロン
141-0031
東京都品川区西五反田2-24-4 2F
TEL:03-6417-9230　FAX:03-6417-9231
info@genron.co.jp　https://genron.co.jp/

印刷　モリモト印刷株式会社

編集　上田洋子　横山宏介
編集補佐　江上拓　住本賢一　栁田詩織

デザイン　川名潤

DTP　株式会社キャップス

ISBN 978-4-907188-54-2

以下より感想をお待ちしております
https://webgenron.com/articles/genron16/

次号予告

ゲンロン17　2024年9月刊行予定

genron 16

2024
April

University of Tokyo. Specialist in Czech and Central European literature and thought, with a focus on Milan Kundera. Authored works include *Tamatama, kono sekai ni umarete: Milan Kundera to unmei* (Shobunsha), and co-translated works include Anna Cima's *I Wake Up in Shibuya* (Kawade Shobo Shinsha).

Koki Tanaka

Born in 1975. Artist. He has shown widely, including the Aichi Triennale (2019) and the Venice Biennale (2017, 2013). His recent books are *Vulnerable Histories (An Archive)* (JRP | Ringier) and *Reflective Notes (Recent Writings)* (Bijutsu Shuppan-Sha).

Masanori Tsujita

Born in 1984. Writer and scholar of modern and contemporary history. Works include *Tennou no okotoba* (Gentosha Shinsho), *Koseki Yuji no Showa-shi*, *Chokuuki shihai shakai* (both Bunshun Shinsho), *Shin Propaganda-ron* (co-authored with Ryosuke Nishida, Genron), *Boueishou no kenkyuu* (Asahi Shinsho), and *"Senzen" no shoutai* (Kodansha Gendai Shinsho).

Rei Kagitani

Born in 1993. Assistant at the Department of Art Studies, Tama Art University. Coursework completed without degree from the doctorate course at the Graduate School of Arts and Sciences, the University of Tokyo. Major essays include "Adaniya Masayoshi ni okeru kindaisei no kakutoku to dentou no saikaisyaku" (*Bigaku*, issue 257) and "Kaiki suru modanizumu: Dansaekhwa to kankoku bijutsu no tenkai" (*Interdisciplinary Cultural Studies*, issue 23).

Ko Ransom

Born in 1987. Translator. Translated works include *Attack on Titan* (Kodansha), *Prison School* (Kodansha), the *Monogatari* series (Vertical), and various essays for *Shisouchizu beta* and *Genron*.

Hiroki Azuma

Born in 1971. Author and critic. Founder of Genron. Works include *Sonzairon-teki, yuubin-teki* (Shinchosha, awarded the Suntory Prize for Social Sciences and Humanities), *Doubutsu-ka suru posutomodan* (Kodansha, published in English by University of Minnesota Press as *Otaku: Japan's Database Animals*), *Ippan ishi 2.0* (Kodansha, published in English by Vertical as *General Will 2.0*), *Kankokyaku no tetsugaku* (Genron, awarded the Mainichi Publishing Culture Award, published in English by Urbanomic as *Philosophy of the Tourist*), *Genron senki* (Chuko Shinsho La Clef), *Teiseikanousei no tetsugaku* (Genron), and *Teisei suru chikara* (Asahi Shinsho).

Yoko Ueda

Born in 1974. Russian literature scholar and Ph.D (literature). Head of Genron. Co-edited works include *Kabuki to kakumei Russia* (Shinwasha), supervised works include *Pussy Riot no kakumei* (DU BOOKS), and translations include Sigizmund Krzhizhanovsky's *In the Pupil* (Shoraisha, co-translation). Recipient of the 2023 JASRLL Distinguished Merit Award.

Kohei Ise

Born in 1995. Enrolled in the doctoral course at the Graduate School of Humanities and Sociology, the University of Tokyo. Works include "Kannen to douryoku: Mou Zongsan no 'Yuishinron' saikou" (*Todai Journal of Chinese Philosophy*, issue 33), "Gijitsu tayousei no ronri to chuka-ryouri no tetsugaku" (*Gunzo*, April 2023 issue) and "Yuk Hui to chiikisei no mondai" (*Genron 13*). Translations include Yuk Hui's *The Question Concerning Technology in China* (Genron).

Contributors and Translators

Sho Fukutomi
Born in 1986. Researcher of Thai literature, and Thai translator and interpreter. Authored works include *Thai gendai bungaku oboe-gaki* (Fukyosha). Translations include Uthis Haemamool's *Pratthana* (Kawade Shobo Shinsha), Prabda Yoon's *Awakened with New Eyes* (Genron), and Prapt's *The Miracle of Teddy Bear* (U-NEXT).

Yuk Hui
Professor of philosophy at Erasmus University Rotterdam. Author of several monographs that have been translated into a dozen languages, as well as the forthcoming *Machine and Sovereignty* (University of Minnesota Press, 2024). Hui sits as a juror of the Berggruen Prize for Philosophy and Culture since 2020.

Hidetaka Ishida
Born in 1953. Professor Emeritus, the University of Tokyo. Works include *Shin kigou-ron* (Genron, co-authored with Hiroki Azuma) and *Kigou-ron kougi* (Chikuma gakugei bunko). Co-edited works include all six volumes of *Foucault Collection* (Chikuma Gakugei Bunko).

Fumiharu Kato
Born in 1968. Professor Emeritus, Tokyo Institute of Technology. Specialist in the fields of algebraic geometry and arithmetic geometry. Representative Director of Scienta Nova. Advisor for the Suuri no Tsubasa incorporated non-profit organization. Works include *Suugaku suru seishin* (Chuko Shinsho), *Uchuu to uchuu o tsunagu suugaku* (Kadokawa Sophia Bunko), and *Suugaku no sekaishi* (Kadokawa).

Nobuo Kawakami
Born in 1968 in Osaka, Japan. Graduate of the Faculty of Engineering, Kyoto University. Founded DWANGO Co., Ltd. in 1997. After undertaking business activities in fields such as online gaming, ringtones, video services, and education, DWANGO merged with Kadokawa Corporation in 2014. Advisor for DWANGO Co., Ltd, board member at Kadokawa Corporation, and Director of the Kadokawa Dwango Educational Institute.

Ilya Khrzhanovsky
Born in 1975. Moscow-born film director and producer. Debuted with the full-length *4* in 2004. His second work, *DAU.* (2019-), is a multimedia piece consisting of videos, exhibitions, and events. Worked as the Artistic Director of the Babyn Yar Holocaust Memorial Center from 2020 to 2023.

Haruko Kikuma
Born in 1991. Assistant Professor at the University of Tokyo's Graduate School of Humanities and Sociology in the Faculty of Letters. Specialist in the fields of modern Japanese literature and studies of culture and representation. Author of *Gisei no mori de: Oe Kenzaburo no shiseikan* (University of Tokyo Press).

Alex Taek-Gwang Lee
Born in 1968. Professor of cultural studies at the Kyung Hee University, Korea. Works include *Red Ink: On What Is Forbidden Today* (Yeondu) and *The Idea of Communism 3* (Verso, co-edited with Slavoj Zizek).

Mika Levy-Yamamori
Born in 1960. Head of Japanese at the Department of East Asian Studies, Tel Aviv University. Works include *Kodai Israel ni okeru Levi-bito-zou* (ICU Comparative Culture), *"Chichi to mitsu no nagareru chi" kara* (Shinkyo Shuppansha), and *Heburai-go no katachi* (Hakusuisha).

Matsui
Born in 1991. Illustrator and former operations manager of Genron Hirameki☆Manga School. Currently lives on an isolated island in Saga prefecture working as a Local Vitalization Cooperator.

Fusanosuke Natsume
Born in 1950. Manga artist, essayist, and manga critic. Recipient of the Asahi Shimbun's Tezuka Osamu Cultural Prize (Special Award) in 1999. Works include *Tezuka Osamu wa doko ni iru*, *Ano koro manga wa shishunki datta* (both Chikuma Bunko), *Tezuka Osamu no bouken* (Shogakukan), and *Manga no chikara* (Shobunsha).

Masakazu Ooi
Born in 1975. Manga artist. Winner of the Silver Prize at the 3rd Dengeki Game Comic Award. Debuted professionally with *Himawari youchien monogatari aiko desho* (Takeshobo). Major works include *Chi-chan no oshinagaki* (Takeshobo), *Okusan* (Shonengahosha), and *Hero Girl x Healer Boy* (Shogakukan).

Satoshi Osawa
Born in 1978. Critic and media researcher. Associate Professor at the Faculty of Literature, Arts and Cultural Studies at Kindai University. Author of *Teihon hihyou Media-ron* (Iwanami Gendai Bunko). Edited works include *1990 nendai-ron* (Kawade Shobo Shinsha), *Miki Kiyoshi kyouyou-ron shuu*, *Miki Kiyoshi daigaku-ron shuu*, and *Miki Kiyoshi bungei hihyou shuu* (all Kodansha Bungei Bunko).

Sayawaka
Born in 1974. Writer, narrative critic, and manga creator. Lead Lecturer at the Genron Hirameki☆Manga School. Works include *Meitantei Conan to Heisei* (Core Shinsho) and *Sekai o monogatari toshite ikiru tame ni* (Seidosha). Manga titles authored include *Heruman-san kaku katariki* (Kadokawa, illustrated by Minoji Kurata).

Hotate Shinkawa
Born in 1991. Novelist. Debuted after winning the grand prize of the 19th Kono Mystery ga Sugoi! Award with *Motokare no yuigonjo*. Works include *Tousan-tsuzuki no kanojo*, *Kenmochi Reiko no One Night suiri* (both Takarajimasha), *Kyousou no bannin* (Guardian of the Market, Kodansha), and *Engiri joutou!* (Shinchosha).

Teruhiko Sudo
Born in 1988. Assistant Professor at the

genron 16 Table of Contents

This is a full translation of the table of contents.